外贸企业

全流程财税处理

（会计核算＋政策解析＋出口退税）

会计真账实操训练营◎编著

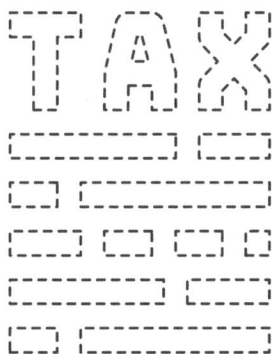

TAX

中国铁道出版社有限公司
CHINA RAILWAY PUBLISHING HOUSE CO., LTD.

图书在版编目(CIP)数据

外贸企业全流程财税处理:会计核算＋政策解析＋出口退税/会计真账实操训练营编著. —北京:中国铁道出版社有限公司,2023.5(2025.10重印)

ISBN 978-7-113-30018-0

Ⅰ.①外… Ⅱ.①会… Ⅲ.①外贸企业-企业管理-财务管理②外贸企业-企业管理-税收管理 Ⅳ.①F276②F810.423

中国国家版本馆 CIP 数据核字(2023)第 040252 号

书　　名：外贸企业全流程财税处理(会计核算＋政策解析＋出口退税)
　　　　　WAIMAO QIYE QUANLIUCHENG CAISHUI CHULI (KUAIJI HESUAN＋ZHENGCE JIEXI＋CHUKOU TUISHUI)

作　　者：会计真账实操训练营

责任编辑：郭景思　　编辑部电话：(010)51873007　　电子邮箱：554890432@qq.com
装帧设计：末末美书
责任校对：苗　丹
责任印制：赵星辰

出版发行：中国铁道出版社有限公司 (100054，北京市西城区右安门西街 8 号)
网　　址：https://www.tdpress.com
印　　刷：天津嘉恒印务有限公司
版　　次：2023 年 5 月第 1 版　2025 年 10 月第 4 次印刷
开　　本：710 mm×1 000 mm 1/16　印张：17.5　字数：284 千
书　　号：ISBN 978-7-113-30018-0
定　　价：88.00 元

前　言

随着全球经济一体化进程的推进，无论是生产型的外贸企业，还是流通型的外贸企业，发展都十分迅速。很多会计人员希望到外贸企业工作。

外贸企业与一般的国内商品生产流通企业有很大的不同。一是，外贸企业包括进口和出口两种业务经营过程，无论进口与出口都要通过海关的检查；二是，使用本国货币与外币两种以上货币，因而在进出口经营业务中，企业需要办理购汇与结汇；三是，进出口货物的企业按照国家税务总局的规定，需要在进口环节交税，符合规定的企业可以在出口环节办理退税。

由于外贸业务的复杂性，会计人员不仅要具备一定的外语水平，还要熟悉出口成交方式。掌握一般贸易进出口业务、来料加工、进料加工、技术进出口业务、跨境电子商务出口实操，以及报关、进出口商品检验、核销、出口退税申报等。

此外，为了减轻企业负担，财政部、国家税务总局等颁布一系列"减税降费"优惠措施，不但降低增值税税率，还有很多优惠政策，比如期末留抵税额符合规定的，可以一次性抵扣；扩大所得税前抵扣范围；降低部分商品关税等。本书将这些变化编进相关章节，并一一进行解析。

编写特色

◆ 突出流程。根据外贸企业会计核算特点，突出外贸企业经营流程，适合零基础的读者，实现从"零"到"一"的飞跃。

◆ 实操性强。针对具体业务进行会计账务处理，根据日常业务逐笔编制会计分录，使读者正确应用会计科目，处理企业日常业务。

◆ 图文并茂。本书用大量的案例展现外贸企业经营业务，尽量采用图、表形式呈现，易于阅读。

读者对象

会计专业的学生、会计人员、税务人员，以及打算从事会计工作的非财务专业的读者。

本书编写过程中难免存在着一些不足和遗憾，希望广大读者多提宝贵意见。

编　者

目　录

第三章 出口成交方式与发票

第四章 出口贸易的核算

第五章 加工贸易与补偿贸易的核算

第六章 进口贸易业务的核算

第七章 进出口货物纳税的核算

第八章　出口退（免）税的核算

第九章　技术进出口业务的核算

第十章 跨境电商进出口业务

第十一章 外贸企业财务报表的编制

参 考 文 献

第一章
外贸企业会计基础

外贸企业是指从事对外贸易业务的企业，它是国内市场与国际市场的纽带，是国民经济的一个重要组成部分。而外贸会计是指工作于外贸企业会计岗位的专业人员，在企业中他们负责企业进出口业务的核算、分析、预测和控制工作。外贸会计除应具备一般企业的会计核算知识外，还要具备外贸企业特殊的业务核算能力，如外汇业务核算、进出口货物核算、出口货物退（免）税核算、技术进出口业务核算、对外承包工程核算，以及熟悉外贸流程业务中的单证缮制、商品流转等。

第一节　外贸企业会计概述

外贸企业是指有从事对外贸易（进出口）的企业，拥有进出口经营权。

一、外贸企业的类型

外贸企业按进出口经营资格，分为流通型外贸企业、生产型外贸企业和代理型外贸企业。

（1）流通型外贸企业，经营各类商品和技术的进出口，但国家限定公司经营或禁止进出口的商品及技术除外。

（2）生产型外贸企业，经营本企业自产产品的出口业务和本企业所需的机械设备、零配件、原辅材料的进口业务，但国家限定公司经营或禁止进出口的商品及技术除外。

（3）代理型外贸企业代表为外贸综合服务企业，是指为国内中小型生产企业出口提供物流、报关、信用保险、融资、收汇、退税等服务的外贸企业，我们会在后面章节中详细介绍。根据国家税务总局发布的《关于调整完善外贸综合服务企业办理出口货物退（免）税有关事项的公告》规定，对外贸综合服务企业（简称"外综服企业"）开展的代理退税业务，由"视为自营出口申报退税"调整为"代理生产企业集中申报退税"。这意味着外综服企业的"代理身份"得到明确，生产企业成为退税主体、承担相应的法律责任。

二、外贸企业会计的对象及其特点

外贸企业的会计对象，是外贸企业进出口商品流转过程中的资金运动。外贸企业主要的资金运动是进行国际的进出口商品流通，包括出口业务与进口业务。

1. 外贸企业会计的对象

外贸企业与国内商品流通企业都从事组织商品流通活动，但它与一般的国内商品流通企业有很大的不同。具体表现是外贸企业的商品流通，包括进口和出口两种业务经营过程，使用本币与外币两种以上货币，因而在出口经营活动中，企业要将出口商品销售所得外汇，按照国家规定与银行结汇；而在进口经营活动中，又要用人民币向银行购买外汇以支付货款。因此，外贸企业在其资金循环过程中所持有的本币与外币之间不断转换的过程，形成了外贸企业资金运动的特殊性，如图 1-1、图 1-2 所示。

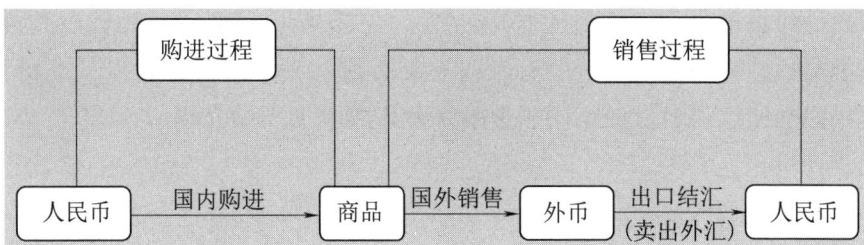

图 1-1 外贸企业出口业务的资金周转过程

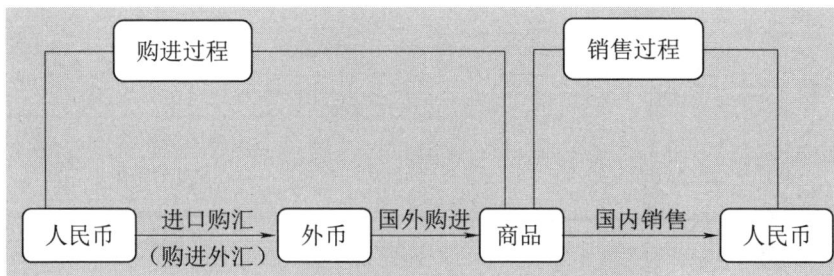

图 1-2 外贸企业进口业务的资金周转过程

2. 外贸企业会计的特点

外贸企业会计的特点如下：

① 设置与外汇有关的账户，这些账户要设计复币式的账簿格式，以分别反映外币和人民币的金额增减变化的情况。

② 设置"汇兑损益"账户。汇兑损益是不同外币折算发生的价差，以及汇率变动发生折合为记账本位币的差额。

③ 掌握企业进出口中人民币与外汇的比价，外贸会计除了进行进出口销售成本核算外，还要计算出口每美元成本和进口每美元盈亏额。

④ 既要按照国际法规和国际惯例，又要按照我国的对外贸易政策与法规进行。

三、外贸企业会计科目

会计科目是按照经济业务的内容和经济管理的要求，对会计要素的具体内容进行分类核算的科目。会计科目可以按照多种标准进行分类，按会计要素对会计科目进行分类是其基本分类之一。我国将会计科目分为资产类科目、负债类科目、共同类科目、所有者权益类科目、成本类科目和损益类科目六大类，因共同类科目一般运用于金融企业，故本书不做介绍。

会计科目见表 1-1。

表 1-1　会计科目表

序号	编号	总账科目	序号	编号	总账科目
		一、资产类	28	1702	累计摊销
1	1001	库存现金	29	1703	无形资产减值准备
2	1002	银行存款	30	1711	商誉
3	1012	其他货币资金	31	1801	长期待摊费用
4	1101	交易性金融资产	32	1811	递延所得税资产
5	1121	应收票据	33	1901	待处理财产损溢
6	1122	应收账款			二、负债类
7	1123	预付账款	34	2001	短期借款
8	1131	应收股利	35	2101	交易性金融负债
9	1132	应收利息	36	2201	应付票据
10	1221	其他应收款	37	2202	应付账款
11	1231	坏账准备	38	2203	预收账款
12	1401	材料采购	39	2211	应付职工薪酬
13	1402	在途物资	40	2221	应交税费
14	1403	原材料	41	2204	合同负债
15	1404	材料成本差异	42	2231	应付利息
16	1405	库存商品	43	2232	应付股利
17	1406	发出商品	44	2241	其他应付款
18	1462	合同资产	45	2401	递延收益
19	1411	周转材料	46	2501	长期借款
20	1471	存货跌价准备	47	2502	应付债券
21	1531	长期应收款	48	2701	长期应付款
22	1601	固定资产	49	2702	未确认融资费用
23	1602	累计折旧	50	2711	专项应付款
24	1603	固定资产减值准备	51	2801	预计负债
25	1604	在建工程	52	2901	递延所得税负债
26	1605	工程物资			三、所有者权益类
27	701	无形资产	53	4001	实收资本

序号	编号	总账科目	序号	编号	总账科目
54	4002	资本公积	67	6117	其他收益
55	4101	盈余公积	68	6301	营业外收入
56	4103	本年利润	69	6401	主营业务成本
57	4104	利润分配	70	6402	其他业务成本
		四、成本类	71	6403	税金及附加
58	5001	生产成本	72	6501	资产处置损益
59	5101	制造费用	73	6601	销售费用
60	5201	劳务成本	74	6602	管理费用
61	5301	研发支出	75	6603	财务费用
		五、损益类	76	6701	资产减值损失
62	6001	主营业务收入	77	6702	信用减值损失
63	6051	其他业务收入	78	6711	营业外支出
64	6061	汇兑损益	79	6801	所得税费用
65	6101	公允价值变动损益	80	6901	以前年度损益调整
66	6111	投资损益			

目前部分科目并没有明确的科目代码，企业可暂时在财务软件中自行添加代码。

第二节 外汇管理

外汇管理是指一国政府授权国家的货币金融当局或其他机构，对外汇的收支、买卖、借贷、转移，以及国际间结算、外汇汇率和外汇市场等实行的控制和管制行为。

一、对企业实施动态分类管理

国家外汇管理局根据企业贸易外汇收支的合规性及其与货物进出口的一致性，将企业分为 A、B、C 三类。

1. A 类企业管理

A 类企业进口付汇单证简化，可凭进口报关单、合同或发票等任何一种能够证明交易真实性的单证在银行直接办理付汇，出口收汇无须联网核查；银行办理收付汇审核手续相应简化。

2. B、C类企业管理

对B、C类企业在贸易外汇收支单证审核、业务类型、结算方式等方面实施严格监管，B类企业贸易外汇收支由银行实施电子数据核查，C类企业贸易外汇收支须经外汇局逐笔登记后办理。

外汇局根据企业在分类监管期内遵守外汇管理规定情况，进行动态调整。A类企业违反外汇管理规定将被降级为B类或C类；B类企业在分类监管期内合规性状况未见好转的，将延长分类监管期或被降级为C类；B、C类企业在分类监管期内守法合规经营的，分类监管期满后可升级为A类。

二、贸易外汇收支企业名录

国家外汇管理局在《货物贸易外汇管理指引实施细则》（汇发〔2012〕38号）中规定，所有对外贸易企业均需登记外汇收支名录。国家外汇管理局实行"贸易外汇收支企业名录"登记管理，统一向金融机构发布名录。金融机构不得为不在名录的企业直接办理贸易外汇收支业务。也就是说，只有登记在案的企业，才被允许发生收付汇行为。新企业默认为A类，具体业务流程如图1-3所示。

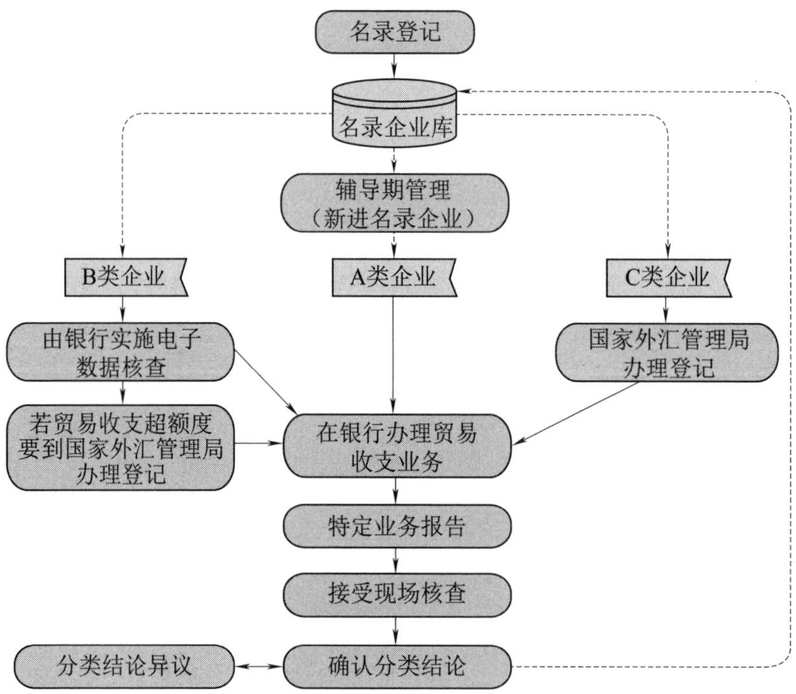

图1-3 外汇收支业务流程

三、什么是国际收支统计申报

国际收支统计申报是各国政府为完成国际收支统计所需数据的搜集方式。国际收支统计间接申报范围包括境内居民和境内非居民通过境内银行从境外收到的款项和对境外支付的款项，以及境内居民通过境内银行与境内非居民之间发生的收付款。

1. 国际收支统计申报的意义

国际收支统计申报是编制国家国际收支平衡表和国际投资头寸表的重要数据来源，也是国家制定货币政策、汇率政策的重要依据。

2. 怎样办理申报国际收支统计

企业应登录国家外汇管理局官网进行申报。

（1）企业首次办理涉外收付款业务应提交的资料。按照《通过银行进行国际收支统计申报业务实施细则》规定，企业第一次办理涉外收付款业务，需要向银行提交"组织机构代码证"或《特殊机构代码赋码通知书》《营业执照》等证明文件，并在银行网点填写单位基本情况表。如果是外商投资企业，还要提供"外商投资企业批准证书"等证明文件。

（2）企业如何开通和关闭网上申报系统。企业申请开通或关闭网上申报业务，可以在该企业任意一家开户行办理，重新填写"组织机构基本情况表"并在"申报方式"中勾选"开通网上申报"或"关闭网上申报"。开通时，银行会给企业设置业务管理员用户名、初始密码和生效日期等信息。开通后第二个工作日起，企业就可以登录网上申报系统办理涉外收入网上申报。

3. 新增需要收支申报的事项

为进一步规范通过银行进行国际收支统计申报业务，国家外汇管理局修订形成《通过银行进行国际收支统计申报业务指引（2019 年版）》，自 2019 年 10 月 1 日起施行，其中，有关居民机构与境内非居民个人之间人民币收付款申报的规定自 2020 年 4 月 1 日起施行。

新增的内容主要如下：

①新增资金池业务涉外收付款的申报要求。

⑤新增兑换特许机构相关业务的申报要求。

②新增关于跨境线下扫码涉外收付的申报要求，并由此调整了第三方支付机构集中收付款的还原申报要求。

⑥新增关于深港通、债券通、境外机构投资者投资银行间债券市场、内地与香港基金互认、熊猫债以及存托凭证等证券投资渠道的申报要求。

③新增特定品种期货涉外交易的申报要求。

④新增关于银行卡跨境清算业务和网络支付跨境清算业务的申报要求。

⑦新增境内上市公司外籍员工参与股权激励计划的申报要求。

四、外汇监测系统网上申报

自 2012 年 8 月 1 日取消出口收汇核销单后，企业不再办理出口收汇核销手续，但要进行外汇监测系统网上申报。国家外汇管理局分支局对企业的贸易外汇管理方式由现场逐笔核销改变为非现场总量核查。国家外汇管理局通过货物贸易外汇监测系统，全面采集企业货物进出口和贸易外汇收支逐笔数据，定期比对、评估企业货物流与资金流总体匹配情况，便利合规企业贸易外汇收支；对存在异常的企业进行重点监测，必要时实施现场核查。

符合下列情况之一的业务，企业应当在货物进出口或收付汇业务实际发生之日起 30 天内，通过监测系统向所在地外汇局报送对应的预计收付汇或进出口日期等信息：

30天以上（不含）的预收货款、预付货款	1	1	B、C类企业在分类监管有效期内发生的预收货款、预付货款，以及30天以上（不含）的延期收款、延期付款
90天以上（不含）的延期收款、延期付款	2	2	单笔合同项下转口贸易收支日期间隔超过90天（不含）且先收后支项下收汇金额或先支后收项下付汇金额超过等值50万美元（不含）的业务
以90天以上（不含）信用证方式结算的贸易外汇收支	3	3	对已报告且未到预计进出口或收付汇日期的上述业务，企业可根据实际情况调整相关报告内容

需要注意的是，如果是出口后 180 天内的 T/T 收汇或出口项下信用证收汇、进口信用证；进口后 90 天内 T/T 付汇之类非贸易信贷业务的，不需要登录该系统登记。

（注：T/T 是 Telegraphic Transfer，电汇付款即电汇）

政策文件

国家外汇管理局决定向银行开放货物贸易外汇监测系统（银行版）"报关信息核验"模块。办理单笔等值 10 万美元（不含）以上货物贸易对外付汇业务（离岸转手买卖业务除外），银行在按现行规定审核相关交易单证的基础上，原则上应通过系统的"报关信息核验"模块，对相应进口报关电子信息办理核验手续；银行能确认企业对外付汇业务真实合法的，可不办理核验手续。

五、存量权益登记

自 2015 年 6 月 1 日后，国家外汇管理局取消外商投资企业外汇年检和境外直接投资外汇年检，同时规定外国直接投资企业和对外直接投资企业需要存量权益登记。

1. 需要进行存量权益登记的企业类型

第一类：已在国家外汇管理局或银行办理境内直接投资外汇登记的外商投资企业，应申报"外国直接投资"存量权益登记。外国直接投资（Foreign Direct Investment，简称"FDI"）是指一国的投资者将资本用于他国的生产或经营，并掌握一定经营控制权的投资行为。

第二类：已在国家外汇管理局或银行办理境外直接投资外汇登记的境内企业（含境内居民个人在境外设立的特殊目的公司），应申报"对外直接投资"存量权益登记。对外直接投资（Overseas Direct Investment，简称"ODI"）是指我国企业、团体在国外及港澳台地区以现金、实物、无形资产等方式投资，并以控制国（境）外企业的经营管理权为核心的经济活动。对外直接投资是我国"走出去"战略的重要组成部分。

FDI 和 ODI 的区别在于，前一个代表外国企业向中国企业的投资，后一个代表着中国企业向海外企业的投资。

不管是 FDI 还是 ODI 都要登录国家外汇管理局应用服务平台进行登记。但凡做过 ODI、FDI 或者特殊目的公司登记的企业，一旦登记，就要永久申报。

2. 企业不按时申报的后果

首先，企业在国家外汇管理局资本项目信息系统将会被设置为"业务管控"状态。相关银行在为相关企业办理资本项下外汇业务时，会提前确认该企业是否已按规定办理境外直接投资存量权益登记及是否被业务管控。未按规定办理登记或被业务管控的情况下，银行不得为企业办理资本项下外汇业务。

3. 需要登记的信息

（1）FDI 存量权益登记适用的境内直接投资外方权益统计表，见表 1-2。

表 1-2　境内直接投资外方权益统计表

编制单位：　　　　　　　填报时间：　年　月　日　　　　　　金额单位：人民币元

指　标	期初数	期末数
一、外商投资企业资产合计		
其中：流动资产		
非流动资产		
二、外商投资企业负债合计		
其中：短期负债		
长期负债		
三、归属于外商投资企业全体股东的权益		
四、归属于外方股东的权益		
4.1 归属于外方股东的实收资本		
4.2 外方股东享有的公积金及留存收益额		
其中：资本公积		
盈余公积		
未分配利润		
4.3 其他		
五、外商投资企业少数股东权益		

指　标	期初数	期末数
六、外方投资者实际出资额		
七、外商投资企业应付外方股利		
八、外商投资企业盈利情况	当期（上年）数	历年累计
归属于外商投资企业全体股东的净利润		
其中：外方股东享有的净利润		
分配外方股东的利润金额合计		
汇往外方股东的利润金额合计		
附注（仅投资性外商投资企业填写）						

权益法核算子公司 中享有的权益（期末数）	应付 股利	实收 资本	未分配 利润	资本 公积	盈余 公积	其他

成本法核算子公司 中享有的权益（期末数）	应付 股利	实收 资本	未分配 利润	资本 公积	盈余 公积	其他

备注：（存在特殊情况须在本栏目中进行详细说明）

（2）ODI 存量权益登记适用的境外直接投资中方权益统计表，见表1-3。

表 1-3　境外直接投资中方权益统计表

金额单位：美元

指　标	期初数	期末数
一、境外外资企业资产合计		
其中：流动资产		
非流动资产		
二、境外投资企业负债合计		
其中：短期负债		

指　标	期初数	期末数
长期负债		
三、归属于境外投资企业全体股东的权益		
其中：归属中方股东的权益		
归属中方股东的未分配利润余额		
四、境外投资企业少数股东权益		
五、境外投资企业应付中方股利		
六、境外投资企业盈利情况	当期（上年）数	历年累计
归属于境外投资企业全体股东的净利润		
其中：中方股东享有的净利润		
分配中方股东的利润金额合计		
汇回中方股东的利润金额合计		

以上两表的数据主要以企业年度财务报告为基础，而且国家外汇管理局不再逐项审核相关数据，也不要求企业的年度财务报告审计。

六、谁出口谁收汇、谁进口谁付汇

由于外汇改革取消外汇核销单，改为总量核查监测进出口企业的外汇情况，因此不能再按原来的单笔对应方法控制外汇收付，故国家外汇管理局提出"谁出口谁收汇、谁进口谁付汇"的原则，并采用总量核查办法加以控制。从字面理解就是以谁的名义报关出口，就必须以谁的名义收汇，至于是不是由客户支付不再要求。例如，甲出口商自营出口给客户乙，甲必须收汇；出口商丙委托代理公司丁出口，此时必须由代理公司丁收汇，不能由委托方丙收汇。

为什么国家外汇管理局再一次对该原则做重申呢？因为很多进出口企业不按照政策办理，导致资金流与货物流不匹配。常见的不匹配有如下几种情况。

1. 代理进出口业务，委托方违反外汇政策自行收付汇

这主要是委托方对代理方不信任导致，委托方怕代理方收汇后截留资金，或害怕将付汇所用资金支付给代理方后代理方不按时支付造成合同违约。

2. 境内交货，导致进出口企业没有报关物流信息

采用工厂交货（EXW）、货交承运人（FCA）等成交方式或指定地点交货的成交方式出口货物时，出口报关环节直接由客户委托其他企业报关，造成实际出口商没有报关，不能取得货物信息，但自身又收取了货款，造成只有收汇信息而没有货物信息。

3. 假借进口贸易进行付汇，变相转移资金

某些企业利用虚假贸易方式把资金转移到境外，造成资金流与货物流不匹配。

总之，国家外汇管理局通过企业的"货物流"（海关报关数据）与"资金流"（国际收支申报系统）是否匹配，进而对企业进行总量核查。违反"谁出口谁收汇、谁进口谁付汇"政策，会对企业自身的总量核查指标造成失衡。国家外汇管理局对问题企业可以选择现场检查或直接发放风险提示函，给予降级处理。核查流程如图 1-4 所示。

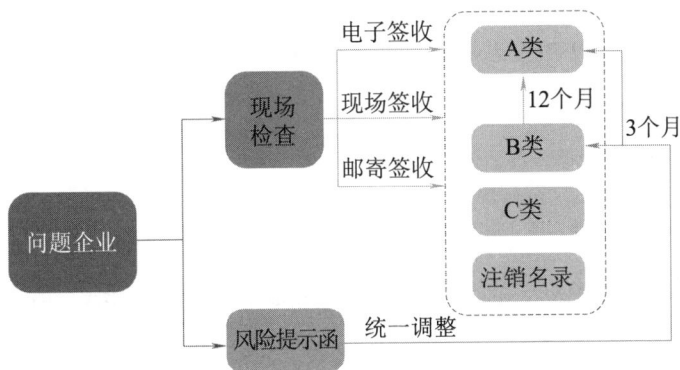

图 1-4　对问题企业的核查流程

七、电子口岸

电子口岸是中国电子口岸执法系统的简称。该系统运用现代信息技术，借助国家电信公网，将各类进出口业务电子底账数据集中存放到公共数据中心，国家职能管理部门可以进行跨部门、跨行业的联网数据核查，企业可以在网上办理各种进出口业务。

电子口岸目前有中国电子口岸和各个地方的电子口岸。中国电子口岸是国家进出口统一信息平台，是国务院有关部委将分别掌管的进出口业务信息

流、资金流、货物流电子底账数据集中存放的口岸公共数据中心，为各行政管理部门提供跨部门、跨行业的行政执法数据联网核查，并为企业提供与行政管理部门及中介服务机构联网办理进出口业务的门户网站。目前，中国电子口岸已经与海关、出入境检验检疫机构、国家税务系统、国家外汇管理局等执法部门联网，提供了海关报关、加工贸易、外汇核销单、出口退税等业务功能。中国电子口岸目前主要开发全国统一的执法功能和网上备案、数据报送企业办事业务。现在各个地方都在建设各个地方的电子口岸。

八、离岸账户

离岸账户是指存款人在其居住国家或地区以外开设的银行账户。相反，位于存款人居住地的银行账户则称为在岸银行账户或境内银行账户。客户可以从离岸账户上自由调拨资金，而不受本国的外汇管制。例如，公司在英国注册，但在我国香港某银行开立账户，该账户为离岸账户；公司在英国注册，但在中国招商银行开立账户，该账户为离岸账户。

目前，国内可以开立离岸账户的银行有深圳发展银行、上海浦东发展银行、交通银行、招商银行等。

1. 离岸账户的优点

离岸账户的优点如下：

①资金调拨自由。离岸账户等同于在境外开设的银行账户，可以从离岸账户上自由调拨资金，不受国内外汇管制。

②存款利率、品种不受限制。

③免征存款利息税。中国政府对离岸账户存取款利息免征存款利息税。

④提高境内外资金综合运营效率。

⑤境内操控，境外运作。利用离岸账户来收付外汇是非常方便自由的。

2. 共同申报准则

2014年7月，经济合作与发展组织发布《金融账户涉税信息自动交换标准》(Standard for Automatic Exchange of Financial Information in Tax Matters,

简称"AEOI 标准"），旨在打击跨境逃税及维护诚信的纳税税收体制。"AEOI 标准"包括《共同申报准则》（Common Reporting Standard，简称"CRS"）及其释义。

《共同申报准则》的本质是为了在全球抵制偷税漏税，而在不同国家进行自动报告财务信息。

例如，A 国和 B 国采纳《共同申报准则》之后，A 国税收居民在 B 国金融机构拥有账户，则该居民的个人信息及账户收入所得会被 B 国金融机构收集并上报 B 国相关政府部门，并与 A 国相关政府部门进行信息交换，这种交换每年进行一次。理论上讲，A 国税务部门将掌握 A 国税收居民海外资产的收入状况。

在正式实施《共同申报准则》后，一些投资者常用的离岸金融工具将作为信息而被申报。

第二章
外币业务和国际贸易结算

会计学上的外币是指记账本位币（或功能性货币）以外的货币，若企业以人民币为记账本位币，那么各种外国货币均为外币。若企业以某种非人民币货币记账，则该货币以外的货币，包括人民币均是外币。以记账本位币之外的其他货币进行收付、往来结算和计价的经济业务称为外币业务。外币业务包括外汇、外汇管理及其核算。

国际贸易结算是指由于贸易活动所发生的国际货币收支和国际债权债务的结算，包括各种票据的结算。

第一节　外币与汇率

外币有狭义和广义之分。狭义的外币，指本国货币以外的其他国家或地区的货币，包括各种纸币和铸币等。广义的外币，指所有以外国货币表示的能用于国际结算的支付凭证。除了国外的纸币和铸币外，还包括企业所持有的外国的有价证券，如以外币表示的政府公债、国库存券、公司债券、股票、股息等；

也包括外币支付凭证，如以外币表示的票据、银行存款凭证、邮政储蓄凭证等，还包括其他外币资金，如各种外币汇款、进出口贸易的外币性货款等。

一、常用货币及简写符号

常用货币及简写符号见表 2-1。

表 2-1　常用货币及简写符号

外币名称	货币符号	单位	外币名称	货币符号	单位
英镑	GBP	镑	瑞典克朗	SEK	克朗
美元	USD	元	丹麦克朗	DKK	克朗
日元	JPY	日元	挪威克朗	NOK	克朗
欧元	EUR	欧元	芬兰马克	FIM	马克
德国马克	DEM	马克	韩国元	KRW	元
瑞士法郎	CHF	法郎	泰国铢	THB	铢
法国法郎	FRF	法郎	菲律宾比索	PHP	比索
荷兰盾	NLG	盾	印度卢比	INR	卢比
奥地利先令	ATS	先令	俄罗斯卢布	SUR	卢布
比利时法郎	BEF	法郎	缅甸元	BUK	元
意大利里拉	ITL	里拉	新西兰元	NZD	元
加拿大元	CAD	元	新加坡元	SGD	元
澳大利亚元	AUD	元			

二、汇率标价法

汇率是一国货币同另一国货币兑换的比率。如果把外币作为商品的话，那么汇率就是买卖外汇的价格，是以一种货币表示另一种货币的价格，因此也称为汇价。

外汇牌价，即外汇指定银行外汇兑换挂牌价，是各银行（指总行、分支行与总行外汇牌价相同）根据中国人民银行公布的人民币市场中间价以及国际外汇市场行情，制定的各种外币与人民币之间的买卖价格。这种外汇牌价实时变动，即使同一天牌价也有所不同。

在我国，外汇牌价采取以人民币直接标价方法，即以一定数量的外币折合多少人民币挂牌公布。每一种外币都公布四种牌价，即现汇买入价、现汇卖出价、现钞买入价、现钞卖出价。卖出价是银行将外币卖给客户的牌价，也就是客户到银行购汇时的牌价；而买入价则是银行向客户买入外汇或外币时的牌价，它分为现汇买入价和现钞买入价两种。现汇买入价是银行买入现汇时的牌价，而现钞买入价则是银行买入外币现钞时的牌价。

那么会计人员采用哪种牌价记账呢，以上四种外汇牌价都不能用来记账。会计人员应在中国人民银行或国家外汇管理局官网上查找当日的汇率。

人民币汇率中间价也可以在国家外汇管理局官网查询。

确定两种不同货币之间的比价，先要确定用哪种货币作为标准。由于确定的标准不同，于是便产生了几种不同的外汇汇率标价方法。

1. 直接标价法

直接标价法又称为应付标价法，是以一定单位的外币作为标准，折算为本币来表示其汇率。在直接标价法下，外币数额固定不变，汇率涨跌都以相对的本币数额的变化来表示。一定单位外币折算的本币减少，说明外币汇率已经下跌，即外币贬值或本币升值。我国和国际上大多数国家都采用直接标价法。

例如，20××年8月27日，欧元对美元的汇率为 EUR1＝USD1.161 9。

（1）假定欧元贬值5%，变动后欧元折算为美元的汇率为：

EUR1＝USD 1.161 9×（1－5%）

＝USD 1.103 8

（2）假定欧元升值5%，变动后欧元折算为美元的汇率为：

EUR1＝ USD 1.161 9×（1＋5%）

＝ USD 1.220 0

2. 间接标价法

间接标价法又称为应收标价法，是以一定单位的本币为标准，折算为一定数额的外币来表示其汇率。在间接标价法下，本币的数额固定不变，汇率涨跌都以相对的外币数额的变化来表示。一定单位的本币折算的外币数量增多，说明本币汇率上涨，即本币升值或外币贬值。反之，一定单位的本币折算的外币数量减少，说明本币汇率下跌，即本币贬值或外币升值。

例如，20××年7月26日，美元与澳元的汇率为 USD 1＝AUD 1.064 4。

以间接标价法标价，本币是一个不变量，而外币是一个可变量，随着两种货币价值变动而变动。

承上例，AUD 1＝USD 0.675 2

（1）假定美元升值5%，变动后的澳元折算为美元的汇率为：

AUD 1＝ USD 0.675 2×（1－5%）

＝ USD 0.641 4

（2）假定美元贬值5%，变动后的澳元折算为美元的汇率为：

AUD 1＝ USD 0.675 2×（1＋5%）

＝ USD 0.709 0

3. 美元标价法

美元标价法又称纽约标价法，是指在纽约国际金融市场上，除对英镑用直接标价法外，对其他外国货币用间接标价法的标价方法。美元标价法由美国在1978年9月1日制定，目前是国际金融市场上通行的标价法。

4. 双向标价法

即报价者（Quoting Party 银行或经纪商）同时向客户报出买入价格（Bid Rate）和卖出价格（Offer Rate）。

例如，1EUR＝0.880 0USD中，EUR是被报价币；1USD＝1.660 0CHF中，USD是被报价币，1USD＝133.00JPY中，USD是被报价币。

> 其表示法为：
> 1单位报价币＝×××报价币

第二节 外币业务的核算

外币业务是指企业以各种外币进行款项收付、往来结算和计价等业务。

在会计上，外币业务是指不以记账本位币作为计量单位的会计业务。需要注意的是，进出口业务与外币业务存在一定的联系，但并非所有的进出口业务都是外币业务。例如，中国的某些企业以人民币为记账本位币，从欧盟进口一批商品，若按欧元计价结算，则是外币业务；但若以人民币计价结算，则不属于外币业务。

一、外币业务概述

按照我国《企业会计准则》确定的基本会计要素，可对企业外币业务进行如下基本分类，如图 2-1 所示。

图 2-1 外币业务的分类

外币业务主要有五种类型，见表2-2。

表 2-2 外币业务的类型

类　型	内　　容
外币兑换业务	即一种货币兑换为另一种货币的业务
外币借款业务	即从银行或其他金融机构取得外币借款，以及归还借款的业务
外币交易业务	即以外币进行款项收付、往来结算的会计业务
投入外币资本业务	即投资人以外币作为资本投入企业的业务
外币折算业务	即把外币的金额重新表述为另一种货币的会计业务。进行外币折算，并不是实际发生了兑换或交易等外币经济业务，而仅仅是改变了原有的计量单位

二、外币业务的记账方法

外币业务记账方法有两种：一种是外币统账制，另一种是外币分账制。企业可根据实际情况选择，见表2-3。

表 2-3 外币业务的记账方法

方　法	特　点
外币统账制	指所有外币账户在业务发生时（相关外币账户的余额增减变动时），企业应按业务交易发生日的即期汇率（也可采用按照系统合理的方法确定的，与交易发生日即期汇率近似的汇率）将外币金额折算为记账本位币，并将其与账面上的记账本位币之间的差额确认为汇兑损益
外币分账制	也称为原币账法，是指企业对外币业务在日常核算时按照外币原币进行记账，分别不同的外币币种核算其所实现的损益，平时不进行汇率折算，也不反映记账本位币金额，编制报表时再折算为记账本位币。有外币业务的金融企业一般都采用这种方法

三、外币性账户的设置

企业外币业务进行会计处理，应该单独设立各项外币账户，具体如图2-2所示。

需要注意的是，企业外币业务采用复币记账，即对每一笔外币业务，除了要将其按一定汇率折合为记账本位币记账之外，还要对原币的收付情况进行记录。也有一些企业采用分账记录的方法，即平时将外币业务分开记录，到会计期末再按即期汇率折算为记账本位币金额入账。

企业发生外币业务时，应当将有关外币金额折合为记账本位币金额记账。除另有规定外，所有与外币业务有关的账户，应当采用业务发生时的汇率，也可以采用业务发生当期期初的汇率折算。

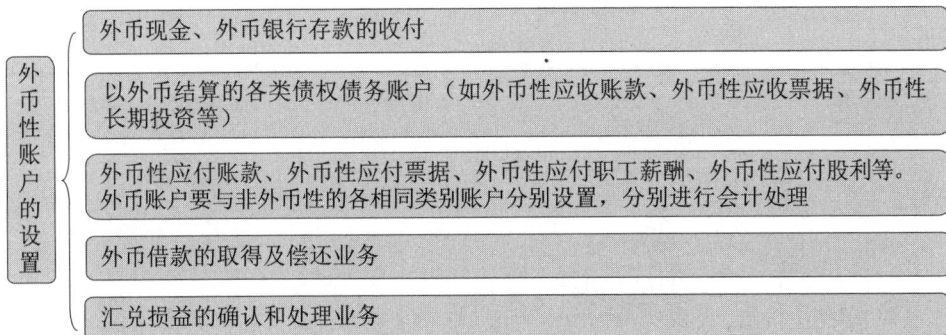

外币性账户的设置
- 外币现金、外币银行存款的收付
- 以外币结算的各类债权债务账户（如外币性应收账款、外币性应收票据、外币性长期投资等）
- 外币性应付账款、外币性应付票据、外币性应付职工薪酬、外币性应付股利等。外币账户要与非外币性的各相同类别账户分别设置，分别进行会计处理
- 外币借款的取得及偿还业务
- 汇兑损益的确认和处理业务

图2-2 外币性账户的设置

根据《国家外汇管理局关于精简外汇账户的通知》（汇发〔2019〕29号）规定，对部分外汇账户进行清理整合。

四、外币汇兑的核算

（1）购汇支付的条件。外贸企业到银行购汇，应具备两个条件：必须拥有按规定可以进行购汇的事项；必须提供与支付方式适应的有效商业单据和有效凭证。

除此之外的贸易及非贸易经营性对外支付，均需持外汇管理部门核发的售汇通知单，才能到外汇指定银行购汇。

（2）购汇程序。

①将购汇所需的足够人民币资金存放到企业开设的指定银行账户中。

②提供有效凭证，如合同、发票、收据、进出口许可证等文件。

③填写"购买外汇申请书"及有关证明文件交给售汇银行。

④售汇银行对企业提交的资料审核无误后，办理售汇，并将"购买外汇申请书"中的一联退外贸企业，购汇即告完成。

【例2-1】20××年1月25日，大地进出口公司收到银行"购买外汇申请书"及银行回单，共计200 000美元，当日汇率1美元＝6.89人民币元，账务处理如下。

（1）购买外汇时，见表2-4、表2-5。

表2-4

购买外汇申请书

中国工商银行北蜂窝路 　　银行分/支行：

我公司现按国家外汇管理局有关规定向贵行提出购汇申请，并随附有关凭证，请审核并按当日牌价办理售汇。

单位名称	大地进出口公司	人民币账户	0200001909234216779
		外汇账户	07422568789
购汇金额 （大小写）	美元贰拾万元整 200 000	当日 汇率　1：6.89	折合人民币 （大小写）　¥1 378 000
购汇 支付方式	☑支票　□银行汇票　□银行本票 □扣账　□其他		
购汇用途	☑进口商品　□从属费用　□索赔退款　□还贷　□其他		
对外结算方式	☑信用证　□代收　□汇款　（□货到付款　□预付货款）		
业务参考	商品名称　略	数　量　略	
	合同号　略	发票号　略	
	合同金额　略	发票金额　略	
	核销单号　略	信用证号　略	
进口商品 类型	☑一般进口商品 □控制，批文随附如下： □进口证明　□许可证　□登记证明　□其他批文 批文号码：　　　　批文有效期：		
申请人栏		银行专用栏	
申请单位：大地进出口公司 （盖章） 联系人：周明 电话：68790001 20××年1月25日		银行审批意见：同意 （章略） 经办：赵明 复核：李凯 审批：王静 20××年1月25日	

表 2-5

外汇会计账簿（结售汇、套汇）

机构号码：091076535　　　日期：20××年1月25日

	业务编号	××××	业务类型		售汇	起息日
借方或付款单位	名　称	大地进出口公司		贷方或收款单位	名　称	汇出汇款
	账　号	07422568789			账　号	
	币种与金额	CNY：1 378 000			币种与金额	USD200 000
	汇率/利率	6.89	开户行		汇率/利率	6.89
收汇金额			发票号	挂销单号	工商银行北蜂窝路支行	
交易摘要	购汇 USD200 000				20××.1.25 业务清讫	

交易代码	授权	复核　李燕	经办　李英

　　借：银行存款——美元户　　　　（200 000×6.89）1 378 000

　　　　贷：银行存款——人民币户　　　　　　　　　　　1 378 000

（2）支付手续费时，见表 2-6。

表 2-6

中国工商银行特种转账借方传票（手续费）

20××年1月25日

付款人	全称	大地进出口公司	收款人	全称	本行								
	账号或地址	0200001909234216779		账号或地址	××××××								
	开户银行		行号 5		开户银行								
金额	人民币（大写）⊗贰仟元整				千	百	十	万	千	百	十	元	角	分
								￥	2	0	0	0	0	0
原凭证金额		赔偿金											
原凭证名称		号码											
转账原因	购汇手续费 银行盖章（略）			科目（借） 对方科目（贷） 会计： 记账：	工商银行北蜂窝路支行 20××.1.25 业务清讫 复核：								

借：财务费用——手续费 2 000

贷：银行存款——人民币户 2 000

假若以信用证方式支付，并先购汇开出信用证，再按合同规定付款，账务处理如下。

借：其他货币资金——信用证保证金 1 378 000

贷：银行存款 1 378 000

借：财务费用 2 000

贷：银行存款 2 000

五、外汇收入的核算

根据《中华人民共和国外汇管理条例》的规定，经常项目外汇收入，可以按照国家有关规定保留或者卖给经营结汇、售汇业务的金融机构。

外贸企业收到外汇收入存入外汇账户后，可作出结汇或不结汇的决定。如直接保留现汇，应按银行结汇水单记录的外币金额，进行账务处理。

【例2-2】20××年1月27日，大地进出口公司向美国P公司出口女鞋一批，货款共计80 000美元，货款尚未收到，当日汇率为1∶6.88。1月31日，上述货款收妥，企业直接保留现汇。当日汇率为1∶6.80，账务处理如下。

(1) 1月27日，发出商品，开出发票，见表2-7。

借：应收账款 ——P公司货款——美元户

(80 000×6.88) 550 400

贷：主营业务收入 550 400

(2) 1月31日，根据银行转来的单据。

借：银行存款——美元户 544 000

财务费用——汇兑损益 [(6.88−6.80) ×80 000] 6 400

贷：应收账款——P公司货款 550 400

大地进出口公司
DADI IMPORTS AND EXPORTS CO., LTD
出口商业发票
COMMERCIAL INVOICE

表 2-7

ISSUER DADI IMPORTS AND EXPORTS Co., LTD NO.14 BEIFENGWO ROAD, LISHUI District, CHINA TEL: ×××× FAX: ×××××		No. NTOIFE003	DATE January, 27, 20××
TO: P Co., LTD P.O.BOX ×××, No, 18 wall street, New-York, The united state		信用证号 L/C No.	2023 ×× Z001
		发票号码 INVOCE No.	20×××D0098
Marks and Numbers ×××	Quantities Description ×××	Unit Price ×××	Amount ×××
MADE IN CHINA			FOB
	WOMAN SHOES	USD 400.00	USD 80 000.00
		FOB	USD 80 000.00
	LESS	COMMISION	USD 0.00
	PLUS	SAMPLE FEE	USD 0.00
		TOTAL	USD 80 000.00
	TOTAL QUANTITY:		(章略)
	TOTAL AMOUNT: US DOLLARS EIGHTY THOUSAND ONLY.		

六、外汇支出的核算

1. 外汇支出的方式

《中华人民共和国外汇管理条例》规定，经常性外汇支出，应当按照国务院外汇管理部门关于汇付与购汇的管理规定，凭有效单据以自有外汇支付或向经营者结汇、售汇业务的金融机构支付。一般外汇支出项目见表 2-8。

表 2-8 外汇支出项目

序号	支出方式
1	用跟单信用证（保函）方式结算的贸易进口支付
2	用跟单托收方式结算的贸易进口，持进口合同、报关单、进口付汇通知书及跟单托收结算方式要求的有效商业单据
3	出口项下的不超过合同标的额 2％的暗佣和 5％的明佣（明扣），或者虽超过上述比例但未超过等值 10 000 美元的佣金
4	进出口项下的运输费、保险费
5	进口项下的尾款，持进口合同、报关单、验货合格证明
6	进出口项下的资料费、技术费、信息费等从属费用
7	从保税区购买商品以及购买国外入境展览展品的用汇
8	专利权、著作权、商标、计算机软件等无形资产的进口
9	出口项下对外退赔外汇
10	境外承包工程所需的投标保证金
11	进口项下不超过合同总标的 15％或者虽超过 15％但未超过等值 100 000 美元的预付款
12	出口项下对外退赔外汇，持结汇水单或收账通知、索赔协议、理赔证明和已冲减出口收汇核销的证明

2. 需要经过外汇管理部门审核的外汇支出

下面这些是需要经过外汇管理部门审核后才能对外支付的外汇支出，见表 2-9。

表 2-9 需经外汇管理部门审核后才能对外支付的外汇支出

序号	支出条件
1	进口项下超过合同标的额 15％或者超过等值 100 000 美元的预付款
2	出口项下超过合同标的额 2％的暗佣和 5％的明佣或者超过等值 10 000 美元的佣金
3	转口贸易项下先支后收的对外支付
4	偿还外债的利息
5	超过等值 10 000 美元的现钞提取（个人）

【例 2-3】20××年 1 月 27 日，大地进出口公司用现汇 200 000 美元对外付汇，支付当日银行市场汇价为 1 美元＝6.89 人民币元，原应付外汇账款入账时的记账汇率为 1 美元＝6.85 人民币元。账务处理见表 2-10。

表 2-10

外汇会计账簿（结售汇、套汇）

机构号码：091076535 　　　　日期：20××年 1 月 27 日

业务编号			业务类型	售汇	起息日	
借方或付款单位	名称	大地进出口公司	贷方或收款单位	名称	汇出汇款	
	账号	07422568789		账号		
	币种与金额	USD200 000		币种与金额	USD200 000	
	汇率/利率	6.89	开户行		汇率/利率	6.89
收汇金额			发票号		挂销单号	工商银行北蜂窝路支行 20××.1.27 业务清讫
交易摘要	从其美元账户支取 USD200 000，支付货款。					

交易代码　　　　　授权　　　　　复核　李燕　　　　　经办　李英

借：应付账款——P 公司货款　　（200 000×6.85）1 370 000

　　财务费用——汇兑损益　　　　　　　　　　　8 000

　　贷：银行存款——美元户　　（200 000×6.89）1 378 000

七、外汇借款的核算

涉外企业向有外汇经营权的银行或金融机构申请取得的外汇借款。

1. 外汇借款的特点

由上述外汇借款的种类和偿还方式可见，外汇借款相对人民币借款而言，具有以下特点。

（1）外汇借款必须用外汇偿还，并用外汇支付借款利息。

（2）外汇借款以美元作为借贷核算货币。如采用其他货币，需要按当日外汇牌价折成美元入账。特殊情况经银行批准也可以用其他货币作为借贷核算货币。

（3）外汇借款实行浮动利率和支付承担费的办法。银行的短期外汇贷款按浮动利率计收利息。

2. 外汇借款的核算

涉外企业向外汇银行或金融机构申请的外汇借款品种较多，但不外乎短期借款和长期借款两类。

（1）短期外汇借款的核算。

涉外企业从银行借入的偿还期在 1 年以内或一个营业周期内的外汇借款，为短期外汇借款。

【例 2-4】大地进出口公司按信贷合同向外汇银行借入 400 000 美元，为期 3 个月，借款利率 6％。用以支付采购设备价款，当日汇率为 1 美元＝6.90 人民币元，账务处理如表 2-11、表 2-12。

借：银行存款——美元户　　　　　（400 000×6.90）2 760 000
　　贷：短期借款——美元户　　　　　　　　　　　　2 760 000
借：固定资产——××供应商　　　　　　　　　　　2 760 000
　　贷：银行存款——美元户　　　　　　　　　　　　2 760 000

表 2-11

中国工商银行外币借款凭证（借据）

总字第（××）号　　　　　字第××号

信银贷字第　号　　　　　　　20××年 1 月 15 日

借款人全称	大地进出口公司			贷款户账号	002221102002456						
贷款种类	短期借款	利率	年6％	存款户账号	07422568789						
贷款金额	美元	千	百	十	万	千	百	十	元	角	分
	（大写）肆拾万元整			$	4	0	0	0	0	0	0
借款原因或用途	设备款	约定还款期		20××年 4 月 14 日							

根据你的贷款方法，借到上列贷款，特立借据存查。

借款人盖章

（预留银行印鉴）

信贷部门审批意见：
会计分录：
（借）＿＿＿＿
（贷）＿＿＿＿
会计：　　记账：

兰张印春

表 2-12

中国银行进账单（回单或收账通知）

进账日期：20××年1月17日

第　　号

收款人	全　　称	大地进出口公司	付款人	全　　称	工商银行北蜂窝路支行
	账　　号	07422568789		账　　号	××××
	开户银行	工商银行北蜂窝路支行		开户银行	

美元（大写）：$肆拾万元整	千	百	十	万	千	百	十	元	角	分
		$	4	0	0	0	0	0	0	0

票据种类	收款人开户银行盖章
票据张数	工商银行北蜂窝路支行
主管　会计　复核　记账	20××.1.17 业务清讫

三个月后短期借款到期，利息为 400 000×6.90×6‰×3÷12＝41 400（元），本利合计 400 000×（1＋6‰×3÷12）＝406 000（美元），汇率为 1 美元＝6.92 人民币元。

借：短期借款——美元户　　　　　（400 000×6.90）2 760 000

　　财务费用——利息支出　　　　　　　　　　　　　41 400

　　　　　　——汇兑损益　　　　　　　　　　　　　　8 120

　贷：银行存款　　　　　　　　　（406 000×6.92）2 809 520

（2）长期外汇借款的核算。

长期外汇借款是涉外企业向银行或其他金融机构借入的偿还期限在 1 年以上的各种外币借款。长期借款利息支出和外币折算差额的列支应区别不同对象和发生时间进行不同账务处理。

涉外企业为了反映和监督外汇长期借款的借入、应计利息和归还本息情况，应设置"长期借款"账户核算，贷方登记长期借款本息的增加额；借方登记长期借款本息的减少额；期末贷方余额反映企业尚未偿还的长期借款本息。本账户应按借款单位、借款种类和不同的币种设置明细账户，进行明细核算。

【例 2-5】大地进出口公司依据贷款协议于 20××年 4 月 15 日从外汇银行借入 3 年期借款 60 000 美元，年利率 10%，每年计算一次复利，到期一次还本付息，该项借款的账务处理如下。

(1) 借款时，汇率为1美元＝6.53人民币元，见表2-13。

借：银行存款（60 000×6.53）　　　　　　　　　391 800

　　贷：长期借款　　　　　　　　　　　　　　　　　　391 800

(2) 第一年末，汇率为1美元＝6.52人民币元

应计利息＝60 000×10％＝6 000(美元)

借：财务费用——利息支出（6 000×6.52）　　　　39 120

　　贷：长期借款　　　　　　　　　　　　　　　　　　39 120

(3) 第一年末，调整长期借款账面人民币余额

①人民币账面余额＝391 800＋39 120＝430 920(元)

②按年终汇率调整后人民币余额＝（60 000＋6 000）×6.52＝430 320(元)

③发生差额（汇兑收益）＝430 320－430 920＝－600(元)

表 2-13

中国工商银行外币借款凭证（借据）1

总字第（××）号　　　　　　字第××号

信银贷字第　号　　　　　　20××年4月15日

借款人全称		大地进出口公司	贷款户账号				002221102002456						
贷款种类	长期借款	利率	年10％	存款户账号			07422568789						
贷款金额	美元			千	百	十	万	千	百	十	元	角	分
	（大写）陆万元整					$	6	0	0	0	0	0	0
借款原因或用途			约定还款期	20××年4月14日									

根据你的贷款方法，借到上列贷款，特立借据存查。

借款人盖章

（预留银行印鉴）

信贷部门审批意见：

会计分录：

（借）＿＿＿＿＿

（贷）＿＿＿＿＿

会计：　　记账：

借：长期借款　　　　　　　　　　　　　　　　　　600

　　贷：财务费用——汇兑损益　　　　　　　　　　　　　600

（4）第二年，计付借款利息时汇率为1美元＝6.53人民币元

应计利息＝66 000×10％＝6 600（美元）

借：财务费用——利息支出　　　　　（6 600×6.53）43 098

　　贷：长期借款　　　　　　　　　　　　　　　　43 098

（5）第二年末计付利息，按期末汇率1美元＝6.53人民币元，调整长期借款人民币账面余额

①人民币账面余额＝430 320＋43 098＝473 418（元）

②按年终汇率调整后人民币余额＝（66 000＋6 600）×6.53＝474 078（元）

③发生差额（汇兑损失）＝474 078－473 418＝660（元）

借：财务费用——汇兑损益　　　　　　　　　　　　660

　　贷：长期借款　　　　　　　　　　　　　　　　　660

（6）第三年末，计付利息时汇率为1美元＝6.50人民币元

应计利息＝（60 000＋6 000＋6 600）×10％＝7 260（美元）

借：财务费用　　　　　　　　　　　（7 260×6.50）47 190

　　贷：长期借款　　　　　　　　　　　　　　　　47 190

（7）第三年末，按期末汇率1美元＝6.50元，调整长期借款人民币余额

①人民币账面余额＝474 078＋47 190＝521 268（元）

②按年终汇率调整后人民币余额＝（60 000＋6 000＋6 600＋7 260）×6.50＝519 090（元）。

③发生差额（汇兑收益）＝519 090－521 268＝－2 178（元）

借：长期借款　　　　　　　　　　　　　　　　　2 178

　　贷：财务费用——汇兑损益　　　　　　　　　　　2 178

（8）长期借款期满归还时，本息共计79 860（60 000＋6 000＋6 600＋7 260）美元，当时买入价为1美元＝6.51人民币元，账务处理如下。

借：长期借款　　　　　　　　　　　　　　　519 090

　　财务费用——汇兑损益　　　　　　　　　　798.60

　　贷：银行存款　　　　　　　　　（79 860×6.51）519 888.60

八、汇兑损益的核算

汇兑损益也称汇兑差额，是指企业在持有外币货币性资产和负债期间，由于外币汇率变动而引起的外币货币性资产或负债的价值发生变动而产生的差额或在货币兑换中发生的差额。

汇兑损益是指用记账本位币按照不同的汇率报告相同数量的外币而产生的差额。

1. 汇兑损益的产生原因与确认

（1）汇兑损益的产生原因见表2-14。

表2-14　汇兑损益的产生原因

交易类型	产生原因
交易外币汇兑损益	指在发生以外币计价的交易业务时，因收回或偿付债权、债务而产生的汇兑损益。主要是由债权、债务在实际结算时，由入账汇率与结算日汇率不同产生的差额
兑换外币汇兑损益	指在发生外币与记账本位币或一种外币与另一种外币进行兑换时产生的汇兑损益。由于实际兑换的汇率与记账汇率不同而产生的差额。兑换时采用的买入汇率或卖出汇率，而记账汇率是业务发生时当日汇率，所以产生差额
调整外币汇兑损益	在现行准则下，会计期末将所有外币性债权、债务和外币性货币资金账户，按期末汇率进行调整而产生的汇兑损益

（2）汇兑损益的确认有两种方法见表2-15。

表2-15　汇兑损益的确认方法

方　　法	特　　点
逐笔折算法	即对每笔外币业务均应当采用交易发生日的即期汇率将外币金额折算为记账本位币金额反映，每结算一次或收付一次，依据账面汇率计算一次汇兑损益，期末再按市场汇率进行调整，调整后的期末人民币余额与原账面人民币余额的差额作为当期汇兑损益
集中折算法	即对每笔外币业务均应当采用交易发生日的即期汇率将外币金额折算为记账本位币金额反映，在银行存款、债权债务业务减少时，不注销原账户的账面汇率，除外币兑换业务外，平时不确认汇兑损益，待期末进行汇率调整后汇总确认汇兑损益

2. 汇兑损益的处理原则

汇兑损益的处理原则共有六点，如图2-3所示。

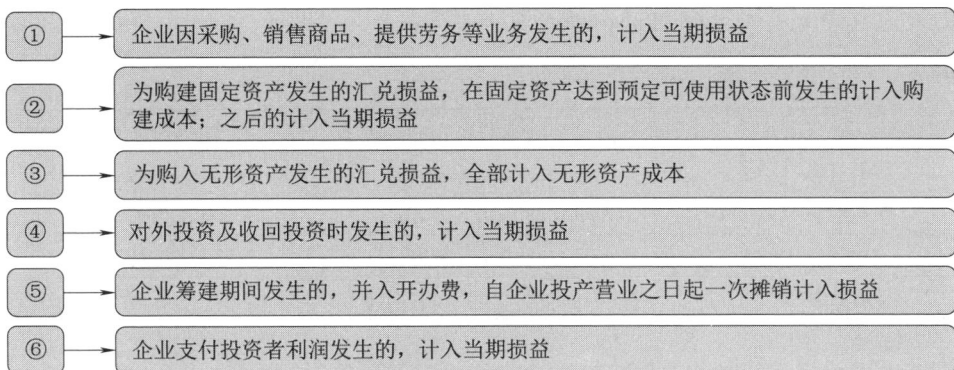

①	企业因采购、销售商品、提供劳务等业务发生的，计入当期损益
②	为购建固定资产发生的汇兑损益，在固定资产达到预定可使用状态前发生的计入购建成本；之后的计入当期损益
③	为购入无形资产发生的汇兑损益，全部计入无形资产成本
④	对外投资及收回投资时发生的，计入当期损益
⑤	企业筹建期间发生的，并入开办费，自企业投产营业之日起一次摊销计入损益
⑥	企业支付投资者利润发生的，计入当期损益

图 2-3　汇兑损益的处理原则

3. 期末汇兑损益的案例

【例 2-6】新都公司系增值税一般纳税人，开设有外汇账户，会计核算以人民币作为记账本位币，外币交易采用交易发生日的即期汇率折算。该公司 20××年 1 月发生的外币业务及相关资料如下。

（1）5 日，从国外乙公司进口原材料一批，货款 200 000 欧元，当日即期汇率为 1 欧元＝7.85 人民币元，按规定应交进口关税 170 000 元，应交进口增值税 317 900 元。货款尚未支付，进口关税及增值税当日以银行存款支付，并取得海关完税凭证。

（2）14 日，向国外丙公司出口销售商品一批（不考虑增值税），货款 40 000 美元，当日即期汇率为 1 美元＝6.34 人民币元，商品已经发出，货款尚未收到，但满足收入确认条件。

（3）16 日，以人民币从银行购入 200 000 欧元并存入银行，当日欧元的卖出价为 1 欧元＝8.10 人民币元，中间价为 1 欧元＝7.80 人民币元。

（4）20 日，因增资扩股，收到境外投资者投入的 1 000 000 欧元，当日即期汇率为 1 欧元＝7.89 人民币元，其中，人民币 7 000 000 元作为注册资本入账。

（5）25 日，向乙公司支付部分前欠进口原材料款 180 000 欧元，当日即期汇率为 1 欧元＝7.90 人民币元。

（6）28 日，收到丙公司汇来的货款 40 000 美元，当日即期汇率为 1 美元＝6.31 人民币元。

（7）31 日，根据当日即期汇率对有关外币货币性项目进行调整并确认汇兑差额，当日有关外币的即期汇率为：1 欧元＝7.80 人民币元，1 美元＝

6.30人民币元。有关项目的余额，见表2-16。

表2-16　相关项目余额

项　　目	外币金额	调整前的人民币金额
银行存款（美元）	40 000 美元（借方）	252 400 元（借方）
银行存款（欧元）	1 020 000 欧元（借方）	7 990 200 元（借方）
应付账款（欧元）	20 000 欧元（贷方）	170 000 元（贷方）
应收账款（美元）	0	0

（注：相关单据略）

（1）借：原材料——乙公司（200 000×7.85＋170 000）　1 740 000

　　　　应交税费——应交增值税（进项税额）　　　317 900

　　　　贷：银行存款——人民币户（170 000＋317 900）487 900

　　　　　　应付账款——欧元户　　（200 000×7.85）1 570 000

（2）借：应收账款——丙公司　　　（40 000×6.34）253 600

　　　　贷：主营业务收入　　　　　　　　　　　　　253 600

（3）借：银行存款——欧元户　　（200 000×7.80）1 560 000

　　　　财务费用——汇兑损益　　　　　　　　　　　 60 000

　　　　贷：银行存款——人民币户（200 000×8.10）1 620 000

（4）借：银行存款——欧元户　（1 000 000×7.89）7 890 000

　　　　贷：实收资本　　　　　　　　　　　　　　7 000 000

　　　　　　资本公积——资本溢价　　　　　　　　　890 000

（5）借：应付账款　　　　　　　（180 000×7.85）1 413 000

　　　　财务费用——汇兑损益　　　　　　　　　　　　9 000

　　　　贷：银行存款——欧元户（180 000×7.90）1 422 000

（6）借：银行存款——美元户　　（40 000×6.31）252 400

　　　　财务费用——汇兑损益　　　　　　　　　　　 1 200

　　　　贷：应收账款——美元户　（40 000×6.34）253 600

（7）月底，结转汇兑损益

银行存款（美元）汇兑损益＝40 000×6.30－252 400＝－400（元）

银行存款（欧元）汇兑损益＝1 020 000×7.80－7 990 200＝－34 200（元）

应付账款（欧元）汇兑损益＝20 000×7.80－170 000＝－14 000（元）

借：财务费用——汇兑损益　　　　　　　　　　　　　400

　　贷：银行存款——美元户　　　　　　　　　　　　　　400

借：财务费用——汇兑损益   34 200

 贷：银行存款——欧元户   34 200

借：应付账款——欧元户   14 000

 贷：财务费用——汇兑损益   14 000

第三节　国际贸易结算

国际贸易结算是以物品交易、货款两清为基础的有形贸易结算。

国际贸易结算的方式有信用证结算方式、汇付和托收结算方式、银行保证函等各种结算方式的结合使用。

一、信用证结算方式

信用证（Letter of Credit）简称 L/C，是银行信用介入国际货物买卖价款结算的产物。信用证不仅在一定程度上解决了买卖双方之间互不信任的矛盾，而且还能使双方在使用信用证结算货款的过程中获得银行资金融通的便利，从而促进国际贸易的发展。因此，信用证结算被广泛应用于国际贸易之中，以致成为当今国际贸易中一种主要的结算方式。

需要注意的是，出口货物的装运期限应在信用证的有效期限内进行，信用证交单期限必须不迟于信用证的有效日期。

信用证流程，如图 2-4 所示。

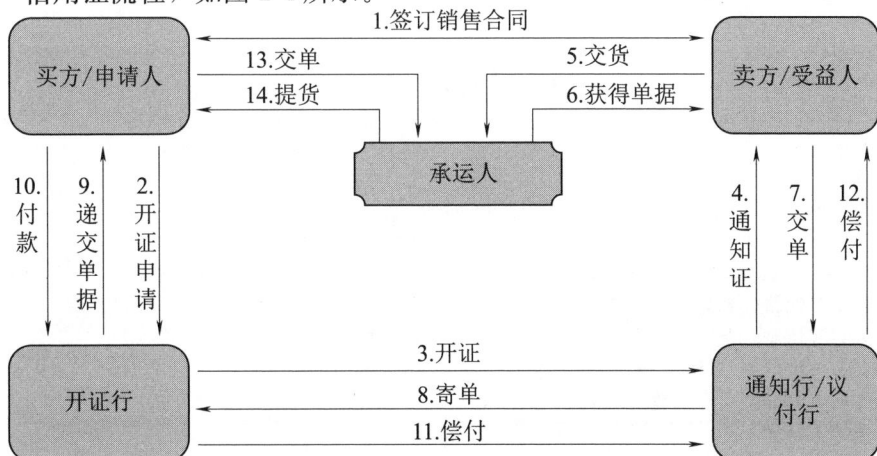

图 2-4　信用证流程

1. 信用证的当事人

信用证当事人
- 开证申请人(Applicant for L/C)
  开证行(Issuing Bank)
  受益人(Beneficiary)
  付款行(Paying Bank)
- 通知行(Advising Bank)
  议付行(Negotiating Bank)

其他当事人
承兑行(Accepting Bank)
保兑行(Confirming Bank)
偿付行(Reimbursing Bank)
索偿行(Claiming Bank)
寄单行(Remitting Bank)

2. 信用证对当事人的好处

进口商
①可以通过信用证条款控制出口商的装货期
②可以在付款后肯定地取得货物的单据
③开证时只需交少量押金或提供一个担保人，从而减少资金占压

出口商
①可以增加收款保障和加速资金周转
②可以避免不允许进口和换汇带来的风险
③在实行外汇和贸易管制的国家里，银行开立信用证一般都已经过政府批准

3. 信用证制单过程中的常见错误

①汇票大、小写金额打错
②汇票的付款人名称、地址打错
③发票的抬头人打错
④有关单据如汇票、发票、保险单等的币制代码错误
⑤名称不一致或不符合信用证的规定
⑥发票上的货物描述不符合信用证的规定
⑦多装或短装物品
⑧有关单据的类型不符合信用证要求
⑨单单之间商品名称、数量、件数、唛头、毛净重等不一致

⑩应提交的单据提交不全或份数不足
⑪未按信用证要求对有关单据如发票、产地证等进行认证
⑫漏签字或盖章
⑬汇票、运输提单、保险单据上未按要求进行背书
⑭逾期装运
⑮逾期交单

由于以上种种错误，会产生"不符点"。那么，什么是"不符点"呢？

"不符点"（Discrepancy）是指在对外贸易过程中，银行给出口商开出信用证（L/C），出口商没有按照信用证的要求出具单据内容。一旦出口商的单证跟L/C上有不相符合的地方，即使一个字母或一个标点符号与信用证不相符合，都记为一处不符点。一般每个不符点银行会处罚出口商50美元，有些不符点是不能避免的，银行会注明此单为不符点交单。这会造成L/C的银行信用为零，而转成客户的商业信用。出口商失去付款保证，进口商具有付款选择权。如果提单还是记名提单的话，货物出港后，所有权转移到进口商。假如进口商拖着一直不付款，过了规定的时间后，银行就可以拍卖这批货物。进口商作为提单上的收货人就有第一竞拍权，极有可能以很便宜的价格得到这批货物，出口商的损失很大。

小贴士

记名提单（Named Bill of Lading）是指规定将货物运给记名人而不载明待指定或待分配的提单。指定的收货人在向承运人或其代理人交出一份提单正本时则取得交付的货物。尽管记名提单是一种权利凭证，但它是不可流通的。在我国，记名提单不得转让。

不记名提单（BLANK B/L 或 OPEN B/L），又称来人抬头提单，是指提单上的收货人栏内不写明具体收货人的名称，只写明货交提单持有人，或不填写任何内容的提单。提单的任何持有人都有权提货。

常见主要不符点，见表 2-17。

表 2-17 主要不符点

类型	中文描述	英文描述
时间不符（Discrepancies about time）	信用证过期	The L/C expired
	信用证装运日期过期	L/C date of shipment expires
	受益人交单过期	Presentation document by beneficiary expires
单据不符（Discrepancies about content）	交单单据不齐（缺少装船通知或快递单据、证明等）	Lack of documents
	提单没有"运费付讫"字样	B/L is not marked "Freight Prepaid"

类型	中文描述	英文描述
单据不符 （Discrepancies about content）	装船证明没有按信用证要求出具	Vessel certificate is not issued by the requirement of L/C
	各种单据的类别与信用证不符	Discrepancies between each document category and L/C
	投保的险种与信用证不符	Discrepancies between types of insurance and L/C
	运输单据和保险单据的背书错误或没有按要求背书	The endorsement error of transport document and insurance document or not according to the requirements of endorsement
	货物短装或超装（一般信用证都会有±5%—10%的数量上落差允许，可以在客户开证之前再提醒）	Cargo short or over loaded（generally，L/C allows a±5%—10% drop，so you can remind your customers before issuing L/C）
	单据没按要求签字盖章	Documents do not be signed and sealed as required
	单据份数与信用证要求不一致	Documents copies are not in agreement with L/C

　　国际贸易中以信用证为付款方式的居多，信用证的开证日期应当明确、清楚、完整。中国银行、中国建设银行、中国农业银行、中国工商银行等，都能够对外开立信用证。

　　【例2-7】大地进出口公司向美国客户进口商品一批，向银行提出申请开立信用证45 000美元，当日汇率为1∶6.85，以银行存款支付手续费2 500元。信用证样式，见表2-18。

表2-18　信用证样本（附中文说明）

46A：Documents Required（单据要求）

　　1.SIGNED COMMERCIAL INVOICE IN 1 ORIGINAL (S) AND 3 COPIE (S). 签字的商业发票一正三副。

　　2.PACKING LIST IN 1 ORIGINAL (S) AND 2 COPIE (S). 装箱单一正二副。

---

3. FULL SET AND (3 NON-NEGOTIABLE COPIES) OF CLEAN ON BOARD OCEAN BILLS OF LADING MADE OUT TO THE ORDER OF ×××× BLANK ENDORSED MARKED "FREIGHT COLLECT" AND NOTIFY ACCOUNTEE. 全套海运提单原件及三份不可转让副本，抬头为 ×××的空白背书，且注明运费到付，通知人为信用证申请人。

4. INSPECTION CERTIFICATE IN 1 ORIGINAL (S) AND 3 COPIE (S) SIGNED AND ISSUED BY ××××. DATED PRIOR TO SHIPPMENT DATE CERTIFYING THAT THE MERCHANDISE TO BE SHIPPED IS IN GOOD ORDER AND CONDITIONS. 由×××签发的检验证书一正三副，在装运日期前保证货物已装船并完好无损。

5. ONE ADDITIONAL COPY OF ALL DOCUTMENTS FOR ISSUING BANK'S RETENTION. 所有文件都多复印出一份，以便开证行保存。

47A: Additional Conditions（附加条件）

1. ONE ADDITIONAL COPY OF ALL DOCUNENTS ARE REQUIRED TO BE PRESENTED TOGETHER WITH THE DOCUMENTS FOR ISSUING BANK'S RETENTION. USD50. 00 WILL BE DEDUCTED IF EXTRA COPY OF REQUIRED DOCUMENTS ARE NOT PRESENTED. 所有文件都应交一份复印件以便开户行保存，如果在要求之列的文件的复印件未提交，将处以 50 美元的罚款。

2. WE RESERVE THE RIGHT At ANY TIME TO REFUSE PAYMENT OF OR TO REJECT DOCU-MENTS PRESENTED BEARING REFERENCE TOANY COUNTRY, ENTITY OR INDIVIDUAL THAT MAY BE THE SUBJECT OF ANY BOYCOTT, SANCTION OR EMBARGO IMPOSED BY ANY LAWS, EXECUTIVE ORDERS OR REGULATIONS OF THE GOVERNMENT AND/OR AUTHOR-ITIES OF THE UNITED STATES OF AMERICA OR OTHER COUNTRIES（"APPLICABLE RESTRICTIONS"）. THIS INCLUDES DOCUMENTS EVIDENCING TRANSHIPMENT THROUGH ANY COUNTRY AFFECTED BY ANY APPLICABLE RESTRICTIONS. WE SHALL NOT BE LIABLE FOR ANY DELAY OR FAILURE TO MAKE PAYMENT UNDER THIS LETTER OF CREDIT OR DISCLOSURE OF INFORMATION IN CONNECTION WITH SUCH DOCU-NENTS, OR ANY OTHER CONSEQUENCE THEREOF. 我们保留在任何时间有权拒绝给提及的可能从属于任何政府或美国当局或其他国家法律、行政命令、法规所实施的任何抵制、制裁或禁运的任何国家、实体或个人（适用限制）付款或拒绝接受相关单证的权利。如果与一些国家的过境限制禁运有关系，我们将不会为此造成的延迟付款负责。我们也不会出来澄清与此事有关。

3. ALL DOCUMENTS MUST BEAR THIS CREDIT NUMBER. 所有单据必须显示信用证号码。

4. ALL DOCUMENTS MUST BE IN ENGLISH LANGUAGE. 所有文件都应用英文书写。

5. COMBINED L/C PRESENTATION NOT ALLOWED. IF PRESENTED, WE WILL DEDUCT USD200. 00/PER SET AND OTHER CHSRGES ARE ALSO APPLICABLE. 不允许提交联合信用证，否则我们将按份扣除 200 美元并征收其他费用。

71B：Charges（费用）

AlL CHARGES OTHER THAN ISSUING BANK ARE FOR THE ACCOUNT OF BENEFICIARY. 开证行以外的费用均由受益人承担。

48：Period for Presentation（交单期限）

DRAFT（S）AND DOCUMENTS TO BE PRESENTED WITHIN 15 DAYS AFTER DATE OF SHIPMENT BUT WITHIN THE VALIDITY OF THE CREDIT. 单据与文件必须在装船后 15 天之内，并且必须在 L/C 有效期内。

49：Confirmation Instructions（保兑指示）

WITHOUT 无

78：Instr to Payg/Accptg/Negotg，Bank（给付条款/承兑行/议付行的指示）

Issue of a Documentary Credit

Sender：CCEBUS6LXXX

CENTER BANK（FORMERLY CALIFORNIA CENTER BANK）

Receiver：ICBKCNBJ××

INDUSTRIAL AND COMMERCIAL BANK OF CHINA

BEIFENGWO ROAD BRANCH

- - - - - - - - - - - - - - - Message Text- - - - - - - - - - - - - - -

40A：Form of Documentary Credit（跟单信用证类型）

IRREVOCABLE（不可撤销）

20：Documentary Credit Number（信用证编号）

××××

31C：Date of Issue（开证日期）

1, 15, 2020

31D：Date and Place of Expiry（到期日）

3, 15, 2020

50：Applicant（开证申请人）

59：Beneficiary-Name & Address（受益人——姓名及地址）

Da DI Import & Export Company

32B：Currency Code, Amount（币种与金额）

Currency（币种）：USD（US DOLLAR）（美元）

Amount（金额）：45 000

41D：Available with... By... - Name&Addx（指定银行及兑付方式）

42C：Drafts at...（汇票）

> 42A: Drawee- BIC (汇票付款人——银行代码)
>
> CCEBUS6L×××
>
> CENTER BANK (FORMERLY CALIFORNIA CENTER BANK)
>
> LOS ANGELE, CA US
>
> 43P: Partial Shipments (分批装运)
>
> NOT ALLOWED (不允许)
>
> 43T: Transhipment (转船)
>
> ALLOWED (允许)
>
> 44E: Port of Loading/Airport of Dep. (装货港)
>
> TIANJIN PORT，CHINA (中国，天津港)
>
> 44F: Port of Dischrge/Airport of Dest (卸货港)
>
> LONG BEACH/LOS ANGELES PORT, CA U. S. A (美国长岛/洛杉矶港)
>
> 44C: Latest Date of Shipment (最迟装运期) 略
>
> 45A: Description of Goods &/or Services (货物/服务名称) 略

借：其他货币资金——信用证存款　(45 000×6.85) 308 250

　　贷：银行存款　　　　　　　　　　　　　　　308 250

借：财务费用——手续费　　　　　　　　　　　2 500

　　贷：银行存款　　　　　　　　　　　　　　　　2 500

二、汇付结算方式

汇付是指汇款人（进口商）主动将款项交给汇出行，由该汇出行委托收款人所在地的汇入行将款项转交收款人（出口商）的一种结算方式。汇付结算方式按采用的通知方式不同分为电汇、信汇和票汇三种，见表 2-19。

表 2-19　汇付结算方式

方　　式	内　　容
电汇 (Telegraphic Transfer，T/T)	即电子汇款，通过银行的联网功能，实现便捷快速的汇款。电汇是汇款人将一定款项交存汇款银行，汇款银行通过电报或电传给目的地的分行或代理行（汇入行），指示汇入行向收款人支付一定金额的一种汇款方式

方　　式	内　　容
信汇 （Mail Transfer，M/T）	汇款人向当地银行交付本币，由银行开具付款委托书，用航空邮寄交国外分行或代理行，办理付出外汇业务。采用信汇方式，由于邮程需要的时间比电汇长，银行有机会利用这笔资金，所以信汇汇率低于电汇汇率，其差额相当于邮程利息
票汇 （Demand Draft，D/D）	汇出行应汇款人的申请，代汇款人开立以其分行或代理行为解付行的银行即期汇票，支付一定金额给收款人的一种汇款方式

　　汇付结算方式完全是建立在商业信用基础上的结算方式。交易双方根据合同或经济业务预付货款或货到付款，预付货款进口商有收不到商品的风险；而货到付款则出口商有收不到货款的风险。由于汇付结算方式的风险较大，这种结算方式只有在进出口双方高度信任的基础上才适用。此外，结算货款尾差、支付佣金、归还垫款、索赔理赔、出售少量样品等也可以采用这种结算方式。

　　【例2-8】大地进出口公司根据购进商品货款总值3 000 000美元预付订金10%，即300 000美元，当日美元兑人民币汇率为1∶6.84，以人民币支付银行手续费1 800元。见表2-20。

表2-20

中国工商银行　电汇凭证

委托日期：20××年1月5日

汇款人	全　　称	大地进出口公司	收款人	全　　称	××××
	账　　号	07422568789		账　　号	×××××
	汇出地点	××市		汇入地点	×××
	汇出行名称	工商银行北蜂窝路支行		汇入行名称	×××

金额	美元（大写）	$叁拾万元整	千	百	十	万	千	百	十	元	角	分
				$	3	0	0	0	0	0	0	0

工商银行北蜂窝路支行
20××-01-05
转讫

汇出行签章

支付密码

附加信息及用途：

复核　　记账

此联为汇出行给汇款人的回单

编制会计分录如下。

借：预付账款 　　　　　　　　　　　　　（300 000×6.84）2 052 000

　　财务费用——手续费 　　　　　　　　　　　　　　　　　1 800

　　贷：银行存款 　　　　　　　　　　　　　　　　　　　2 053 800

三、托收结算方式

托收是指由债权人（出口商）开立汇票或者连同货运单据，委托托收行通过其在付款人所在地的分行或代理行向债务人（进口商）收取款项的结算方式。

托收分为光票托收和跟单托收两种，见表 2-21。

表 2-21　托收结算方式

种　类	内　容
光票托收 （Clean Bill for Collection）	卖方仅开立汇票而不附带任何货运单据，委托银行收取款项的一种托收结算方式。一般来讲，光票托收用于收取货款尾数、代垫费、佣金、样品费、寄售费或其他贸易从属费用。光票托收的汇票，可以是即期汇票，也可以是远期汇票
跟单托收 （Documentary Bill for Collection）	由卖方开立跟单汇票（即汇票连同一整套货运提单一起）交给银行，委托银行代收货款。跟单托收两种交单方式：①付款交单（Documents Against Payment，D/P），是指代收行必须在进口商付清票款后，才能将货运单据交给进口商的一种交单方式；②承兑交单（Documents Against Acceptance，D/A），是指当付款人承兑远期汇票后，代收行把货运单据交给付款人；付款人于汇票到期时，由付款人履行付款义务的一种交单方式

托收结算流程，如图 2-5 所示。

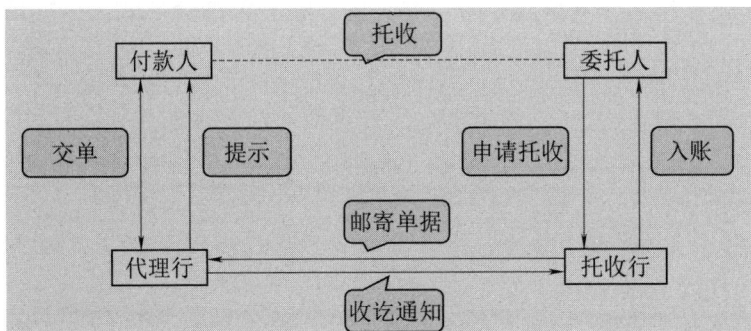

图 2-5　托收结算流程

托收方式对出口商的风险如下：

（1）进口商发生资金短缺，无力支付；

（2）进口商可能因货物在市场上滞销或价格下跌而失信，不遵守合同有关规定，或以质量差等为要挟要求降价；

（3）进口商事先未领到进口许可证，货物到达目的港后被禁止进口；

（4）进口商未申请到外汇，因而无法支付。

【例2-9】大地进出口公司向美国S公司出口电器一批，货款共计380 000美元，当日汇率为1∶6.80，已办妥托收手续，编制会计分录如下。

　　借：应收账款　　　　　　　　　（380 000×6.80）2 584 000

　　　　贷：主营业务收入——自营出口销售收入　　　　 2 584 000

10天后收到银行转来美国S公司支付的380 000美元的收账通知，当日汇率1∶6.82，编制会计分录如下。

　　借：银行存款　　　　　　　　　　　　　　　　　　 2 591 600

　　　　贷：应收账款——应收外汇账款（S公司）　　　　 2 584 000

　　　　　　财务费用——汇兑损益　　　　　　　　　　　　 7 600

四、汇付与银行保函或信用证结合方式

汇付与银行保函或信用证结合使用的形式常用于成套设备、大型机械和大型交通运输工具（飞机、船舶等）等货款的结算。这类产品，交易金额大，生产周期长，往往要求买方以汇付方式预付部分货款或定金，其余大部分货款则由买方按信用证规定或开加保函分期付款或迟期付款。

此外，还有汇付与托收结合、托收与备用信用证或银行保函结合等形式。我们在开展对外经济贸易业务时，究竟选择哪一种结合形式，可酌情而定。

第三章
出口成交方式与发票

外贸企业出口货物成交方式有很多种，本章介绍成交方式的含义、换算方法，以及部分出口单证、报关单证、清关单证、结汇单证、出口退税单证的介绍。

第一节　出口报关单的成交方式填报方法

根据《国际贸易术语解释通则（INCOTERMS 2000 & 2010 & 2020 版)》《中华人民共和国海关进出口货物报关单填制规范》，出口报关单的成交方式填报方法分为 FOB（离岸价）、CFR（含运费）、CIF（含运费、保险费）三种。

FOB
FOB、FCA、EXW都属于FOB范畴

CFR
C&F、CPT、CFR都属于CFR范畴

CIF
CIF、DDU、DDP都属于CIF范畴

一、出口报关成交方式

1. 离岸价（FOB）

FOB（Free On Board），也称"船上交货"，是国际贸易中常用的贸易术语之一。按离岸价进行的交易，买方负责派船接运货物，卖方应在合同装运港和规定的期限内将货物装上买方指定的船只，并及时通知买方。货物在装运港被装上指定船时，风险即由卖方转移至买方。

假如货物价格 10 000 元，运费 3 000 元，10 000 元这就是 FOB 价格。有一些企业不是按照 FOB 价格成交，如 CIF 等，也报成 FOB 价格成交，这是不允许的。

FOB 运费未付，卖方把货物运到买方指定的船上，卖方不负责交付运费，买方负责从装运港到目的地的运费和保险费。

出口货物报关单上"成交方式"栏填 FOB。

许可证号	成交方式	运费	保费	杂费
××××	FOB			

运费栏和保费栏都留空。

2. 成本加运费 C&F（CFR）

C&F（CFR）（Cost and Freight），成本加运费，指在装运港船上交货，卖方需支付将货物运至指定目的港所需的费用。但货物的风险是在装运港船上交货时转移。

出口货物报关单上"成交方式"栏填 CFR。

许可证号	成交方式	运费	保费	杂费
××××	CFR	200USD		

"运费"栏要填报，"保费"栏留空。

3. 成本加运费加保险费（CIF）

CIF（Cost Insurance and Freight）是指成本＋保险费＋运费（指定目的港，按此术语成交），卖方除具有与 CFR 术语相同的义务外，还要为买方办理货运保险，支付保险费。按照一般国际贸易惯例，卖方投保的保险金额应按 CIF 加成 10％。如果买卖双方未约定具体险别，则卖方只需取得最低限度的保险险别，如果买方要求加保战争保险，在保险费由买方负担的前提下，卖方应予加保，卖方投保时，如能办到，必须以合同货币投保。

出口货物报关单上"成交方式"栏填 CIF。

许可证号	成交方式	运费	保费	杂费
××××	CIF	200USD	150USD	

"运费"栏和"保费"栏都要填报。

4. 工厂交货（EXW）

EXW（EX Works）用得很少，出口商在工厂交货，进口商需要从工厂接货。运输、保险等所有费用都由进口商承担；出口报关的手续、批文、费用等也由进口商负责。EXW 是对出口商最有利、对进口商风险费用最高的一种价格条件。

出口货物报关单上"成交方式"栏要填 FOB。

许可证号	成交方式	运费	保费	杂费
××××	FOB			

"运费"栏和"保费"栏都留空。

5. 货交承运人（FCA）

FCA（Free Carrier）就是"货交承运人（……指定地点）"，是指卖方只要将货物在指定的地点交给买方指定的承运人，并办理了出口清关手续，即完成交货。

FOB 和 FCA 相同之处为二者都是装运合同，卖方只需保证按时交货，无须保证按时到货，且风险都以交货义务的完成为转移。

FOB 和 FCA 的不同之处如下：

采用 FOB 方式，出口商在指定装运港将货物装上指定船只后，风险即转移至进口商，由进口商承担货物在装运港装上船时起的损坏或灭失的一切风险；而 FCA 是指出口商将货物交于指定承运人后，风险转移至进口商，由进口商承担从承运人接管货物时起的货物损坏或灭失的一切风险。使用 FCA 术语相较于 FOB 术语可提前将风险转移至进口商。

出口货物报关单上"成交方式"栏填 FOB。

许可证号	成交方式	运费	保费	杂费
××××	FOB			

"运费"栏和"保费"栏都留空。

6. 运费付至指定目的地（CPT）

CPT（Carriage Paid To）指"运费付至（……指定地点）"，CPT 是指卖方向其指定的承运人交货，但卖方还必须支付将货物运至目的地的运费。

CPT 术语要求卖方办理出口清关手续，适用于各种运输方式，包括多式联运。

《INCOTERMS 2000》（《2000 年通则》）规定，卖方必须在货物交给承运人或其他人接管后，向买方发出交货的详尽通知。在实际业务中，此类通知亦称为"装运通知"（Shipping Notice），其作用在使买方及时办理货物运输保险和办理进口手续、报关和接货。交货通知的内容通常包括合同号或订单号、信用证号、货物名称、数量、总值、运输标志、启运地、启运日期、运输工具名称及预计到达目的地日期等。

卖方应买方请求提供投保信息，该贸易术语规定由卖方根据买方的请求，提供投保信息，这是卖方合同随义务中的通知义务。

出口货物报关单上"成交方式"栏填 C&F。

许可证号	成交方式	运费	保费	杂费
××××	C&F	500GBP		

"运费"栏要填报，"保费"栏留空。

7. 运费和保险费付至指定目的地（CIP）

CIP（Carriage and Insurance Paid to）指"运费和保险费付至（……指定目的地）"，CIP 贸易术语是指卖方向其指定的承运人交货，但卖方还必须支付将货物运至目的地的运费，买方承担卖方交货之后的一切风险和额外费用。但是，按照 CIP 术语，卖方还必须办理买方货物在运输途中灭失或损坏风险的保险。

买方应注意到，CIP 术语只要求卖方投保最低限度的保险险别。如买方需要更高的保险险别，则需要与卖方明确地达成协议，或者自行作出额外的保险安排。

出口货物报关单上"成交方式"栏填 CIF。

许可证号	成交方式	运费	保费	杂费
××××	CIF	87909JPY	45679JPY	

"运费"栏和"保费"栏都要填报。

CIP 贸易术语和 CIF 贸易术语的区别：

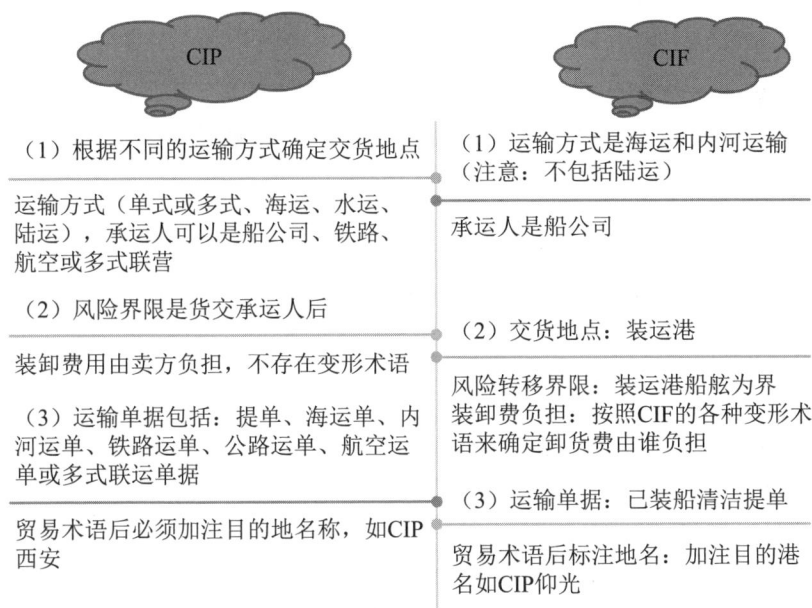

CIP

（1）根据不同的运输方式确定交货地点

运输方式（单式或多式、海运、水运、陆运），承运人可以是船公司、铁路、航空或多式联营

（2）风险界限是货交承运人后

装卸费用由卖方负担，不存在变形术语

（3）运输单据包括：提单、海运单、内河运单、铁路运单、公路运单、航空运单或多式联运单据

贸易术语后必须加注目的地名称，如CIP西安

CIF

（1）运输方式是海运和内河运输（注意：不包括陆运）

承运人是船公司

（2）交货地点：装运港

风险转移界限：装运港船舷为界装卸费负担：按照CIF的各种变形术语来确定卸货费由谁负担

（3）运输单据：已装船清洁提单

贸易术语后标注地名：加注目的港名如CIP仰光

8. 目的地交货（DAP）

DAP（Delivered At Place）贸易术语相当于《INCOTERMS 2000》的 DAF（Delivered At Frontier）、DES（Delivered EX Ship）和 DDU（Delivered Duty Unpaid）三个术语；出口货物报关单上"成交方式"栏填 CIF。

许可证号	成交方式	运费	保费	杂费
××××	CIF	300GEM	60GEM	

"运费"栏和"保费"栏都要填报。

9. 运输终端交货（DAT）

DAT（Delivered At Terminal）术语相当于《INCOTERMS 2000》的 DEQ（Delivered EX Quay）术语；出口货物报关单上"成交方式"栏填 CIF。

许可证号	成交方式	运费	保费	杂费
××××	CIF	400EUR	280EUR	

"运费"栏和"保费"栏都要填报。

10. 完税后交货（DDP）

DDP（Delivered Duty Paid）是指出口商在进出口双方指定的目的地办理完进口清关的手续后，再将货物交给进口商。

在这种贸易术语下，出口商需要承担将货物运送到指定的目的地过程中的一切风险，还需要办理目的港清关手续，交纳税费、手续费和其他费用。应该说卖家所需要承担的责任是最大的。如果卖家无法直接或者间接取得进口许可证，那么还是应当谨慎使用该术语。

出口货物报关单上"成交方式"栏填 CIF。

许可证号	成交方式	运费	保费	杂费
××××	CIF	700EUR	300EUR	

"运费"栏和"保费"栏都要填报。

11. 目的地交货（DAP）

DAP，（Delivered at Place），指目的地交货，所有的关税、报关由买方负责。卖方必须签订运输合同，支付将货物运至指定目的地或指定目的地内的约定地点所发生的运费；在指定目的地将符合合同约定的货物放在已抵达的运输工具上交给买方处置时即完成交货；卖方必须向买方发出所需通知，以便买方采取收取货物通常所需的措施；承担在指定目的地运输工具上交货之前的一切风险和费用；自负风险和费用取得出口所需的许可或其他官方授权，办理货物出口和交货前从他国过境运输所需的一切海关手续；提供商业发票或相等的电子信息。

买方承担在指定目的地运输工具上交货之后的一切风险和费用；自负风险和费用取得进口所需的许可或其他官方授权，办理货物进口所需的一切海关手续；按合同约定收取货物，接受交货凭证，支付价款。

二、进出口报关单填报方法

1. 进口成交方式报关单填报方式

进口成交方式报关单填报方式见表 3-1。

表 3-1　进口成交方式报关单填报方式

贸易成交条款	申报成交条款	运费	保险费
CIF/CIP	CIF	空	空
DAP/DAF/DES/DDU/DDP/DAT	CIF	空	空
C&F/CNF/CFR/CPT	C&F	空	填报
EXW	FOB	填报	填报
FOB/FCA	FOB	填报	填报

2. 出口成交方式报关单填报方式

出口成交方式报关单填报方式，见表 3-2。

表 3-2　出口成交方式报关单填报方式

贸易成交条款	申报成交条款	运费	保险费
CIF/CIP	CIF	填报	填报
DAP/DAF/DES/DDU/DDP/DAT	CIF	填报	填报
C&F/CNF/CFR/CPT	C&F	填报	空
EXW	FOB	空	空
FOB/FCA	FOB	空	空

出口报关单上"运费"和"保费"栏填报方法如下：

✓ 成交价格包含运费的，就要填报"运费"栏
不包含运费的，则无须填报"运费"栏

✓ 成交价格包含保费的，就要填报"保费"栏
不包含保费的，则无须填报"保费"栏

✓ 成交价格包含运费和保费的，就要填报"运费"和"保费"栏
不包含运费和保费的，则无须填报"运费"和"保费"栏

三、成交方式之间的换算关系

通过学习，我们知道《中华人民共和国海关出口货物报关单》上的"成交方式"可以填报的形式有"FOB""CFR""CIF"。其他国际贸易术语如 EXW，FCA，DAP 等，根据是否包含"运费"和/或"保费"，分别归并"FOB""CFR""CIF"。

不同的成交方式之间换算公式如下：

EXW＝出厂价＝FOB－到国内输出地点的各种杂费

CFR＝FOB＋运费

CIF＝FOB＋运费＋保险费＝CFR＋保险费

1. CIF 换算为 FOB

不同成交方式对出口退税有何影响？实际上不管公司使用何种成交方式，都不会影响退税，但要在退税申报时换算为 FOB 价格。

通常报关单上会有这样一排数字，见表 3-3。

表 3-3 进口成交方式报送单填报方式

成交方式	运费	保费	杂费
CIF	502/480/3	502/30/3	（一般为明佣）

如 502/480/3，502 代表美元，480 代表运费金额，3 代表总额。

计算公式：

报关单上只有一条

FOB＝CIF－运费－保险费
FOB＝C&F－运费

报关单上有多条（要按FOB价格开发票）

FOB总价＝CIF总价－运费－保险费
各自的FOB价＝FOB总价÷CIF总价×各自的CIF价

2. 报关单上运费、保险费标注

表 3-4 列示报关单上运费与保险费标注，运费 502/1 450/3 表示什么，保险费 000/0.3/1 又是什么呢？

表 3-4　成交方式截图

成交方式 CIF	运费 502/1 450/3	保险费 000/0.3/1
件数 607	包装种类 其他	毛重（千克） 15 205

运费具体释义见表 3-5。

表 3-5　运费具体释义

首位	中间	第三位	运费举例
000—币种	10—数值	1—费率	000/10/1 费率 按货物价格的 10% 计算
502—美元	其他数字—运费总价	3—总额	502/1 450/3 运费 总价 1 450 美元
502—美元	其他数字—运费总价	2—单价	502/260/2 运费 单价 260 美元

保险费具体释义，见表 3-6。

表 3-6　保险费具体释义

首位	中间	后面	保险费举例
000—币种	0.3 保费率（以百分号为基准）	1—保险费率	000/0.3/1 保险费率是货物价格的千分之三
502 美元	其他数字—保额	3—总额	502/81/3 保险费总价为 81 美元

需要注意的是：

（1）进口货物的保险费应当按照实际支付的费用计算，如果进口货物的保险费无法确定或未实际发生，海关应当按照"货价＋运费"两者总额的 3‰ 计算保险费；

（2）以境外边境口岸价格条件成交的铁路或者公路运输进口货物，海关应当按照境外边境口岸价格的 1% 计算运输及其相关费用、保险费。

表 3-7 是一张完整的出口货物报关单，根据此单计算甲商品和乙商品发票开具金额。

表3-7　中华人民共和国海关出口货物报关单

预录入编号：　　　　　　　　　　　　　　　　　　　海关编号：022343

收发货人：91109878921334531F 北京鑫发贸易有限公司		出口口岸 北京海关	出口日期 20××0409	申报日期 20××0402
生产销售单位： 辽宁翔集有限公司		运输方式 空运	运输工具名称 飞机	提运单号 220－432444
申报单位：××货运代理公司 91110298234567820H		监管方式 一般贸易	征免性质 一般征税	备案号
贸易国（地区）432 中国		运抵国（地区） 美国	指运港 纽约	境内货源地1233 辽宁其他
许可证号 ××××	成交方式 CIF	运费 520USD	保费 480USD	杂费
合同协议号 FJIH-2019300×	件数 49	包装种类 桶类	毛重（千克） 1 120	净重（千克） 1 000
集装箱号	随附单证B			
标记唛码及备注 　　　　　　　　　　　　　　　　　　　随附单证号：				

项号	商品编号	商品名称	规格型号	数量及单位	最终目的国（地区）	单价	总价	币制征免
1	XH376	甲商品			美国纽约		23 780	
2	XH546	乙商品			美国纽约		49 870	

特殊关系确认：是　　　价格影响确认：否　　　支付特许权使用确认：是

录入员　录入单位	兹申明对以上内容承担如实申报、依法纳税之法律责任	海关批次及签章

开具出口发票，要按报关单上的商品逐笔开具。

甲商品分摊的运费、保险费金额＝23 780÷（23 780＋49 870）×（520＋480）＝23 780÷73 650×1 000

＝322.88（美元）

乙商品分摊的运费、保险费金额＝49 870÷（23 780＋49 870）×（520＋480）＝677.12（美元）

甲商品分配的金额＝23 780－322.88＝23 457.12（美元）

乙商品分配的金额＝49 870－677.12＝49 192.88（美元）

以上甲、乙商品需要转换成人民币开具发票，登录中国人民银行网站，查询20××年10月31日人民币中间汇率。

当日，中国外汇交易中心授权公布人民币汇率中间价为1美元对人民币7.053 3元。

即：甲商品分配的金额＝23 457.12×7.053 3＝165 450.10（元）

乙商品分配的金额＝49 192.88×7.053 3＝346 972.14（元）

商品编码可查全关通网站。

第二节　出口发票的形式

目前，出口发票有两类：一类是用A4纸自行制作打印的出口发票；另一类是由税控系统开具的普通发票。

一、出口商发票的种类与缮制

1. 出口发票的种类

发票（INVOICE）是进出口贸易结算中使用的最主要的单据之一，我国进出口贸易中使用的发票种类如下。

商业发票 (COMMERCIAL INVOICE)	为进出口贸易结算中使用的最主要的单据之一，商业发票是全套进出口单据的核心，其他单据均以其为中心来缮制
海关发票 (CUSTOMS INVOICE)	由出口商填制，供进口商凭以报关的特定格式的发票。供进口商向海关办理进口报关、纳税等手续
形式发票 (PROFORMA INVOICE)	非正式的参考性发票，供其向本国的贸易或外汇管理等当局申请进口或批准给予支付外汇之用，也称预开发票、估价发票
领事发票 (CONSULAR INVOICE)	是一种官方单据，又称签证发票，由进口国领事馆签发，具有固定格式

还有一种是厂商发票（MANUFACTURER'S INVOICE），进口国为确定出口商有无倾销行为，以及为了进行海关估价、核税和征收反倾销税之用，而由出口货物的制造厂商所出具的，以本币计算的，用来证明出口国国内市场的出厂价的发票。

外贸企业设计的发票格式不一，但内容大致相同。主要包括：发票号、发票日期、收货人名称、地址、信用证号、合同号、商品名称、品质、数量、包装、单价、总金额，出票人名称、签章等。本节主要介绍商业发票的缮制。

2. 商业发票的缮制

商业发票主要内容和填制要求可分为三个部分。

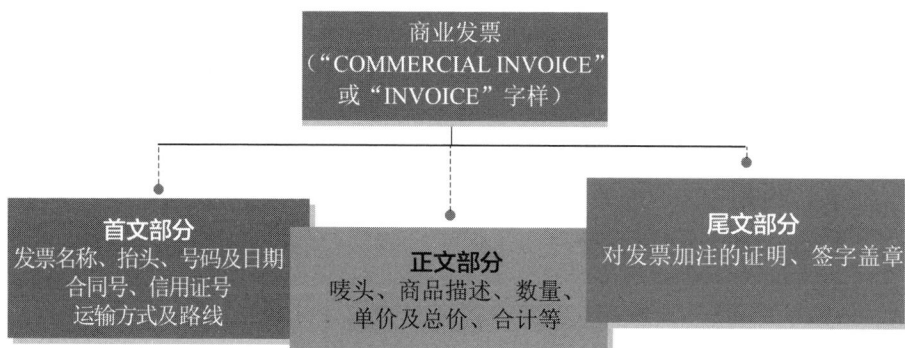

商业发票
（"COMMERCIAL INVOICE"
或"INVOICE"字样）

首文部分
发票名称、抬头、号码及日期
合同号、信用证号
运输方式及路线

正文部分
唛头、商品描述、数量、
单价及总价、合计等

尾文部分
对发票加注的证明、签字盖章

商业发票基本样式，如图 3-1 所示。

EXPORTER ① 出口商名称。汇付、托收时照合同填写出口商名称	INVOICE NO. ③ 发票的抬头	INVOICE DATE ④ 发票日期
	CONTRACT NO. ⑤ 合同编号。由各外贸公司统一编号，一般由字符和数字组成	CONTRACT DATE ⑥ 合同日期
	L/C NO. ⑦ 信用证号码	DATE: ⑧ 信用证开证日期
IMPORTER ② 进口商	ISSUED BY ⑨ 开证行名称、地址（分行填写）两者均应填上	
	PAYMENT TERM ⑩ 付款条件	
	PRICE TERM ⑪ 价格条件，如CIF、CFR、FOB、CIP、CPT、FCA等	
FROM ⑫ 装运港港口名称	TO ⑬ TO:目的港港口名称	SHIPPED BY ⑭ 运输方式

⑮SHIPPING MARK ⑯DESCRIPTION OF GOODS ⑰QUANTITY ⑱UNIT INPRICE ⑲AMOUNT

运输标记　　　货物描述　　　计价数量　　　单价　　　金额

⑳ TOTAL AMOUNT IN WORDS: 总金额大写（大写时先写货币，再写数字）

㉑ SPECIAL CONDITIONS:

信用证要求的其他内容

ISSUED BY ㉒ 一般应由受益人单位盖章

SIGNATURE ㉓ 一般应由受益人单位的法人盖章或手签

图 3-1　商业发票样式

（1）发票是所有单据中最早缮制的单据，在外贸实务中，建议发票日期比提单早 4～15 天；

（2）PAYMENT TERM（付款条件）填写时应注意填写具体的结算方式。如 D/P AT SIGHT、（即期付款交单）、D/P AT 30 DAYS AFTER SIGHT（见票后 30 天付款交单）、D/A AT 45 DAYS AFTER SIGHT（见票后 45 天承兑交单）、L/C AT SIGHT 即期信用证；

（3）FROM：装运港，必须填具体的港口名称。如 L/C 规定：FROM：China /any Chinese port 则发票上不能照 L/C 抄，应写上具体的港口，如 TIANJIN，CHINA 等；

（4）SHIPPING MARK（唛头），唛头一般由四部分组成：①客户名称缩写；②有关号码：合同号/订单号/发票号/信用证；③目的港；④件数；

①若无唛头，应打上 N/M（No mark），此栏不得留空；

②若信用证中指定了唛头，则必须参照信用证缮制，但应把"up"改为具体的箱数，即总箱数。

二、防税控发票——增值税发票

增值税一般纳税人可以开具增值税专用发票，也可以开具增值税普通发票。小规模纳税人一般都是开普通发票，有时根据需要也可以开出专用发票，相关政策如下。根据规定如下：

《关于扩大小规模纳税人自行开具增值税专用发票试点范围等事项的公告》
（国家税务总局公告 2019 年第 8 号）

一、扩大小规模纳税人自行开具增值税专用发票试点范围。将小规模纳税人自行开具增值税专用发票试点范围由住宿业，鉴证咨询业，建筑业，工业，信息传输、软件和信息技术服务业，扩大至租赁和商务服务业，科学研究和技术服务业，居民服务、修理和其他服务业。上述 8 个行业小规模纳税人（以下称"试点纳税人"）发生增值税应税行为，需要开具增值税专用发票的，可以自愿使用增值税发票管理系统自行开具。

试点纳税人销售其取得的不动产，需要开具增值税专用发票的，应当按照有关规定向税务机关申请代开。

试点纳税人应当就开具增值税专用发票的销售额计算增值税应纳税额，并在规定的纳税申报期内向主管税务机关申报缴纳。在填写增值税纳税申报表时，应当将当期开具增值税专用发票的销售额，按照 3％ 和 5％ 的征收率，分别填写在《增值税纳税申报表》（小规模纳税人适用）第 2 栏和第 5 栏"税务机关代开的增值税专用发票不含税销售额"的"本期数"相应栏次中。

（1）增值税专用发票由基本联次或者基本联次附加其他联次构成，基本联次为三联：发票联、抵扣联和记账联。

☞**发票联**，作为购买方核算采购成本和增值税进项税额的记账凭证；

☞**抵扣联**，作为购买方报送主管税务机关认证和留存备查的凭证；

☞**记账联**，作为销售方核算销售收入和增值税销项税额的记账凭证。

☞其他联次用途，由纳税人自行确定。

（2）增值税普通发票（折叠票）由基本联次或者基本联次附加其他联次构成，分为两联版和五联版两种。两联版如下：

☞第一联为**记账联**，是销售方的记账凭证；

☞第二联为**发票联**，是购买方的记账凭证。

五联版包括：一是记账联，二是购货方联，三是海关报关联，四是税务机关存查联，五是存根联。

税控系统开具普通发票时应注意以下几个问题：

实务中，出口发票什么时候开具最合适呢？一般来说，最好是在出口当月开具。有的企业等"单证收齐"再开（单证收齐是指收齐"报关单"和"核销单"），这样会误事；当月 25 日后才报关且不能确定是当月出口还是下个月出口，可以在下个月开具发票，但汇率一定采用出口当月第 1 个工作日汇率的中间价。

增值税普通发票（出口发票）购买方信息如何填写？

购买方可填写外文，全称或简写，在"地址、电话"处填写购买方所在国家或地区；如果是出口销售到国内特殊监管区域的，应填写购买方纳税人识别号、地址、电话、开户行及账号

开具发票时以外币开具还是以人民币开具？

需要以本位币（人民币）开具，发票金额为"人民币"额

票面内容是否开具中英文？

除购买方名称（如为外文的，可使用外文）外，应使用中文开具

发票金额依据什么？

出口发票应以FOB价（离岸价）为依据，企业开具发票时金额确定不准确的，可后续进行调整。发票开具金额应与增值税纳税申报表"免、抵、退办法出口货物销售额"或"免税货物销售额"等相匹配

发票税率如何开具？

税率选择"免税"。打印时，税率栏和税额栏为"*"。如果出口退税率为0，按照规定应适用增值税征税政策的货物，税率选择适用征税税率

备注栏应备注什么信息？

备注"出口"字样：出口合同号、提单号、出口金额（外币成交价FOB价）、币别、汇率等

第三节　其他出口业务单证

在办理出口贸易核算时，常用的单证主要包括：国内购货发票、入库单、出库单、加工单证、银行收汇通知、商业发票、出口报关单、海关缴核书等。

出口业务单证按照不同的用途则可分为以下几种，见表3-8。

表3-8　出口业务单证分类

按不同用途分类	内　　容
出口单证	①合同；②装箱单；③发票；④报关单；⑤提货单；⑥细码单；⑦出口许可证；⑧原产地证书；⑨出口商品检验证书；⑩增值税专用发票和专用缴款书
报关单证	①报关单；②外销发票；③装箱单；④出口许可证（副本）；⑤出口商品检验证书；⑥出口证明申请书
清关单证	①出口许可证（正本）；②提货单；③外销发票；④装箱单；⑤细码单；⑥原产地证书
结汇单证	（1）基本单证：商业发票、运输单据、保险单。（2）附属单证：海关发票、领事发票、产地证、出口许可证、航行证明、装箱单、重量单、装船通知、寄单寄样证明、商检证等

按不同用途分类	内　　容
出口退税单证	①报关单；②外销发票；③增值税专用发票和专用缴款书；④结汇水单

（注：并不是每一笔业务都能用上以上单证。）

下列表格是主要出口单据样式，仅供参考。

（1）出口许可证的格式。

出口许可证的格式，见表 3-9。

表 3-9

中华人民共和国出口许可证
EXPORT LICENCE OF THE PEOPLE'S REPUBLIC OF CHINA

1. Exporter（出口商）	3. Export Licence No.（出口许可证号）				
2. Consignor（发货单位名称）	4. Export Licence expiry date（许可证有效截止日期）				
5. Terms of trade（贸易方式）	8. Country/Region of purchase 进口国/地区				
6. Contract No.（合同号）	9. Payment conditions（支付方式）				
7. Place of clearance（报关口岸）	10. Mode of transport（运输方式）				
11. Description of goods（商品名称）				商品编码：Code of goods	
12. Specification（规格等级）	13. Unit（单位）	14. Quantity（数量）	15. Unit price（单价）	16. Amount（总值）	17. Amount in USD（总值折美元）
18. Total（总计）					
19. Supplementary details（备注）			20. Issuing authority's stamp & signature（发证机关签章）		
			21. Licence date（发证日期）		

（2）产地说明书的格式。

产地说明书的格式，见表 3-10。

表 3-10 产地说明书

1. Exporter (full name and address)	Certificate No.
	Certificate of Origin
2. Consignee (full name and address)	The People's Republic of China
3. Means of transport and route	5. For certifying authority use only
4. Destination port	

6. Marks and numbers of packages	7. Description of goods; Number and kind of packages	8. HS code	9. Quantity or weight	10. Number and date of invoices

11. Declaration by the exporter The undersigned hereby declares that the above details and statements are correct; that all the goods were produced in China and that they comply with *the Rules of Origin of the People's Republic of China*	12. Certification It is hereby certified that the declaration by the exporter is correct
Place and date, signature and stamp of authorized signatory	Place and date, signature and stamp of certifying authority

（3）海关出口货物报关单的格式。

海关出口货物报关单的格式，见表 3-11。

表 3-11　中华人民共和国海关出口货物价格申报单

海关编号：

<table>
<tr><td rowspan="2">货物</td><td>商品名称</td><td colspan="2"></td><td colspan="2">商品编号</td><td></td><td></td><td></td></tr>
<tr><td>品牌</td><td></td><td>规格型号</td><td></td><td></td><td></td><td></td><td></td></tr>
<tr><td rowspan="2">卖方</td><td>成交单位</td><td colspan="2"></td><td colspan="2">联系人</td><td></td><td>电话</td><td></td></tr>
<tr><td>经营单位</td><td colspan="2"></td><td colspan="2">联系人</td><td></td><td>电话</td><td></td></tr>
<tr><td>买方</td><td>成交外商</td><td colspan="7"></td></tr>
<tr><td rowspan="4">成交情况</td><td>合同号</td><td></td><td colspan="2">签约日期</td><td></td><td colspan="3" rowspan="2">□买方与卖方的交易
是一次性买断</td></tr>
<tr><td>单价</td><td></td><td colspan="2">出口数量</td><td></td></tr>
<tr><td>合同总价</td><td></td><td colspan="2">合同总量</td><td></td><td colspan="3" rowspan="2">□买卖双方在交易中
存在特殊的安排</td></tr>
<tr><td>币制</td><td></td><td colspan="2">计量单位</td><td></td></tr>
<tr><td>买卖双方的关系</td><td colspan="8">□买卖双方为同一家族成员
□买卖双方互为商业上的高级职员或者董事
□一方直接或者间接地受另一方控制
□买卖双方都直接或者间接地受第三方控制
□买卖双方共同直接或者间接地控制第三方
□一方直接或者间接地拥有、控制或者持有对方 5％以上（含 5％）公开发行的有表决权的股票或者股份
□一方是另一方的雇员、高级职员或者董事
□买卖双方是同一合伙的成员</td></tr>
<tr><td rowspan="4">各种费用调整情况</td><td colspan="6">费用名称</td><td colspan="2">金额及币制</td><td>已包括在成交价格中</td></tr>
<tr><td colspan="6">1. 出口关税</td><td colspan="2"></td><td>□</td></tr>
<tr><td colspan="6">2. 在货物价款中单独列明的货物运至中华人民共和国境内输出地点装载后的运输及其相关费用、保险费</td><td colspan="2"></td><td>□</td></tr>
<tr><td colspan="6">3. 在货物价款中单独列明由卖方承担的佣金</td><td colspan="2"></td><td>□</td></tr>
<tr><td rowspan="2">收款</td><td>结算方式</td><td colspan="7">□L/C　□T/T　□D/P　□D/A　□其他</td></tr>
<tr><td>预收价款</td><td colspan="5"></td><td>后收价款</td><td></td></tr>
<tr><td colspan="9">其他需要说明的情况：</td></tr>
<tr><td colspan="7">申报声明：对本申报单各项填报内容及所附单证的真实性和完整性承担法
　　　　律责任，并愿意提供与海关估价有关的其他任何资料或单证，
　　　　如有不实，海关按有关规定处理。

申报人签字：

填报日期：　　　　　　　　　　　　　　申报单位盖章：</td><td colspan="2">海关审核人：

审核日期：</td></tr>
</table>

（4）装箱单的格式。

装箱单的格式，见表 3-12。

表 3-12　装 箱 单

ISSUER							
			装箱单				
TO			PACKING LIST				
			INVOICE NO.		DATE		
Marks and Numbers	Number and Kind of Package Description of Goods	Quantity	Package	G. W	N. W	Meas.	

TOTAL：

SAY TOTAL：

THE NAME AND ADDRESS OF THE MANUFACTURER：

SIGNATURE：

SIGNITURE：

（5）海运提单的格式。

海运提单的格式，见表 3-13。

表 3-13

海 运 提 单

1. Shipper Insert Name, Address and Phone	B/L No.

××集装箱运输有限公司

BILL OF LADING

Port-to-Port or Combined Transport

2. Consignee Insert Name, Address and Phone

3. Notify Party Insert Name, Address and Phone

(It is agreed that no responsibility shall attach to the Carrier or his agents for failure to notify)

RECEIVED in external apparent good order and condition except as otherwise noted. The total number of packages or unites stuffed in the container. The description of the goods and the weights shown in this Bill of Lading are furnished by the Merchants, and which the carrier has no reasonable means of checking and is not a part of this Bill of Lading contract. The carrier has issued the number of Bills of Lading stated below, all of this tenor and date, one of the original Bills of Lading must be surrendered and endorsed or signed against the delivery of the shipment and whereupon any other original Bills of Lading shall be void. The Merchants agree to be bound by the term sand conditions of this Bill of Lading as if each had personally signed this Bill of Lading.

4. Pre-carriage by	5. Place of Receipt
6. Ocean Vessel/Voy. No.	7. Port of Loading
8. Port of Discharge	9. Place of Delivery

Marks & Nos. Container/Seal No.	No. of Containers or Packages	Description of Goods (If Dangerous Goods, See Clause 20)	Gross Weight (kgs)	Measurement
		Description of Contents for Shipper's Use Only (Not Part of This B/L Contract)		

10. Total Number of containers and/or packages (in words)
    Subject to Clause 7 Limitation

11. Freight & Charges Declared Value Charge	Revenue Tons	Rate	Per	Prepaid	Collect

Ex. Rate	Prepaid at	Payable at	Place and date of issue
	Total Prepaid	No. of Original B (s) /L	Signed for the Carrier, ×× CONTAINER LINES

LADEN ON BOARD THE VESSEL

DATE		BY	×× CONTAINER LINES

（6）原产地证明的格式。

原产地证明的格式，见表 3-14。

表 3-14 原产地证明

ORIGINAL

1. Exporter	Certificate No.
	CERTIFICATE OF ORIGIN OF THE PEOPLE' S REPUBLIC OF CHINA
2. Consignee	

3. Means of transport and route	5. For certifying authority use only
4. Country / region of destination	

6. Marks and numbers	7. Number and kind of packages; description of goods	8. H. S. Code

9. Quantity	10. Number and date of Invoices

11. Declaration by the exporter	12. Certification
The undersigned hereby declares that the above details and statements are correct, that all the goods were produced in China and that they comply with the Rules of Origin of the People' s Republic of China.	It is hereby certified that the declaration by the exporter is correct.
Place and date, signature and stamp of authorized signatory	Place and date, signature and stamp of certifying authority

（7）保险单的格式。

保险单的格式，见表 3-15。

表 3-15　保 险 单

××保险公司
×× Insurance Company of China

货 物 运 输 保 险 单
CARGO TRANSPORTATION INSURANCE POLICY

发票号（INVOICE NO.）　　　　　　　　　　　　保单号次
合同号（CONTRACT NO.）　　　　　　　　　　　POLICY NO. ＊ ＊ ＊ ＊ ＊ ＊
信用证号（L/C NO.）
被保险人 INSURED
　××保险公司（以下简称本公司）根据被保险人的要求，由被保险人向本公司缴付约定的保险费，按照本保险单承保险别和背面所载条款与下列特款承保下述货物运输保险，特立本保险单。
THIS POLICY OF INSURANCE WITNESSES THAT ×× INSURANCE COMPANY OF CHINA（HEREIN-AFTER CALLED "THE COMPANY"）AT THE REQUEST OF THE INSURED AND IN CONSIDERATION OF THE AGREED PREMIUM PAID TO THE COMPANY BY THE INSURED, UNDERTAKES TO INSURE THE UNDERMENTIONED GOODS IN TRANSPORTATION SUBJECT TO THE CONDITIONS OF THIS POLICY AS PER THE CLAUSES PRINTED OVERLEAF AND OTHER SPECIAL CLAUSES ATTACHED HEREON.

标　记 MARKS&NO.	包装及数量 QUANTITY	保险货物项目 DESCRIPTION OF GOODS	保险金额 AMOUNT INSURED

总保险金额
TOTAL AMOUNT INSURED:　SAY TWENTY THOUSAND NINE HUNDRED AND NINTYNINE ONLY

保费：　　　　　　　　启运日期　　　　　　　　装载运输工具：
PERMIUM:　　　　　　DATE OF COMMENCEMENT:　　PER CONVEYANCE:
_____　　　　　　　　　　　　　　　　　　

自　　　　　　　　　　经　　　　　　　　　　至
FROM: _____　VIA: _____　TO: _____

承保险别：
CONDITIONS:
所保货物，如发生保险单项下可能引起索赔的损失或损坏，应立即通知本公司下述代理人查勘。如有索赔，应向本公司提交保单正本（本保险共有一份正本）及有关文件。如一份正本已用于索赔，其余正本自动失效。
IN THE EVENT OF LOSS OR DAMAGE WITCH MAY RESULT IN A CLAIM UNDER THIS POLICY, IMMEDIATE NOTICE MUST BE GIVEN TO THE COMPANY'S AGENT AS MENTIONED HEREUNDER. CLAIMS, IF ANY, ONE OF THE ORIGINAL POLICY WHICH HAS BEEN ISSUED INORIGINAL（S）TOGETHER WITH THE RELEVANT DOCUMENTS SHALL BE SURRENDERED TO THE COMPANY. IF ONE OF THE ORIGINAL POLICY HAS BEEN ACCOMPLISHED. THE OTHERS TO BE VOID.

　　　　　　　　　　　　　　　　　　　　　　××保险公司
　　　　　　　　　　　　　　　　　　　　　　×× Insurance Company of China

赔款偿付地点　　　　　　　　　　　　　　　　　　ANDYLVKING
CLAIM PAYABLE AT _____
出单日期　　　　　　　　　　　　　　　　_____
ISSUING DATE _____　　　　　Authorized Signature

（8）中华人民共和国海关出口货物报关单。

中华人民共和国海关出口货物报关单，见表 3-16。

表 3-16　中华人民共和国海关出口货物报关单

预录入编号：　　　　　　　　　　　　　　　　　　　海关编号：

出口口岸	备案号		出口日期		申报日期
经营单位	运输方式 海运		运输工具名称		提运单号
发货单位	贸易方式 一般贸易		征免性质		结汇方式
许可证号	运抵国（地区）	指运港			境内货源地
批准文号	成交方式	运费	保费		杂费
合同协议号	件数	包装种类	毛重（公斤）		净重（公斤）
集装箱号	随附单据			生产厂家	
标记唛码及备注					
商品编号　　商品名称、规格型号　　数量及单位　　最终目的国（地区）　　单价 总价　　币制　　征免					
税费征收情况					
录入员　　录入单位 报关员 单位地址　　　　申报单位（签章） 邮编　　电话　　填制日期		兹声明以上申报无讹并承担法律责任	海关审单批注及放行日期 （签章） 审单　　审价 征税　　统计 查验　　放行		

（9）普惠制产地证明。

普惠制产地证明，见表 3-17。

表 3-17　普惠制产地证明

1. Goods consigned from （Exporter's business name，address，country）	Reference No. GENERALIZED SYSTEM OF PREFERENCES **CERTIFICATE OF ORIGIN** （Combined declaration and certificate） Issued in _____ 　　　　　　　　（country） 　　　　　　　　　See Notes overleaf
2. Goods consigned to (Consignee's name，address，country)	
3. Means of transport and route (as far as known)	4. For official use

5. Item number	6. Marks and numbers of packages	7. Number and kind of packages; description of goods	8. Origin criterion (see notes overleaf)	9. Gross weight or other quantity	10. Number and date of invoices

11. Certification 　It is hereby certified, on the basis of control carried out, that the declaration by the exporter is correct. _____ Place and date，signature and stamp of certifying authority	12. Declaration by the exporter 　The undersigned hereby declares that the above details and statements are correct, that all the goods were produced in _____ 　　　　　　（country） and that they comply with the origin requirements specified for those goods in the Generalized System of Preferences for goods exported to _____ _____ Place and date，signature and stamp of authorized signatory

第四章
出口贸易的核算

出口贸易（Export Trade）是指外贸企业组织产品在国际市场上销售，取得外汇收入。它是外贸企业一项重要的业务。按照出口贸易性质不同，可分为自营出口业务、代理出口业务和加工补偿出口业务等，其中加工补偿出口业务在第5章介绍。要做好外贸企业会计，一定要懂业务，本章着重介绍外贸出口流程和出口业务的核算。

第一节　出口贸易一般流程

在出口贸易中，一般会计人员应该熟悉掌握外贸业务流程。

一、外贸业务全套流程

一般外贸业务详细流程说明如下：

1. 客户询盘

询盘也叫询价，是指交易的一方准备购买或出售某种商品，向对方询问买卖该商品的有关交易条件。询盘的内容涉及：价格、规格、品质、数量、包装、装运以及索取样品等，交易双方可以通过专业展会、电子商务平台、电话等找到客户。

2. 报价

交易双方达成意向后，就进入报价环节。比较常见的报价方式有"FOB（船上交货）""CFR（成本加运费）""CIF（成本、保险加运费）"等形式。至于采取哪一种方式，双方可协商。

3. 签署订单

交易双方经过洽谈，达成合作阶段，收到客户正式的订单。

4. 安排生产订单

出口企业得到订单后，安排相关工厂生产。工厂须制订生产计划，包括产品品种、数量、质量、包装等。

5. 落实付款方式

交易双方确定付款方式，一般有以下几种。

L/C 信用证	在交货期前1个月确认L/C是否收到，收到L/C后，业务员和单证员分别审查信用证，有问题应立即请客户修改L/C
T/T（电汇）	属于商业信用，付款的最终决定权在于客户
D/A（承兑交单）	单据已在买方银行，只要买方去银行承兑（30、60、90天后付款）银行即可交单

6. 备货

跟单员需要与生产企业或本企业有关负责人落实订单，积极筹备货物，办理保险，在规定的时间内完成备货。

7. 包装刷唛

包装刷唛是指将唛头（Mark）刷于或印于外包装上，主要是为了承运人及提货人能顺利辨认货物。根据货物的不同，选择包装，如纸箱、木箱和编织袋等。不同的包装形式其包装要求也有所不同。

（1）一般出口包装标准：根据贸易出口通用的标准进行包装。

（2）特殊出口包装标准：根据客户的特殊要求进行出口货物包装。

（3）货物的包装和唛头（运输标志）：应进行认真检查核实，使之符合信用证的规定，具体内容将在以下两节中详细介绍，此处不再赘述。

8. 验货

验货是很关键的，货物生产完成后，需要进行验货。关于验货的规定如下：

公司验货	在交货期前一周，通知公司验货员验货(部门跟单员跟进)
指定验货人员	客户或指定验货人员验货：要在交货期一周前，约客户验货
第三方验货	如果客户指定由第三方验货：要在交货两周之前联系，预约验货时间，并将验货时间通知工厂

9. 备制基本文件单证

在收到客户正式的订单时，应由单证员制作，交给业务跟单员跟进：包括出口合同、出口商业发票、装箱单、出口货物托运单、核销单、报关单、报关委托书、报检委托书等。

10. 商检

如果是国家法定商检产品，给工厂下订单时要说明商检要求，并提供出口合同、发票、装箱单等商检所需资料。同时告知工厂货物出口口岸，便于工厂办理商检，最好应在发货一周之前拿到商检换证凭单/条。

11. 租船订舱

（1）若合同出现 FOB CHINA 条款，客户会指定运输代理或船公司。最好尽早与货运代理公司联系，告知发货意向，了解将要安排的出口口岸，船期等情况。

（2）出口商方支付运费，应尽早向货运公司或船公司咨询船期、运价、开船口岸等。并告诉业务员通知客户，开船前一周应书面订仓。

（3）需要走散货时，向货代公司预订散货仓位。还要了解截关时间、入仓报关要求等。

（4）订舱时，一定要书面传真出口货物托运单，注明所订船期、柜型及数量、目的港等，以避免发生错误。（关于订舱的详细内容我们将在4.1.2中介绍）

12. 投保

出口方可办理货物运输险的投保手续。出口商品的投保一般都是逐笔办理的。在投保时，出口方应将货物名称、保额、运输路线和投保险别等一一列明。保险公司接受投保后，即签发保险单或保险凭证。双方签订《购货合同》中已事先约定运输保险的相关事项。

常见的保险有海洋货物运输保险、陆空邮货运输保险等。

13. 安排拖柜

出口方或工厂验货通过后，即委托拖柜。选择安全可靠、价格合理的运输公司。运输公司提柜装柜，传真一份装车资料给工厂。工厂装柜后应传真一份装货资料发给出口方业务部门。（关于装柜的详细内容我们将在4.1.2中介绍）

14. 集中港区

（1）订好船舶或舱位后，运输公司或工厂应在规定的时间内将符合装船条件的出口货物发送到港区内的指定仓库或货场，以便顺利装船作业。

（2）发货前要按票核对货物品名、数量、标记、配载船名和装货单号等项，做到单货相符和船货相符。

15. 报检换单

由于工厂和港口有时并不是在同一个地方，产品在工厂所在地报检后，需要取得换单凭单/条，然后向港口所在地检验检疫机构申请换单，这样才能报关。

16. 委托报关

在拖柜前要将报关所需资料交给合作报关行，委托出口报关及办理商检通关换单。

委托报关时，还要提供一份装柜资料：包括所装货物及数量、口岸、船公司、仓号、柜号、截关时间、拖车公司柜型及数量，本公司联系人和电话地址等。

17. 报关

货物集中港区后，发货单位必须向海关办理申报出口手续。

（1）由发货单位报关人员备妥出口货物报关单，连同装货单、发票、装箱单（或磅码单）、商检证、出口结汇核销单、出口货物合同副本及有关单证向海关申报出口。

（2）经海关人员检查单证和货物，确认单货相符和手续齐备后，即在装货单上加盖放行章。

（3）经海关查验放行的出口货物，方能开始装船。

18. 装船

海关放行后，发货单位凭借海关加盖放行章的装货单及时与港务部门和理货人员联系，查看现场货物并做好装船准备。在装船前，理货员代表船方，收集经海关放行货物的装货单和收货单，经过整理后，按照积载图和舱单，负责点清货物，逐票分批接货装船。

19. 发装运通知

合同规定需在装船时发出装船通知的，应及时发出，特别是由进口方自办保险的。如因出口方延迟或没有发出装船通知，致使进口商不能及时或没有投保而造成损失的，出口商应承担责任。

20. 支付运费

船公司为正确核收运费，在出口货物集中港区仓库或库场后申请商检机构对其测量。

凡需预付运费的出口货物，船公司或代理人必须在收取运费后发给托运人运费预付的提单。

如属到付运费货物，则在提单上注明运费到付，由船公司卸港代理在提货前向收货人收取。

21. 获得运输文件

开船后两天内，要将提单补充内容（需要修改的话）传真给船公司或货运代理并及时支付运杂费，付款后通知船公司取得提单等运输文件。督促船公司尽快出具提单样本及运费账单。

22. 准备其他文件

商业发票	发票的日期要在开证日之后，交货期之前。货物描述要与L/C上的完全相同，小写和大写金额都要正确无误。L/C上对应发票的条款要显示出来，尤其是唛头
原产地证书	发货之前到当地出入境检验检疫局申请办理
一般原产地证	一般原产地证可在中国贸易促进会办理
装运通知	一般是要求在开船后几天之内发出，通知客户发货的细节
装箱单	装箱单应清楚地表明货物装箱情况：显示每箱内装的数量、每箱的毛重、净重、外箱尺寸等

23. 制单结汇

出口商（信用证的受益人）在信用证到期前和交单期限内向指定银行提交符合信用证条款规定的单据。这些单据经银行确认无误后，根据信用证规定的付汇条件，由银行办理出口结汇。

采用L/C收汇	规定的交单时间内，备齐全部单证，并严格审单，确保没有错误，才交银行议付
采用30% DEPOSIT，T/T收汇	在取得提单后马上传真提单给进口商，要求先支付30%预付款，及至收到余款后再将提单正本及其他文件寄给进口商
100%T/T收汇	要求收到全款货款才能安排生产,拿到提单后可立即寄正本提单给进口商

根据以上流程，下面详细介绍相关外贸术语。

二、订舱

订舱（Booking Ship），是出口商向船运公司洽订载运货物的舱位。一般在国际贸易中，出口商总是力争以 CIF 价格条件成交。在这种情况下，出口商须承担出口货物的托运工作，将货物运交国外的进口商，所以订舱工作多数在装货港或货物输出地由出口商办理。但是，如果出口货物是以 FOB 价格条件成交，则订舱工作就可能在货物的输入地或卸货港由进口商办理。这样的订舱称为卸货地订舱（Home Booking）。

1. 干货柜

订舱时，船运公司根据出口商订制的干货柜大小、规格、重量，计算海运费。目前，国际上通常使用的干货柜有以下几种规格，见表4-1。

表4-1　干货柜尺寸列表

尺寸	内容积（立方米）	配货毛重（吨）	体积（立方米）
20尺柜	5.69×2.13×2.18	一般为17.5	24～26
40尺柜	11.8×2.13×2.18	一般为22	54
40尺高柜	11.8×2.13×2.72	一般为22	68
45尺高柜	13.58×2.34×2.71	一般为29	86
20尺开顶柜	5.89×2.32×2.31	20	31.5
40尺开顶柜	12.01×2.33×2.15	30.4	65
20尺平底货柜	5.85×2.23×2.15	23	28
40尺平底货柜	12.05×2.12×1.96	36	50

2. 订舱指定箱号与铅封（封号）

（1）箱号。箱号就是箱体外侧的11个字符，由三部分组成。

第一部分由4位英文字母组成：前三位代码（Owner Code）主要说明箱主、经营人；第四位代码说明集装箱的类型，一般第四个字母为U，表示其为集装箱（当然现在也有用S的），如CCLU表明箱主和经营人为中海航运。

第二部分由6位数字组成。是箱体注册码（Registration Code），用于一个集装箱箱体持有的唯一标识。

第三部分为校验码（Check Digit），由前4位字母和6位数字经过校验规则运算得到，用于识别在校验时是否发生错误，即第11位数字。

实务中可以通过这种关系来核对该集装箱号码抄写或记录是否正确。一个集装箱的号码是唯一的。

（2）铅封。因集装箱运输的特殊性，货物装进集装箱，关上箱门后，在把手和门扣上装有一个一次性的封子，其上有一个唯一的号码，这就是铅封。铅封根据施加人员不同可分为海关封识、商检封识和商业封识。铅封一经正确锁上，除非暴力破坏（即剪开），否则无法打开，破坏后的铅封无法重新使用。每个铅封上都有唯一的编号标识。只要集装箱外观完整，集装箱门正确关闭，铅封正常锁上，则可以证明该集装箱在运输途中未经私自开封，箱内情况由装箱人在装箱时监督负责。

三、装柜

出口货物验货后就可以装柜（Loading or Stuffing）了。所谓"装柜"就是把货物装到货柜里面去，也有人把"装柜"叫作"做箱"。装柜是外贸和货运代理（以下简称"货代"）业务环节中一个很重要的流程。装柜能否顺利进行，很大程度上决定了此批货物能否按时顺利出运。

外贸装柜主要有内装和产装。

1. 内装

如果托运人（发货人）把货物送到指定出口场站，由货代或场站负责提柜和装柜，这种做法通常叫"内装"。如果是这种装箱方式，则货代给托运人（发货人）的对账单上会有一项"装箱费"的明细。

2. 产装

如果把集装箱拉到工厂或物流仓库去装柜，则叫作"产装"。这种装箱方式是直接由工厂或物流仓库负责安排叉车、工人、理货进行装箱。所以货代给托运人（发货人）的对账单上没有"装箱费"。

装柜后及时整理装柜照片，照片应与柜子一一对应。

最后再检查装箱清单和装柜记录单，确保所有货物都装好了，不要有遗漏。如果实际所装货物与装箱单不一样，比如装不下"减货"，或装不满"加货"了，都会导致实际货物和装箱单不符。这些情况都要记录清楚，以便及时更改报关资料，确保单货一致。

小贴士

CLP英文为Container Load Plan，为集装箱装箱单，是工厂、货主、码头、船公司、货代用以核对装箱数据的单证。

P/L英文为Packing List，为报关资料的装箱清单。

四、补料

补料（Booking）是船务专业术语，出口商要将提单的明细提供给货运代理人（或船公司），也就是关于货物的资料，列示实际出货数量、毛重、净重、立方数、产品名称、唛头等，货运代理人（或船公司）根据该资料制作提单草本发给出口商确认。为什么要提供补料，出口商实际装柜的数量与给货运代理人补料展示的货物重量、体积等内容不一致时（比如暴柜），则出口商就要在正本提单出来之前给货运代理人一份比较详细的装箱单，包括柜号、封号等内容，补料要按照 L/C 或客户的要求制作，并给出正确的货物数量，包括要求船公司随同提单出具的船证明等。

因为装货时拖车行会给出口商柜号和封号，装好后就要出具提单补料给货运代理人（或船公司），货运代理人则根据出口商提供的资料做提单。如果出口商在规定的时间内（这个时间段货代会提醒的）没提交补料资料，或货物信息与提单部分不同，就需改单。

小贴士

> 提单电放是指"电放"（Telex Released），即发货人请求承运人允许收货人凭提单副本提货，并承担由此产生的一切后果和风险；而正本提单是承运人签发的、代表货权的提单，即持有正本提单的人可以凭正本提单向承运人提货。
>
> 如果发货人采用电放的方式，却未征得开证行或付款行或保兑行的同意，银行将不再承担原有的第一付款责任的承诺。
>
> 因此，电放和正本提单的区别是：电放不再出现正本提单，收货人凭副本提单提货；而正本提单是货权凭证（记名提单除外），通过背书可以转让，且正本提单的持有人可以凭正本提单提货。

第二节　自营出口销售商品的核算

为了反映涉外企业出口的销售收入、成本和盈亏，企业应设置"主营业务收入"和"主营业务成本"两个账户，核算以贸易方式自营出口和转口销售的商品，进口原材料加工复出口的商品和出售出国展品，以及批准供应境内销售收取以外汇的商品的销售收入及销售成本。如图 4-1 所示。

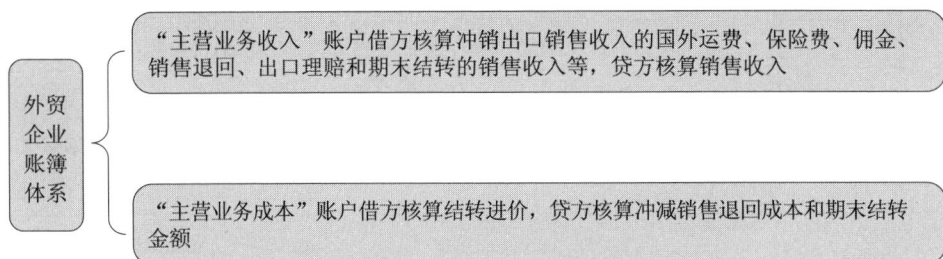

图 4-1　出口销售核算的账簿体系

出口销售明细账特别是三级明细账，应采用平行式记账方法，在企业外贸会计核算账簿设置"库存商品""主营业务收入""主营业务成本""应收（应付）账款"科目。

一、自营出口商品购进程序

自营出口是指外贸企业取得自营进出口权后，直接与外国客户联系获得订单，并通过自己的海关代码出口货物的一种贸易，自营出口对应的是通过贸易公司代理出口。

一般贸易的出口商品包括直接出口、转口出口、托售出口、进料加工复出口以及样品展品的出口，均属于自营出口销售。

自营出口的程序，见表 4-2。

表 4-2　自营出口程序

事　　项	说　　明
出口合同会签	会计人员出口合同文本会签
催证	会计人员参与信用证催证，按出口合同约定，要求进口方开具信用证
出库单	收到进口方开具的信用证后，企业发运货物，会计人员审核出库单，办理出库核算
办理出库核算	货物发运出口后，会计人员通过银行提交"商业发票"和付款通知单等单据，办理出口结算

事　　项	说　　明
收汇备案	会计人员依据出口合同、报送单等，通过开户行办理出口收汇备案
纳税申报	会计人员每月在法定期限内向主管税务机关办理纳税申报
出口退税	如果退税，会计人员每季度依法向主管出口退税的税务机关办理抵税或退税手续，并入账核算。收到退税款时，会计人员审核收款凭证，办理入账核算

自营出口销售具有以下特点。

（1）出口商品定价和与出口业务有关的一切国内外费用以及佣金支出、索赔、理赔等，均由出口企业负担，出口销售的盈亏也由出口企业自负。

（2）由出口企业直接办理退税，并享有出口退税收入。

（3）自营出口销售收入的核算，不论是海、陆、空、邮出口，均以出口企业取得正本提单并以全部单据向银行议付之日为销售收入的实现并以此确认入账时间。

（4）对外贸易销售收入的入账金额一律以 FOB 价为基础，以 FOB 价以外的价格条款成交的出口商品，其发生的国外运费、保险费及佣金等费用支出，均应作冲减销售收入处理。

（5）假如按到岸价（CIF）对外成交的，在商品离境后所发生的应由我方负担的以外汇支付的国外运费、保险费、佣金（包括明佣和暗佣）和银行手续费等，以红字冲减收入。不易按商品认定的累计佣金收支，列入销售费用。出口商品发生的对外理赔，应以红字冲减收入。

（6）境内机构支付超过合同总金额 2％ 的暗佣（暗扣）和 5％ 的明佣（明扣）并且超过等值 1 万美元的佣金时，须持下列材料向外汇局申请：

①出口合同正本；

②佣金协议正本（如为暗佣或暗扣）；

③结汇水单或收账通知；

④境内机构支付超比例佣金的申请书；

⑤银行汇款凭证及外汇局售汇通知单。

自营出口销售是指由出口企业经营并承担销售盈亏的出口业务。它是外贸企业销售收入的主要来源。

二、自营出口销售核算的账户设置

外贸企业为了反映自营出口业务的有关销售收入、销售成本结转和盈亏情况，应按会计制度的规定设置一套完整的账户进行总分类核算。实际上外贸企业也可以根据出口业务的特点专设账户。具体包括"库存商品"账户、"主营业务收入——自营出口销售收入"账户、"主营业务成本——自营出口销售成本"账户、"应收账款——应收外汇账款"账户，见表4-3。

表4-3　自营出口账户设置

会计科目	内　容
主营业务收入——自营出口销售收入	用于核算外贸企业自营出口销售收入的增减变动情况，应按出口商品的种类、名称设置明细账，进行明细分类核算。借方登记期末结转至"本年利润"账户的出口销售收入；以及从收入中扣除的运输费、保险费、佣金、销货退回、出口理赔等发生数额；贷方登记出口实现的销售收入，期末结转后，该账户无余额
主营业务成本——自营出口销售成本	用于核算出口商品销售成本的结转。借方登记销售成本的数额；贷方登记期末结转至"本年利润"账户的销售成本数额及销货退回；期末结转后，该账户无余额
应收账款	用于核算外贸企业因出口销售商品、向国外提供劳务；应向进口方收取的外汇账款。该账户的借方登记出口时应收的外汇账款数额；贷方登记收回外汇数额；期末借方余额，表示尚未收回外汇账款的数额
预收账款	该科目系负债类账户。借方反映出口实现时转销的预收货款，贷方反映预收客户的定金或货款，期末余额反映尚未转销的预收货款

需要注意的是，"应收账款"和"预收账款"账户，采用复币式账页，即一般以人民币为记账本位币，同时又要核算外币（主要以美元为主）金额。此类账户由外币折算成人民币时应选择入账（议付）当天或本期1日的汇率中间价作为记账汇率。

三、自营出口商品的账务处理

一般自营出口的外贸企业在国内生产或采购产品，然后出口销售。

自营出口的账务处理，见表4-4。

表4-4　自营出口账务处理

流　　程	账务处理
财务部收到出库凭单时	借：发出商品 　　贷：库存商品
财务部收到银行入账通知时	借：应收账款——应收外汇账款 　　贷：主营业务收入——自营出口销售收入 借：主营业务成本——自营出口销售成本 　　贷：发出商品
银行收到审核无误的全套出口单证时（信用证、托收结算方式）	借：银行存款 　　贷：应收账款——应收外汇账款
收到因出口而在国内的劳务费发票时	借：销售费用 　　贷：银行存款
收到经审核的保险公司送来的出口运输保单或发票及清单时	借：主营业务收入——自营出口销售收入 　　贷：银行存款
实行"免、抵、退"的企业按规定计算当期免抵税额	借：应交税费——应交增值税（出口抵减内销产品应纳税额） 　　贷：应交税费——应交增值税（出口退税）
未实行免、抵、退的企业按规定计算	借：应收出口退税款 　　贷：应交税费——应交增值税（出口退税）
申报退税时	借：其他应收款——应收出口退税 　　贷：应交税费——应交增值税（出口退税）
出口退税计入成本时	借：主营业务成本——自营出口 　　贷：应交税费——应交增值税（进项税额转出）
会计部门收到退税款时	借：银行存款 　　贷：其他应收款——应收出口退税
出仓后，因种种原因，没有出口而被退回	借：库存商品——库存出口商品 　　贷：发出商品

四、国内采购的核算

1. 一般采购业务的账务处理

购进商品过程中发生的运输费、装卸费、保险费以及其他可归属于存货采购成本的费用等进货费用，应当计入存货采购成本，也可以先进行归集，期末根据所购商品的存销情况进行分摊。

【例4-1】大地进出口公司从蓝宇第二服装厂购进服装10 000件，增值税专用发票上注明每件服装不含税金额为150元，增值税率为13%。服装已送到仓库验收，发生运费共计218元，运输公司的增值税税率为9%。财务部门签发转账支票支付全部款项。根据原始单据，账务处理如下，见表4-5。

表4-5

电子发票（专用发票）

发票号码：01090789

开票日期：20××年4月18日

购买方信息	名称：大地进出口公司	销售方信息	名称：蓝宇第二服装厂
	统一社会信用代码/纳税人识别号：110101400321230		统一社会信用代码/纳税人识别号：320134134971563

项目名称	规格型号	单位	数量	单价	金额	税率/征收率	税额
服装		件	10 000	169.50	1 500 000	13%	195 000
合计					￥1 500 000		￥195 000

价税合计（大写）	⊗壹佰陆拾玖万伍仟元整	（小写）￥1 695 000

备注	购方开户银行：××工商银行北蜂窝路支行营业室　银行账号：0200001909234216779
	销方开户银行：工商银行丰台支行　银行账号：066180360010776

开票人：××

（1）购入服装时。

不含税采购成本＝实际采购成本＋含税运费÷（1＋增值税税率）

服装的采购成本＝10 000×150＋［218÷（1＋9%）］

$$＝1\ 500\ 200\ （元）$$

借：材料采购——蓝宇第二服装厂   1 500 200

  应交税费——应交增值税（进项税额）

     ［（10 000×150）×13%＋200×9%］195 018

  贷：银行存款   1 695 218

（2）20××年4月20日，服装入库时。

借：库存商品——库存出口服装   1 500 200

  贷：材料采购——蓝宇第二服装厂   1 500 200

（3）若到月末，结算凭证尚未收到，暂按1 500 000元入账，账务处理如下。

①月末暂估入账时

借：库存商品——库存出口服装   1 500 000

  贷：应付账款——暂估应付账款   1 500 000

②下月初红字冲回时

借：库存商品——库存出口商品   1 500 000

  贷：应付账款——暂估应付账款   1 500 000

【例4-2】东方外贸公司从郊区农业生产者购入玉米30吨，每吨2 000元，增值税税率9%，运费1 090元。验收入库后，款项用银行存款支付。假设该公司为内销购进玉米，账务处理如下。见表4-6。

（1）确认购进商品的成本。

＝30×2 000×（1－9%）＋1 090÷（1＋9%）＝55 600（元）

表 4-6

动态二维码	货物运输服务	电子发票（专用发票）发票联		

发票号码：00236015

开票日期：20××年01月20日

购买方信息	名称：东方外贸公司 统一社会信用代码/纳税人识别号： 10101400321218	销售方信息	名称：顺达运输公司 统一社会信用代码/纳税人识别号： 10101400321218

项目名称	单位	数量	单价	金额	税率/征收率	税额
＊运输服务＊国内汽运服务＊				1 000	9％	90
合计				￥1 000		￥90

运输工具种类	运输工具牌号	起运地	到达地	运输货物名称
汽车	12676XD	惠州	东莞	玉米

备注	起止地：惠州至东莞 汽车牌号：12676XD　　　　运输货物名称：玉米

开票人：××

（2）确认增值税的进项税额。

进项税额＝30×2 000×9％＋1 000×9％＝5 490（元）

借：材料采购——玉米　　　　　　　　　　　　　　55 600

　　应交税费——应交增值税（进项税额）　　　　　 5 490

　　贷：银行存款　　　　　　　　　　　　　　　　　　61 090

（3）验收入库时。

借：库存商品——库存出口商品——玉米　　　　　　55 600

　　贷：材料采购——玉米　　　　　　　　　　　　　　55 600

2. 特殊业务的账务处理

（1）购进商品发生溢余或短缺的账务处理。

外贸企业购进商品发生短缺或溢余，应分以下几种情况进行处理，如图 4-2所示。

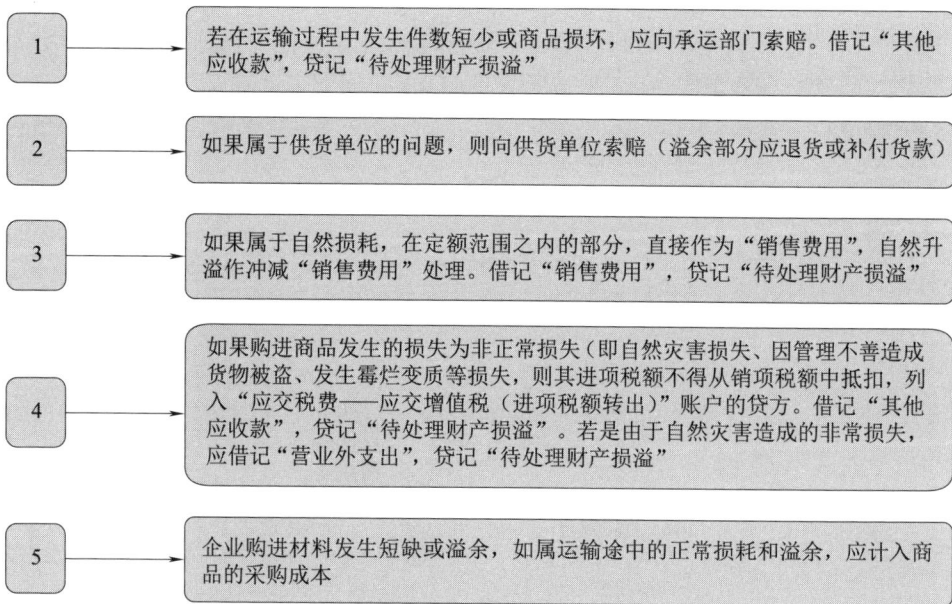

1	若在运输过程中发生件数短少或商品损坏，应向承运部门索赔。借记"其他应收款"，贷记"待处理财产损溢"
2	如果属于供货单位的问题，则向供货单位索赔（溢余部分应退货或补付货款）
3	如果属于自然损耗，在定额范围之内的部分，直接作为"销售费用"，自然升溢作冲减"销售费用"处理。借记"销售费用"，贷记"待处理财产损溢"
4	如果购进商品发生的损失为非正常损失（即自然灾害损失、因管理不善造成货物被盗、发生霉烂变质等损失），则其进项税额不得从销项税额中抵扣，列入"应交税费——应交增值税（进项税额转出）"账户的贷方。借记"其他应收款"，贷记"待处理财产损溢"。若是由于自然灾害造成的非正常损失，应借记"营业外支出"，贷记"待处理财产损溢"
5	企业购进材料发生短缺或溢余，如属运输途中的正常损耗和溢余，应计入商品的采购成本

图 4-2　购进商品发生溢余或短缺的账务处理

【例 4-3】承上例，玉米验收入库，发现短缺 2 吨，原因待查。账务处理如下。

应确认库存商品短缺金额＝55 600÷30×2＝3 706.67（元）

应转出的增值税进项税额＝2 000×2×9%＝360（元）

待处理财产损溢金额＝3 706.67＋360＝4 066.67（元）

借：待处理财产损溢　　　　　　　　　　　　　　4 066.67

　　贷：商品采购——玉米　　　　　　　　　　　3 706.67

　　　　应交税费——应交增值税（进项税额转出）　360

经查明，其中 1.8 吨系供货商造成的，另外 0.2 吨为自然损耗。账务处理如下。

应赔偿的损耗金额＝4 066.67÷2×1.8＝3 660（元）

应由本单位承担的损耗金额＝4 066.67÷2×0.2＝406.67（元）

借：其他应收款 3 660

销售费用 406. 67

贷：待处理财产损溢 4 066.67

【例 4-4】假定上例购进玉米为内销，货到验收入库时发生溢余 2 吨，原因待查，账务处理如下。

发生溢余的玉米金额＝55 600÷30×2＝3 706.67（元）

经查明，商品溢余属于自然升溢，账务处理如下。

借：待处理财产损溢 3 706.67

贷：销售费用 3 706.67

（2）购进商品退、补价处理。

①购进商品退价是指结算的货物进价高于实际进价，应由供货商将高于企业实际进价的差额退还给外贸企业。

【例 4-5】大地进出口公司向第一日化厂购进洗发水 2 000 瓶，每瓶 18 元。货款已付，但后经查明，进价高于其他企业，遂与第一日化厂协商，每瓶 17.60 元，5 日后收到第一日化厂开来的红字更正发票，退货和退款尚未收到，账务处理如下。

借：应收账款——第一日化厂 904

贷：库存商品 〔（18－17.60）×2 000〕800

应交税费——应交增值税（进项税额） 104

②购进商品补价的账务处理。

购进商品补价指原来结算的货款低于实际进价，应由外贸企业将低于实际进价的差额补付给供货单位。

【例 4-6】大地进出口公司从第一日化厂购进沐浴液 1 800 瓶，每瓶 25 元，货款已付。但第一日化厂核查时发现，沐浴液每瓶应为 28 元，系销售部门开错发票，与大地进出口公司联系说明情况后，大地进出口公司同意补款，现收到第一日化厂更正发票，应补货款 5 400 元，增值税额 702 元，账务处理如下。见表 4-7。

借：库存商品——库存出口商品 5 400

应交税费——应交增值税（进项税额） 702

贷：应付账款——第一日化厂 6 102

表 4-7

动态 二维码		

电子发票（专用发票）

发 票 联

发票号码：01092774

开票日期：20××年4月9日

购买方信息	名称：大地进出口公司 统一社会信用代码/纳税人识别号： 110101400321230	销售方信息	名称：第一日化厂 统一社会信用代码/纳税人识别号： 213789653412980

项目名称	规格型号	单位	数量	单价	金额	税率/征收率	税额
*清洁类化妆品*沐浴液*		瓶	100	54	5 400	13%	702
合计					￥5 400		￥702

价税合计（大写）	⊗陆仟壹佰零贰元整	（小写）￥6 102

备注	购方开户银行：××工商银行北蜂窝路支行营业室　银行账号：0200001909234216779 销方开户银行：中行芳城园分理处　银行账号：066180360010776

开票人：××

（3）购进商品退回和调换的处理。

【例4-7】大地进出口公司经供销单位同意退货 40 000 元，增值税 5 200 元，账务处理如下。

借：其他应收款　　　　　　　　　　　　　　　　　　45 200

　　贷：应交税费——应交增值税（进项税额转出）　　 5 200

　　　　库存商品——库存出口商品　　　　　　　　　40 000

收到货款时，账务处理如下。

借：银行存款　　　　　　　　　　　　　　　　　　　45 200

　　贷：其他应收款　　　　　　　　　　　　　　　　45 200

【例4-8】如果双方协商以换货方式解决，供货单位调换商品到货验收后，账务处理如下。

借：库存商品——出口商品　　　　　　　　　　　　　40 000

　　应交税费——应交增值税（进项税额）　　　　　　 5 200

　　贷：其他应收款　　　　　　　　　　　　　　　　45 200

五、自营出口商品的核算

外贸企业出口销售通常采用信用证结算，根据业务部门或银行转来的票据，进行账务处理。

1. 一般出口商品销售收入的账务处理

【例4-9】20××年1月15日，大地进出口公司向美国P公司销售运动鞋500箱，每箱30双，每双成本为120元，共计1 800 000人民币元。该货物出运后，单证部已经持相关单据向银行议付，并将商业发票、提单副本交付财务部。发票金额为328 000美元，预计海运费400美元，当日汇率为1美元＝6.80人民币元，账务处理如下。相关单据见表4-8、表4-9。其他票据略。

表4-8

出口商业发票
COMMERCIAL INVOICE

ISSUER DADI Import Export Co. , LTD NO. 1 BEIFENGWO ROAD, LISHUI DISTRICT, CHINA TEL：××××× FAX：×××××		信用证号 L/C No.	LC84E0081/34
		发票号码 INVOCE No	20×××D0088
P Co. , LTD P. O. BOX××××, No. 18 wall street, New, York, The United State		日期 DATE	××××
		合同号 CONTRACE NO.	××××
唛头及号码 Marks and Numbers	数量及品名规格 Quantities Description	单价 Unit Price	总价 Amount
MADE IN CHINA	LADIES SPORT SHOES	USD 21. 87	USD 328 000.00
		FOB	USD 328 000.00
		COMMISION	USD 0. 00
		SAMPLE FEE	USD 0. 00
		TOTAL	USD 328 000.00
TOTAL QUANTITY：××			
TOTAL AMOUNT：US DOLLARS THREE HUNDRED AND TWENTY EIGHT THOUSAND ONLY.			

表 4-9

世格物流有限公司
DESUN LOGISTICS CO. , LTD.
国际货物托运书
SHIPPER' S LETTER OF INSTRUCTION

TO：××   进仓编号：××

托运人	世格物流有限公司				
发货人 SHIPPER	DADI Import&Export CO. , LTD. 丽水区北蜂窝路 14 号 NO. 14, BEIFENGWO ROAD, LISHUI DISTRICT, P. R. CHINA				
收货人 CONSIGNEE	P CO. , LTD. 24703 FLINTGATE DR, PHILADEPHIA, THE UNITEE STATES				
通知人 NOTIFY PARTY	P CO. , LTD. 24703 FLINTGATE DR, PHILADEPHIA, UNITEE STATES				
起运港	SHANGHAI	目的港	×××	运费	PREPAID
标记唛头 MARKS	箱 BOXES	中英文品名 DESCRIPTION OF GOODS		毛重（公斤） G. W（kg）	尺码（立方米） SIZE（m³）
FASHION FORCE F01LCB05127 CTN NO. MONTREAL MADE IN CHINA	500	SPORT SHOES 运动鞋		19	21.583
1. 货单到达时间：1.27 报关			2. 航班：		运价：
电　话：×××× 传　真：×××× 联系人：张海 地　址：××市三环路 60 号世贸大厦 　　　　2401 室 托运人签字：周明		★如改配航空公司请提前通知我司 （公章略） 制单日期：20××年 1 月 15 日			

借：应收账款——应收外汇账款（运动鞋）

                （328 000×6.80) 2 230 400

    贷：主营业务收入——自营出口销售收入   2 230 400

借：主营业务成本——自营出口销售成本   1 800 000

    贷：库存商品——库存出口商品   1 800 000

预付海运费时。

借：主营业务收入——自营出口销售收入（400×6.80）2 720

贷：银行存款——美元户 2 720

需要注意的是：所有的外汇收支在备查账簿中做好登记，以便与结汇银行的台账记录相核对。

2. 支付国外保险费

【例4-10】承上例，在本次销售业务中，发生保险费用340美元，假设当日汇率1美元＝6.80人民币元，则保险费＝340×6.80＝2 312（元）。外汇支款凭证见表4-10。

借：主营业务收入——自营出口销售收入 2 312

贷：银行存款——美元户 2 312

表4-10

外汇支款凭证

签发日期：20××-1-27

付款单位	全　　称	大地进出口公司	收款单位	全　　称	佳和保险公司									
	账　　号	07422568789		账　　号	090876456432786345									
	开户银行	工商银行北蜂窝路支行		开户银行	中国银行天华分行									
支款货币及金额				千	百	十	万	千	百	十	元	角	分
USD340								$	3	4	0	0	0
牌价	6.80	购汇（或结汇）货币及金额												
附言		保险费		借方科目 _____ 贷方科目 _____										
银行信息														
审核印鉴：×× 　　复核：×× 　　经办：×× 　　（单位预留印鉴）														

3. 应付佣金

佣金分为明佣、暗佣和累计佣金三种。

（1）明佣，是指在买卖合同、信用证或发票等相关单证上列示的金额。在单证中，佣金通常标注在贸易术语后面，如"CIF C5％"。这个"C"就是Comission，即佣金。

（2）暗佣。暗佣的金额则是对真正买主保密，由卖方（出口商）暗中支付给中间商的费用，它的数额一般不在发票等相关单据上显示。等到卖方货款收妥之后，另行支付给中间商。

暗佣的支付方式有两种：议付佣金、汇付佣金。①议付佣金是指在出口货物结汇时，由银行从货款总额中扣留佣金并付给国外中间商（该方式下，出口企业收到的结汇款为扣除佣金后的货款净额）。②汇付佣金是指出口结汇时，按货款总额收汇，结汇后另行到银行购买外汇，汇付给国外中间商的佣金支付方式。只有当汇付佣金实际上减少了来自购买方的经济利益流入时，才能冲减收入。也就是如果该佣金是支付给予本公司（销售方）无购销合同关系的中间人，则只能作为销售费用而不能冲减销售收入。

根据税法规定，佣金需要代扣代缴个人所得税。

（3）累计佣金，是由出口企业国外包销、代理客户签订协议，在一定期间内，按累计数额支付的佣金。由于不能认定到具体出口货物，可直接记入"销售费用"科目。计算公式如下。

含佣价＝净价÷（1－佣金率）

【例4-11】按照【例4-9】给定的资料，假设上述出口交易中存在4％的明佣，即328 000×6.80×4％＝89 216（元），明佣是记入"主营业务收入"的贷方，用红字记录。

借：应收账款——应收外汇款——佣金　　　　　－89 216
　　贷：主营业务收入——自营出口销售收入　　　　－89 216

公司向银行议付信用证时，由银行按规定佣金率在结汇时代扣后，另行支付给境外中间商。当日银行汇率为1美元＝6.78人民币元。

应付佣金＝328 000×6.78×4％＝88 953.60（元）

汇兑差额＝328 000×（6.80－6.78）＝6 560（元）

借：银行存款　　　　　　　　　　　　　　2 134 886.40

　　财务费用——汇兑差额　　　　　　　　　　6 560

　　应付账款——应付外汇账款——佣金　　　88 953.60

　　贷：应收账款——应收外汇账款（328 000×6.80）2 230 400

【例 4-12】假设【例 4-10】业务为暗佣，财务部门收到业务部门转来的对外付佣通知单时，账务处理如下。

借：销售费用（佣金）　　　　　　　　　　89 216

　　贷：其他应付款　　　　　　　　　　　　89 216

支付佣金时，出口企业收妥全部货款后，再将佣金另行汇付境外。当日汇率为 1 美元＝6.78 人民币元。

借：其他应付款——应付外汇账款（佣金）　88 953.60

　　贷：银行存款　　　　　　　　　　　　88 953.60

4. 预估境外费用

为了符合权责发生制原则，正确核算出口当期的损益。在每季结算或年终决算时，对已在财务上做了出口销售处理，但是该销售收入相对应的尚未支付的境外运输费、保险费、应付的佣金等，分别预估入账。

借：主营业务收入——自营出口销售收入

贷：应付账款——应付外汇账款——预估境外运输费

————应付外汇账款——预估境外保险费

六、自营出口特殊事项的核算

在自营出口销售过程中，常常发生一些特殊事项，如出口退回、预收账款、L/C 议付、票据贴现、背书转让、坏账准备、索赔、理赔等。

1. 出口退回商品的账务处理

商品出口销售后，遭遇退货，根据退货的原因及经与国外客户协商同意后，进行账务处理。

【例 4-13】假设东方外贸出口公司出口的商品因故发生退关未能出口，根据进仓单，见表 4-11。这批商品销售价格为 6 000 美元，明佣为商品总价的 2%，当日汇率为 1 美元＝6.90 人民币元。

表 4-11

东方外贸出口公司进仓单

20××年 1 月 24 日　　　　　　　　　　　　　　　　单位：元

序号	型号	产品名称	单价	单位	数量	金额
1	XN12	芬芳洗发水	25	瓶	1 400	35 000

主管领导　　　　　　采购员　　　　　　仓管员

借：主营业务收入——自营出口销售收入——芬芳洗发水

（6 000×6.90）41 400

——自营出口销售收入——芬芳洗发水

（6 000×2%×6.90）828（红字）

贷：应收账款——应收外汇账款　　　　　　　　40 572

同时，冲销原结转的销售成本。

借：库存商品——芬芳洗发水   35 000

　　贷：主营业务成本——自营出口销售成本——芬芳洗发水35 000

2. 因退货造成的运输、保险费用的处理

因退货造成的运输、保险费，根据双方的责任商定处理意见，分别进行处理。

【例 4-14】 承【例 4-13】①由我方承担责任的出口退回，出口发生的国内费用及国外运输、保险费，连同退货发生的一切运输、保险费及其他因退货发生的一切支出，共计 3 200 元，转入"待处理财产损溢"科目。

借：待处理财产损溢   3 200

　　贷：主营业务收入——自营出口销售收入——芬芳洗发水 3 200

②支付退回各项费用时。

借：待处理财产损溢   3 200

　　贷：银行存款   3 200

③经批准后，上述损失转入营业外支出。

借：营业外支出   3 200

　　贷：待处理财产损溢   3 200

3. L/C 议付方式的账务处理

L/C 议付又称出口押汇，是指由被授权议付的银行对汇票（单据）付出对价。如果只审查单据而不支付对价并不构成议付。

【例 4-15】 东方外贸出口公司出口收取汇票金额 45 000 美元，议付行按 6.5% 的年利率收取 10 天的利息，当日汇率为 1 美元＝6.80 人民币元。计算利息、议付款项，账务处理如下。

（1）10 天的利息＝45 000×（6.5%÷360）×10＝81.25（美元）

（2）议付款项＝45 000－81.25＝44 918.75（美元）

借：银行存款——美元户　　（44 918.75×6.80）305 447.50

　　财务费用——利息支出　　　（81.25×6.80）552.50

　　贷：主营业务收入——出口销售收入   306 000

出口企业结算方式采用承兑交单（D/A）方式时，由出口商在发运货物后按发票金额开具汇票，连同货运单委托当地外汇银行通过进口地的联行或

代理行向进口商收取货款。跟单托收结算方式中，付款交单（D/P）和 D/A 在账务处理上相同。

4. 票据贴现的账务处理

票据贴现是持票人在需要资金时，将其收到的未到期承兑汇票，经过背书转让给银行，先向银行贴付利息，银行以票面余额扣除贴现利息后的票款付给收款人，汇票到期时，银行凭票向承兑人收取现款。就客户而言，贴现即贴息取现。一般地讲，用于贴现的商业汇票主要包括商业承兑汇票和银行承兑汇票两种。

【例 4-16】大地进出口公司出口服装，以托收 D/A 45 天结算。假设对方 45 天付款 38 000 美元，大地进出口公司持承兑汇票向银行办理贴现，银行扣收 45 天的利息，年利率 8%，余额支付大地进出口公司。当日汇率为 1 美元＝6.80人民币元，见表 4-12。

表 4-12

贴现凭证（代申请书）

申请日期：　　　　　　　　20××年 3 月 1 日　　　　　　　　　　第×××号

贴现汇票	种　类	银承		号　码		持票人	全　　称	大地进出口公司									
	出票日	2020 年 1 月 15 日					账　号	0200001909234216779									
	到期日	2020 年 3 月 1 日					开户银行	工商银行北蜂窝路支行									

汇票承兑人名称								开户银行									

汇款金额	人民币（大写）⊗贰拾伍万捌仟肆佰圆整								千	百	十	万	千	百	十	元	角	分
											￥	2	5	8	4	0	0	0

表内数据：

贴现率	8%	贴现利息	千	百	十	万	千	百	十	元	角	分	实付贴现金额	千	百	十	万	千	百	十	元	角	分
								￥	2	5	8	4	0	0		￥	2	5	5	8	1	6	0	0

附送承兑汇票申请贴现，请审核

大地进出口公司财务专用章

持票人签章：张之行印

银行审批

（工商银行北蜂窝路支行 合同专用章）

科目（借）＿＿＿＿＿＿
对方科目（贷）＿＿＿＿＿

负责人　　信贷员　　复核　张宁　　记账　许璐

（1）贴现利息＝票面金额×贴现率×贴现期

＝38 000×（8%÷360）×45＝380（美元）

（2）贴现值＝38 000－380＝37 620（美元）

借：银行存款——美元户　　　　　　（37 620×6.80）255 816

　　财务费用——利息支出　　　　　　（380×6.80）2 584

　　　贷：应收票据　　　　　　　　　　　　　　　258 400

5. 出口索赔的账务处理

出口索赔是指外贸企业在商品交易过程中因对方违反合同规定遭受损失时，根据约定向对方提出的经济赔偿。借记"应收账款"科目，贷记"营业外收入"科目。

【例 4-17】进出口公司在对外出口贸易中，因外商未能履行提出赔偿要求，最后确认的赔偿金额为 4 800 美元。当日市场汇率为 1 美元＝6.80 人民币元，账务处理如下。

（1）确认索赔时。

借：应收账款——出口索赔　　　　　（4 800×6.80）32 640

　　　贷：营业外收入——出口索赔　　　　　　　　32 640

（2）收到索赔款时，当日汇率为 1 美元＝6.79 人民币元。

借：银行存款——美元户　　　　　　（4 800×6.79）32 592

　　财务费用——汇兑损益　　　　　　　　　　　　48

　　　贷：应收账款——出口索赔款　　　　　　　　32 640

6. 出口理赔的账务处理

出口理赔是指外贸企业在商品交易过程中，因违反合同规定使对方遭受损失，给予对方的赔偿。区分不同的情况，账务处理如图 4-3 所示。

【例 4-18】假设东方外贸出口公司因发出商品存在问题，外商提出索赔，经协商确定赔偿金额 5 000 美元，当日市场汇率为 1 美元＝7.00 人民币元。

（1）确认理赔时。

借：待处理财产损溢——待处理流动资产损溢

　　　　　　　　　　　　　　　　　　（5 000×7.00）35 000

　　　贷：应付账款——出口理赔　　　　　　　　　35 000

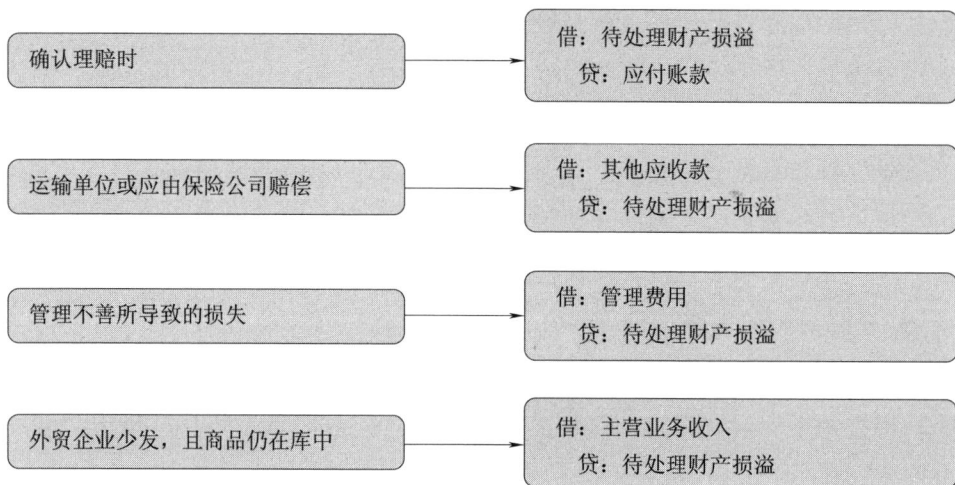

确认理赔时	借：待处理财产损溢 　贷：应付账款
运输单位或应由保险公司赔偿	借：其他应收款 　贷：待处理财产损溢
管理不善所导致的损失	借：管理费用 　贷：待处理财产损溢
外贸企业少发，且商品仍在库中	借：主营业务收入 　贷：待处理财产损溢

图 4-3　出口理赔的账务处理

（2）经查，运输部门在运输途中不慎损坏商品，共计 1 200 美元，外贸企业自身管理不善，造成商品损失 800 美元，发货过程中少发商品，共计 3 000 美元，现商品仍在仓库。

借：其他应收款——运输部门　　　　（1 200×7.00）8 400

　　管理费用　　　　　　　　　　　（800×7.00）5 600

　　主营业务收入——自营出口销售收入

　　　　　　　　　　　　　　　　（3 000×7.00）21 000

　　　贷：待处理财产损溢——待处理流动资产损溢　　35 000

（3）结转成本时，假设对应的商品成本金额为 26 800 元。

借：库存商品——××商品　　　　　　　　　　26 800

　　　贷：主营业务成本——自营出口销售成本　　26 800

（4）收到运输公司的赔偿款时（当日汇率为 1 美元＝7.05 人民币元）。

借：银行存款　　　　　　　　　　　（1 200×7.05）8 460

　　　贷：其他应收款——运输公司　　　　　　　　8 400

　　　　　财务费用——汇兑损益　　　　　　　　　　　60

（5）支付外商理赔款时（当日汇率为 1 美元＝7.05 人民币元）

借：应付账款——出口理赔　　　　　（5 000×7.00）35 000

　　财务费用——汇兑损益　　　　　　　　　　　　　250

　　　贷：银行存款——美元户　　　　（5 000×7.05）35 250

代理出口业务是指具有进出口经营权的企业接受没有自营进出口权的工厂、外贸公司等的委托，代办对外销售及交单结汇或同时代办发运、制单等业务的统称。

一、代理出口业务的特点

代理出口业务具有的特点，见表 4-13。

表 4-13 代理出口业务的特点

1	受托、委托方应事先签订代理出口协议，明确规定经营商品、代理范围、商品交接、储存运输、费用负担、手续费率、外汇划拨、索赔处理、货款结算以及双方有关职责等
2	受托企业经办代理出口业务，不垫付商品资金，不负担基本费用，不承担出口销售盈亏，仅收取手续费
3	受托企业按出口销货发票的金额及规定的手续费率，向委托方收取手续费，作为经办代理出口业务的管理费用开支和收益
4	代理出口商品的出口退税归委托方，一般由受托企业负责去所在地的税务局开立代理出口退税证明，由委托方持证明和出口报关单以及代理出口协议副本等文件向当地税务部门办理退税

二、代理出口业务流程

代理公司出口业务流程，见表 4-14。

表 4-14 代理公司出口业务流程

流　程	具体要求
代理公司与外贸公司协商，签订协议	①双方协商代理价格。一般来说，市场上外贸代理的价格可以分为两种：一种是买断；另一种是以代理费形式收取。 ②约定外贸公司向工厂支付货款时间及付款方式
与国外客户确认订单	代理协议签订后，代理公司可以用被代理公司的名称与国外的客户商定订单，被代理公司提供汇款方式等

流　程	具体要求
国外客户汇款或者开立信用证到代理公司	代理公司与国外客户确认好订单之后，关于付款一般方式如下： ①国外客户如果直接汇款到外贸公司账号或者开具 L/C 到外贸公司，代理公司提供相应的单据给外贸公司以便查询。 ②如果采用汇款方式，需要提供汇款水单；如果是 L/C，则需要提供信用证金额、开证行等以便快速确认 L/C 是否到外贸公司
国外客户汇款到账，LC 到达通知	外贸公司确认外汇到账后，应通知代理公司，传真或者扫描相应的到账水单和 L/C 复印件请代理公司确认
与供应商签订合同，下单生产	代理公司将以外贸公司抬头名义和出货工厂签订内销合同，外贸公司在审核以后盖合同章以便代理公司尽快备货
给工厂预付定金	代理公司必须提供工厂完整的账号和名称，并发书面正式的通知或者 E-MAIL 给外贸公司，以便外贸公司付款。外贸公司付款后有义务提供清晰的付款凭证给代理公司以便其确认
订仓报关出口	代理公司必须将完整的报关货物的品名、数量、体积、重量、价格、HS 编码、出运港口、目的港等以书面形式或者 E-MAIL 形式提供给外贸公司，外贸公司将按照这些数据为代理公司制作报关单证并邮寄物。订仓公司可以由代理公司自己指定或者由外贸公司指定
提单确认以及单据制作	代理公司可以自己确认提单或者委托外贸公司确认，如果外贸公司代替代理公司确认提单，那代理公司必须提供全套正确的数据。一般议付单据也是可以由外贸公司制作，或者委托代理公司自己制作
通知工厂开票	清关后，代理公司按照报关预录单的要求，制作开票通知，由代理公司给工厂开具正确的增值税发票。如果代理公司指定货运代理公司，则代理公司有义务配合外贸公司拿到预录单
收汇完成以后清算	外贸公司按照工厂开票金额，支付货款，并和代理公司结算利润
结算	经过双方确认利润以后，由外贸公司支付给代理公司的指定账号。支付时间双方约定即可

三、代理出口账户设置

"受托代销商品"是资产类账户，用以核算企业接受其他单位委托代理出口的商品和代销的商品。企业收到其他单位代理出口商品或代销商品时，记入借方；代理出口商品发运后或代销商品销售后，结转其成本时，记入贷方，余额在借方，表示委托代理出口商品和代销商品的结存额。

"代销商品款"是负债类账户，用以核算企业接受代理出口商品和代销商品的货款。企业收到代理出口商品或代销商品时，记入贷方；代理出口商品或代销商品销售时，记入借方，余额在贷方，表示尚未销售的代理出口商品和代销商品的数额。

四、代理出口商品的核算方法

受托出口企业向委托企业清算销售货款的方式，有当地结汇法和异地结汇法两种。

1. 当地结汇法

当地结汇法货款是指银行在收到代理出口销售外汇时按全额转入受托企业存款账户的一种结算方式。采取这种方式，受托企业收汇后，扣除垫付的国内外直接费用和应收取的代理手续费，将外汇余额通过银行转付委托单位。账务处理，见表 4-15。

表 4-15　当地结汇法的账务处理

业务情景	账务处理
收到银行转来的收汇通知时	借：银行存款——外币存款（总金额×买入汇率） 　　财务费用——汇兑差额 　　贷：应收账款（总金额×当日即期汇率）
扣除垫付的基本费用和应收取的代理手续费后，差额汇付委托方，根据汇款回单	借：应付账款——××公司（按账面余额） 　　贷：银行存款

2. 异地结汇法

异地结汇法是指受托企业在办理代理出口销售交单结汇时，由银行在收到外汇时扣除应付佣金、国内外直接费用和代理手续费后，将外汇余额原币划拨委托单位，由委托单位到所在银行办理结汇的一种结算方法。账务处理，见表 4-16。

表4-16　异地结汇法的账务处理

业务情景	账务处理
收到银行转来的结汇收账通知和分割结汇通知，划拨委托方收汇余额	借：银行存款 财务费用——汇兑差额 应付账款——××公司 贷：应收账款——外汇账款

【例4-19】大地进出口公司代理山西钦锐公司销售女式外套业务，采取异地结汇法，代理业务的手续费率为2％。

（1）1月10日，收到银行转来分割结汇的收账通知，金额为2 450美元。其中：代垫国外装船费1 000美元；运费800美元，保险费650美元。代理手续费1 000美元，款项全部存入外币存款户。当日美元汇率的中间价为6.80元，见表4-17。

表4-17

中国工商银行　　　　　　　DEBIT ADVICE
　　　　　　　　　　　　　　借记通知

　　　　　　　　　　　　　　　　　　　　　DATE（日期）：

　　TO：DADI Import&Export CO.，LTD.　　　　20××-1-10

L/C NO.（信用证号）：02221ML20157896　DRAFT AMT.（单据金额）：. USD2 450.00
ABNO.（银行流水号）：××××　　　　　CONTRACT NO.（合同号）：××××

WITH REFERENCE TO THE CAPTIONED ITEMS. PLEASE BE ADVISED THAT WE HAVE TODAY DEBITED YOUR ACCOUNT NO. 07422568789 WITH THE FOLLOWING AMOUNT PAYMENT UNDER THE L/C ABOVE MENTIONED.

我行已于今日将上述业务之下列金额借记你公司07422568789账户。

　　DEDUCT AMT.：

　　付款金额 USD 2 450.00

BUYING RATE：6.78 SELLING RATE：6.82 REALING RATE：6.80

工商银行北蜂窝路支行
20××-01-10
转讫

INDUSTRIAL AND COMMERCIAL BANK OF CHINA，BEIFENGWO ROAD BRANCH
工商银行北蜂窝路支行

借：银行存款——美元户 　　　　　　（2 450×6.80）16 660

　　贷：应收账款——应收外汇账款 　　　　　　　　　　16 660

（2）1月10日，同时根据代理业务收取代理手续费的发票（记账联），金额为1 000美元。

借：应收账款——钦锐公司 　　　　　　（1 000×6.80）6 800

　　贷：其他业务收入 　　　　　　　　　　　　　　　　　6 800

（3）1月10日，同时根据银行转来分割结汇通知，划拨山西钦锐公司收汇余额54 780美元。见表4-18。

借：应付账款——钦锐公司 　　　　　　　　　　　　　372 504

　　贷：应收账款——应收外汇账款　　（54 780×6.80）372 504

表4-18

CREDIT ADVICE

中国工商银行　　　　　　　贷记通知

OUT REF.：TTR0898788　　　　　　　　　　　　DATE（日期）：

TO：DADI Import&Export CO.，LTD　　　　　　　20××-1-10

我行已于即日将你公司之下述汇入款项贷记你公司07422568789账户。

AMT.：USD54780.00　　RATE：6.80　　NET AMT.：RMB 372 504

收款人：DADI Import&Export CO.，LTD.　汇入行：Industrial and Commercial Bank of
　　　　　　　　　　　　　　　　　　　　　　　　　China，BeiFengWo Road Branch

汇款编号：097579966　汇款日期：2020-1-10 汇入金额：USD54 780.00

REMITTER：

汇款人：

MESSAGE：

附言

国家外汇管理局丽水分区
业务(5)
出口已核销

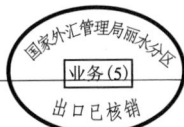

TRANSMIT FEE：RMB0.00

CABLE/POST DHGS：RMB0.00　　NOTICE CHGS：RMB0.00

申报单号：26962935632　　核销单号

工商银行北蜂窝路支行

20××-01-10

转讫

Industrial and Commercial Bank of China，BEIFENGWO ROAD BRANCH
工商银行北蜂窝路支行

出口收汇核销专用联号

五、代理出口商品的核算

代理出口商品交单办理收汇手续，取得银行回单时就意味着销售已经确认，然而这是委托单位的销售收入，因此通过"应付账款"账户核算。届时根据代理出口商品的销售金额，借记"应收账款"科目；贷记"应付账款"科目；同时结转代理出口商品的销售成本，根据代理出口商品的出库金额，借记"代销商品款"科目；贷记"发出商品"科目。

1. 视同买断方式

受托方将代销商品加价出售，与委托方按协议价结算，不再另外收取手续费。视同买断方式对受托方来说，账务处理与自营出口相同。账务处理见表 4-19。

表 4-19 视同买断的账务处理

业　　务	账 务 处 理
收到代销商品时	借：受托代销商品——代理出口 　　贷：受托代销商品款
实际销售时	借：银行存款 　　贷：主营业务收入 借：主营业务成本 　　贷：受托代销商品 借：受托代销商品款 　　贷：应付账款——委托企业
按合同协议价将款 项付给委托企业时	借：应付账款——委托企业 　　贷：银行存款

【例 4-20】20××年 4 月，大地进出口公司与钦锐公司签订商品买断合同，购进商品用于出口。

(1) 20××年 4 月 4 日，购入甲商品，验单付款时，见表 4-20。

表 4-20

电子发票（专用发票）
发票联

发票号码：×××××
开票日期：20××年4月9日

<table>
<tr><td rowspan="3">购买方信息</td><td>名称：大地进出口公司</td><td rowspan="3">销售方信息</td><td>名称：钦锐公司</td></tr>
<tr><td>统一社会信用代码/纳税人识别号：</td><td>统一社会信用代码/纳税人识别号：</td></tr>
<tr><td>110101400321230</td><td>450134134971563</td></tr>
</table>

项目名称	规格型号	单位	数量	单价	金额	税率/征收率	税额
＊甲商品＊		吨	500	4 200	2 100 000	13％	273 000
合计					￥2 100 000		￥273 000

价税合计（大写）	⊗贰佰叁拾柒万叁仟元整	（小写）￥2 373 000

备注	购方开户银行：××工商银行北蜂窝路支行营业室	银行账号：0200001909234216779
	销方开户银行：中行化工路分理处	银行账号：066180360010776

开票人：××

①应确认商品成本＝500×4 200＝2 100 000（元）

②增值税进项税额＝2 100 000×13％＝273 000（元）

借：材料采购   2 100 000

  应交税费——应交增值税（进项税额）   273 000

  贷：银行存款   2 373 000

（2）甲商品验收入库时，见表4-21。

表 4-21

商品入库单

供应单位：钦锐公司

发票号码：01092781　　　　　　　　　　20××年4月4日　　　　　　　　　　第 001 号

月	日	商品名称	规格型号	数 量	单 位	单 价	金 额	备注
4	4	甲商品		500	吨	4 200	2 100 000	

借：库存商品——库存出口商品——甲商品　　　　　2 100 000

　　贷：材料采购——出口商品采购　　　　　　　　　　2 100 000

（3）根据出口贸易合同向日本 A 公司出口甲商品一批，采用信用证结算。根据具体业务，账务处理如下。

借：发出商品——甲商品　　　　　　　　　　　　2 100 000

　　贷：库存商品——库存出口商品（甲商品）　　　　2 100 000

（4）1 月 8 日，收到业务部门转来已向银行交单的出口发票副本，与出库单核对完全相符后，按 CIF 计价，共计 400 000 美元，扣除 4％的佣金 16 000美元，销售净额为 384 000 美元，按企业规定的记账汇率为 6.80 元，折合为人民币记账。

①确认收入及佣金。

借：应收账款——A 公司　　　　　（384 000×6.80）2 611 200

主营业务收入——甲商品（佣金）

　　　　　　　　　　　　　　　（16 000×6.80）108 800

　　贷：主营业务收入——自营出口销售收入（甲商品）

　　　　　　　　　　　　　　　　　　　　　　　　2 720 000

②同时结转销售成本。

借：主营业务成本——自营出口销售成本——甲商品　2 100 000

　　贷：发出商品——甲商品　　　　　　　　　　　　　　　2 100 000

（5）1月18日，收到银行收款通知，上述销货款已收汇，银行扣除200美元的手续费，余款存入公司的外汇存款账户，根据银行水单，当日银行买入价1美元＝6.82人民币元。

借：银行存款——美元户　　　　（384 000×6.82）2 618 880

　　贷：应收账款——应收外汇账款（A公司）

　　　　　　　　　　　　　　　　（384 000×6.80）2 611 200

　　　　财务费用——汇兑损益　　　　　　　　　　　　　　7 680

借：财务费用——手续费　　　　　（200×6.82）1 364

　　贷：银行存款　　　　　　　　　　　　　　　　　　　　1 364

2. 收取手续费方式

委托方按照受托方的要求销售商品，受托方只收取代销手续费，并且该代销手续费与商品销售量、销售额无必然联系。账务处理，见表4-22。

表 4-22　收取手续费方式账务处理

业务情形	账务处理
收到商品时	借：受托代销商品 　　贷：受托代销商品款
销售商品时	借：银行存款 　　贷：应付账款——××企业
货款交付对方并收取手续费时	借：受托代销商品款 　　贷：受托代销商品 借：应付账款 　　贷：银行存款 　　　　其他业务收入——手续费

【例4-21】大地进出口公司受理钦锐公司的委托，代理服装出口业务，合同金额为56 000美元（CIF），代理手续费率为3%。

（1）1月2日，收到委托单位交来的代理出口服装，储运部门转来代理业务入库单，列明入库女式外套1 000套，单价为280元。按合同规定金额扣除手续费按银行当日买入价入账，账务处理如下。

借：受托代销商品——钦锐公司　　　　　　　　　　　　280 000

　　贷：受托代销商品款——钦锐公司　　　　　　　　　　280 000

（2）1月15日，代办出口交单收汇。受托方在代理商品装运出口后，在信用证规定日期内，将全套出口单证按合同规定结算方式向银行办理交单时，当日汇率为1美元＝6.80人民币元。

借：应收账款——应收外汇账款　　　（56 000×6.80）380 800

　　贷：应付账款——代理出口销售收入——钦锐公司　380 800

借：受托代销商品款——受托代销商品　　　　　　　　280 000

　　贷：受托代销商品——钦锐公司　　　　　　　　　　280 000

（3）代付境外费用。假定境外运输费1 000美元、保险费1 680美元、佣金800元，当日汇率1美元＝6.80人民币元。

借：应付账款——运输费　　　　　　（1 000×6.80）6 800

　　　　　　　——保险费　　　　　　（1 680×6.80）11 424

　　　　　　　——佣金　　　　　　　（800×6.80）5 440

　　贷：银行存款——美元户　　　　　　　　　　　　　23 664

（4）出口收汇。银行收妥货款后，受托方根据银行结汇水单，按当日银行买入价1美元＝6.78人民币元入账。账务处理如下。

借：银行存款——美元户　　　　　　（56 000×6.78）379 680

　　财务费用——汇兑损益　　　　　　　　　　　　　　1 120

　　贷：应收账款——应收外汇账款　　　　　　　　　　380 800

（5）受托企业按协议扣除代垫费用和代理手续费后，通过银行将余款结付给委托企业时，根据结算清单，账务处理如下。当日银行买入价为当日汇率为1美元＝6.79人民币元。

扣除国外运费、保险费及佣金后的应付账款＝380 800－23 664－1 120＝356 016（元）

应退还委托单位的款项＝356 016－11 424＝344 592（元）

借：应付账款——钦锐公司　　　　　　　　　　　　　356 016

　　贷：其他业务收入——手续费收入　　（351 680×3%）11 424

　　　　银行存款——美元户　　　　　　　　　　　　　344 592

外贸综合服务企业简称"外综服企业"，是指具备对外贸易经营者身份，接受国内外客户委托，依法签订综合服务合同（协议），依托综合服务信息平台，代为办理包括报关报检、物流、退税、结算、信托保险等在内的综合服务业务和协助办理融资业务的企业。外综服企业是代理服务企业，具备较强的进出口专业服务、互联网技术应用和大数据分析处理能力，能够建立较为完善的内部风险防控体系。

一、外综服企业出口代理服务的种类

外综服企业出口代理服务有以下两类：

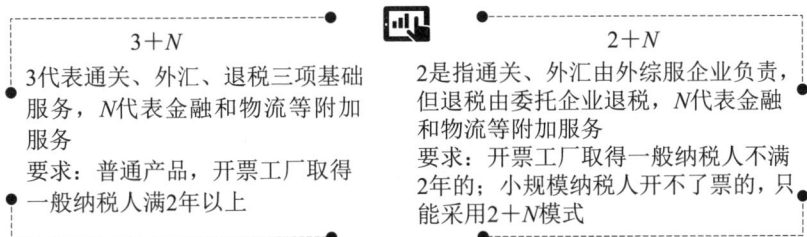

3+N	2+N
3代表通关、外汇、退税三项基础服务，N代表金融和物流等附加服务 要求：普通产品，开票工厂取得一般纳税人满2年以上	2是指通关、外汇由外综服企业负责，但退税由委托企业退税，N代表金融和物流等附加服务 要求：开票工厂取得一般纳税人不满2年的；小规模纳税人开不了票的，只能采用2+N模式

2+N是3+N的补充，很多产品如大蒜、韭菜、冷冻鱼等农副产品，还有石材、实木产品等外综服企业不能帮助退税的产品，需要通过2+N的模式操作。

二、外综服企业具备的条件

一般来说，成为外综服企业需要具备以下条件：

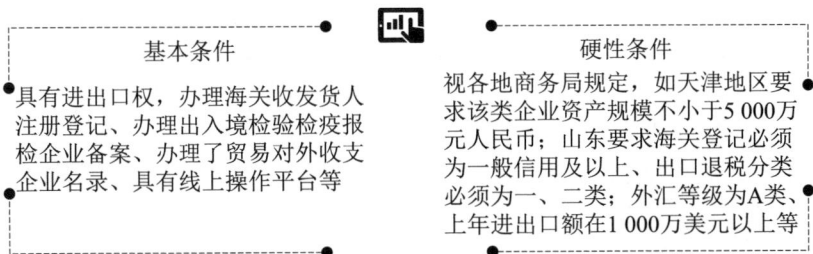

基本条件	硬性条件
具有进出口权，办理海关收发货人注册登记、办理出入境检验检疫报检企业备案、办理了贸易对外收支企业名录、具有线上操作平台等	视各地商务局规定，如天津地区要求该类企业资产规模不小于5 000万元人民币；山东要求海关登记必须为一般信用及以上、出口退税分类必须为一、二类；外汇等级为A类、上年进出口额在1 000万美元以上等

通过外综服企业出口有两点好处：一是可以快速回笼退税款和货款；二是利用外综服企业业务量大的优势，物流成本会比出口企业单独操作要低。

外综服企业更具以下优势：

（1）物流成本。外贸综合服务出货量巨大，直接找一家货运代理公司或船公司，获得更低的价格。

（2）结汇成本。一年几十、几百亿美元成交量，结汇成本1美元至少也能赚1分或几厘钱。

（3）现金流。交易量大，现金流量自然十分可观。通过运作将沉淀资金用于其他更盈利的项目，获取更大的资本回报。

（4）整合数据。外综服企业由于是代理出口，掌握大量客户数据，如产品、价格、客户、交易习惯等，然后直接进行整合，为己所用。

三、外综服企业账务处理

委托出口公司开具内销发票给外综服企业，外综服企业开具出口发票，办理出口、拖车、报关、退税等事宜。在这种情况下，由于外综服企业是代理出口单位，会产生本来应该由委托出口公司承担的拖车、报送等款项；另外，退税款是属于委托出口公司的，根据"谁出口、谁收汇"的原则，退税款会退到外综服企业的账上，同时本应该由委托出口企业收取的货款，也会转移到外综服企业的账上。

根据以上业务流程，外综服企业账务处理如下：

外综服企业对代办退税的核算，应参照外贸企业设置"应收出口退税款"科目，下设"代办退税"明细科目。

①收到税务部门的出口退税款

借：应收出口退税款（代办退税）
　　贷：应付账款（代办退税）

②收到代办退税时

借：银行存款
　　贷：应收出口退税款（代办退税）

③收到服务费及其他代垫费用

借：银行存款
　　贷：主营业务收入
　　　　应交税费——应交增值税（销项税额）

④将代办退税账户的退税款转付给生产企业时

借：应付账款——代办退税（某生产企业）
　　贷：银行存款

需要说明的是，以上会计处理是约定物流中的货物风险、汇兑损益均由委托出口公司承担，所以外综服企业的账务处理都是应收应付科目。如果外综服协议有其他约定，则会计分录要做相应的调整。

委托出口企业发生代办退税出口业务后，应按规定的销售实现时间，向客户开具出口发票，计算申报销项税额，同时开具代办退税专用发票作为代办退税的凭证。委托出口企业账务核算如下：

①货物报关出口后账务处理

借：应收账款——外综服企业——××国外客户
　　　　　　——代办退税销项税额
　　贷：主营业务收入
　　　　应交税费——应交增值税（销项税额）

②委托代办时核算应退税额

借：应收出口退税款（代办退税）
　　贷：应交税费——应交增值税（出口退税）
借：应交税费——应交增值税（出口退税）
　　贷：应收账款——代办退税（销项税额）

④收到外综服代办退税款时

借：银行存款
　　贷：应收出口退税款（代办退税）
同时，退税款与代办退税专用发票上注明的增值税额的差额。

③向外综服企业支付相关服务费用（包括报关等代垫费用）

借：销售费用
　　应交税费——应交增值税（进项税额）
　　贷：银行存款/应付账款

借：主营业务成本
　　贷：应交税费——应交增值税（出口退税）

四、外综服企业出口退税政策

根据《国家税务总局关于进一步优化外贸综合服务企业出口退（免）税管理的公告》（国家税务总局公告 2016 年第 61 号）规定，国家税务总局为外综服企业办理出口退税提供了很多便利条件，主要有以下两点：

1. 办理出口退税时间

退税管理类别为一类的外综服企业申报的出口退税，国税机关经审核，同时符合下列条件的，应自受理企业申报之日起，5 个工作日内办理出口退税手续。

（1）申报的电子数据与海关出口货物报关单结关信息、增值税专用发票信息比对无误。

（2）出口退税额计算准确无误。

（3）不涉及税务总局和税务局确定的预警风险信息。

（4）接受其提供服务的中小生产企业的纳税信用级别为 A 级或 B 级。

如果该外综服企业符合上述条件，税务机关应在 5 个工作日内办结出口退税手续。

2. 外综服企业代办跨境电商出口退税的条件

根据《关于调整完善外贸综合服务企业办理出口货物退（免）税有关事项的公告》（国家税务总局公告 2017 年第 35 号）规定：生产企业出口货物，同时符合以下条件的，可由外综服企业代办退税。

（1）出口货物为生产企业的自产货物或视同自产货物。

（2）生产企业为增值税一般纳税人并已按规定办理出口退（免）税备案。

（3）生产企业已与境外单位或个人签订出口合同。

（4）生产企业已与外综服企业签订外贸综合服务合同（协议），约定由外综服企业提供包括报关报检、物流、代办退税、结算等在内的综合服务，并明确相关法律责任。

（5）生产企业向主管税务机关提供代办退税的开户银行和账号（简称代办退税账户）。

3. 简化代办退税备案流程

《国家税务总局关于进一步便利出口退税办理 促进外贸平稳发展有关事项的公告》（国家税务总局公告 2022 年第 9 号）规定：

（一）简化外贸综合服务企业代办退税备案流程

外贸综合服务企业在生产企业办理委托代办退税备案后，留存以下资料，即可为该生产企业申报代办退税，无须报送《代办退税情况备案表》（国家税务总局公告 2017 年第 35 号发布）和企业代办退税风险管控制度：

1. 与生产企业签订的外贸综合服务合同（协议）；

2. 每户委托代办退税生产企业的《代办退税情况备案表》；

3. 外贸综合服务企业代办退税风险管控制度、内部风险管控信息系统建设及应用情况。

生产企业办理委托代办退税备案变更后，外贸综合服务企业将变更后的《代办退税情况备案表》留存备查即可，无须重新报送该表。

············

第五章

加工贸易与补偿贸易的核算

加工贸易是指进口原材料或半成品进行加工，然后在国外销售成品。加工贸易包括来料加工和进料加工。与一般贸易相比，加工贸易的货物主要来自国外，只是在我国进行加工和装配，获得加工费的行为。补偿贸易常与加工贸易相结合，通常称为"三来一补"。由于补偿贸易的持续时间较长，一般为10～20年或更长，多数情况下金融机构要直接或间接参与。补偿贸易的缺点是形式不太灵活，达成协议较难，手续较烦琐，风险较大。

第一节　进料加工贸易

出口企业开展进料加工复出口业务，在向海关申请进口料件免税之前，必须先持经贸主管部门颁发的《加工贸易业务批准证》《进口料件及出口成品申请备案清单》《出口制成品及对应进口料件消耗备案清单》和海关《进料加工登记手册》，送主管出口退税税务部门审核签章，税务部门须逐笔登记并将复印件留存备查。

一、进料加工的概念

进料加工是指我国具有进出口权的企业用外汇购买进口的原材料、辅料、零部件、元器件、配套件、包装物料等，经加工制成成品或半成品后，再外销出口的贸易形式。

二、进料加工的核算

进料加工业务主要由进口料件、加工及成品复出口三个环节组成，具体账务处理，见表 5-1。

表 5-1 进料加工业务的账务处理

业务情景		账务处理
进口料件时	根据全套进口单据	借：在途物资——在途进料加工物资 　　贷：应付账款——应付外汇账款
	实际支付货款时	借：应付账款——应付外汇账款 　　贷：银行存款
进口料件加工时	委托加工时	借：委托加工物资——进料加工商品 　　贷：原材料——进料加工材料
	完工交货时	借：委托加工物资——进料加工商品 　　贷：应交税费——应交增值税（进项税额）
	成品入库时	借：库存商品 　　贷：委托加工物资——进料加工商品
出口销售时		借：应收账款——应收外汇账款 　　贷：主营业务收入——进料加工出口销售收入 借：主营业务成本——进料加工出口销售成本 　　贷：库存商品——进料加工库存商品

【例 5-1】大地进出口公司根据合同约定，接受 ABC 纺织公司来料 6 000 公斤，加工生产 10 000 条毛毯。

（1）3 月 1 日，收到 ABC 纺织公司发来羊毛 6 000 公斤，每公斤 20 美元，共计 120 000 美元，羊毛已验收入库，当日美元汇率的中间价为6.85元。

借：在途物资——在途进料加工物资——ABC 纺织公司

822 000

贷：应付账款——应付外汇账款——ABC 纺织公司

（120 000×6.85）822 000

同时办理入库。

借：原材料——进料加工羊毛　　　　　　　822 000

贷：在途物资——在途进料加工物资　　　　　822 000

（2）3月2日，将 6 000 公斤羊毛全部拨付给第一毛毯厂加工生产羊毛毯 10 000条。

借：委托加工物资——进料加工商品——羊毛毯　822 000

贷：原材料——进料加工材料　　　　　　　822 000

（3）3月30 日，10 000 条羊毛毯加工完毕，每条加工费350 元，当即签发转账支票付讫。

借：委托加工物资——羊毛毯　　　　　　　3 500 000

应交税费——应交增值税（进项税额）　455 000

贷：银行存款　　　　　　　　　　　　3 955 000

（4）3月31日，储运部门转来加工商品入库单，10 000 条羊毛毯已验收入库。

借：库存商品——进料加工出口商品

（822 000＋3 500 000）4 322 000

贷：委托加工物资——进料加工商品——羊毛毯　4 322 000

【例 5-2】大地进出口公司为新西兰加工羊毛毯 4 000 条，每条加工费80 美元，共计加工费 320 000 美元。收到外商发来羊毛原料，货款共计40 000 美元，记账汇率为6.80。4 000 条羊毛毯全部生产成本为2 260 800元。

（1）1月3日，储运部门转来加工商品出库单，列明 4 000 条羊毛毯已出库装船。账务处理如下。

借：发出商品　　　　　　　　　　　　2 260 800

贷：库存商品——进料加工出口商品　　　　2 260 800

（2）1月5日，签发转账支票支付 4 000 条羊毛毯国内运费和装船费 1 420元。账务处理如下，见表5-2。

表 5-2

```
┌─────────────────────────────────┐
│         中国工商银行              │
│         转账支票存根             │
│         IV V000023              │
│                                 │
│  科    目：_____   │
│  对方科目：_____   │
│  出票日期：20××年1月5日          │
│  ┌───────────────────────────┐  │
│  │ 收款人：顺达运输公司        │  │
│  ├───────────────────────────┤  │
│  │ 金    额：￥1 420          │  │
│  ├───────────────────────────┤  │
│  │ 用    途：运输费            │  │
│  └───────────────────────────┘  │
│                                 │
│  单位主管  周明    会计   张洁   │
└─────────────────────────────────┘
```

借：销售费用   1 420

　　贷：银行存款   1 420

（3）1月5日，支付羊毛毯国外运费1 320美元，保险费80美元，当日美元汇率的中间价为6.80元。

借：主营业务收入   9 520

　　贷：银行存款——美元户   （1 400×6.80）9 520

（4）1月7日，向银行交单，收取加工费320 000美元。

借：应收账款——应收外汇账款 （320 000×6.80）2 176 000

　　贷：主营业务收入——加工补偿出口销售   2 176 000

同时结转其销售成本。会计分录如下：

借：主营业务成本——加工补偿出口销售   2 260 800

　　贷：发出商品   2 260 800

（5）1月15日，收到银行转来收账通知，320 000美元已收妥，银行扣除50美元收汇手续费，其余部分已存入外币存款账户。

借：银行存款——美元户   （319 950×6.80）2 175 660

　　财务费用——手续费   （50×6.80）340

　　贷：应收账款——应收外汇账款 （320 000×6.80）2 176 000

第二节　来料加工贸易

来料加工是指外商提供全部原料、辅料、元器件和零件，由中方企业按照外商提出的规格、质量、技术标准，加工成品或半成品，提交外商在海外市场自行销售，并按照双方议定的费用标准向外商收取工缴费。来料加工中由外商提供的料件一般不作价进口。补偿贸易引进的技术设备，原则上均应作价，价款由外商以信贷方式付给我方，我方用工缴费偿还。

一、来料加工与进料加工的区别

1. 进口料、件不同

采用进料加工方式时，所有进口料、件由我方用外汇购买。而来料加工的进口料、件则由外商无偿提供。进料加工的风险比来料加工的风险大。

2. 进出口货物的买卖方不同

进料加工由于各自作价，因此进口物料的外商不一定就是成品出口的买方。而来料加工的买卖方必须是同一个外商。

3. 结算方式不同

采用进料加工方式，外商按一般贸易方式付款，我方收取外汇。采用来料加工方式时，我方出口货物不作价，只按约收取工缴费。

4. 征税方式不同

进料加工复出口货物，实行"先征后退"的方式；来料加工复出口货物，实行"不征不退"的方式。

二、来料加工的核算

来料加工由于出口结算在前，进口结算在后，实际上我方不垫付资金。所进口的原辅料不动用外汇，也不对开信用证。按照对外签订合同和应承担的任务，来料加工有两种经营形式：代理形式和自营形式。代理业务即由加工企业会同外贸公司对外签订合同，由工厂直接承担生产，通过外贸公司办理出口结汇，收取外汇手续费。自营业务即由外贸公司独立对外签订合同，由外贸公司承担加工补偿业务，然后组织生产。外贸公司做自营业务，收取工缴费收入或以引进设备生产的商品偿还引进设备等价款。

1. 代理业务形式

外商提供不计价的原辅料、包装材料等，通过外贸公司交付工厂加工，由外贸公司和工厂向对方计收工缴费。在这种方式下，外贸公司不是主体，材料不对外作价，全在"表外"处理。出口阶段按代理方式入账。见表5-3。

表5-3　代理业务形式的账务处理

业务情景	账务处理
收到原辅材料时，通过备查簿在表外科目作单式记账，只核算数量	借：外商来料——进口材料（数量）
委托加工时，通过备查簿在表外核算数量	借：拨出来料（数量） 　贷：外商来料——进口材料（数量）
委托加工完成时，通过备查簿在表外核算数量	借：代管物资（数量） 　贷：拨出来料（数量）
办理对外出口托运时	借：代管物资——发出商品（数量） 　贷：代管物资——来料加工（数量）
收到银行交单时	借：应收账款——应收外汇账款 　贷：其他业务收入——来料加工代理收入
支付国外运保费时	借：其他业务收入——来料加工出口收入 　贷：银行存款
代加工厂支付国内费用时	借：应付账款——应付国内账款 　贷：银行存款
收到工缴费时	借：银行存款 　贷：应付账款——应付国内账款 　　　应收账款——应收外汇账款
与加工厂结算时	借：应付账款——应付国内账款 　贷：其他业务收入——来料加工代理收入 　　　银行存款
交纳有关税费时	借：税金及附加（或其他业务成本） 　贷：应交税费——应交××税等

2. 自营业务形式

外商提供不计价的原材料、辅料、包装材料等，由外贸企业负责加工，账务处理，见表 5-4。

表 5-4　自营业务账务处理

业务情景	账务处理
外商来料不计价	借：外商来料（数量）
拨料给加工厂时不计价	借：拨出来料（数量） 　　贷：外商来料（数量）
收到加工成品并支付加工费时	借：委托加工物资——来料加工 　　贷：银行存款 同时，借：代管物资——来料加工（数量） 　　　　　贷：拨出来料——进口材料（数量）
出口交单时	借：应收账款——应收外汇账款 　　贷：其他业务收入——来料加工收入 借：其他业务成本——来料加工成本 　　贷：委托加工物资——来料加工成本
支付境外运保费时	借：其他业务收入——来料加工收入 　　贷：银行存款
支付国内有关费用	借：其他业务成本——来料加工成本 　　贷：银行存款
收到货款结汇时	借：银行存款 　　贷：应收账款——应收外汇账款

第三节　补偿贸易的核算

补偿贸易是指一方提供技术、设备，对方不付现汇，待项目投产后，以其产品或双方事先约定的其他商品偿还进口技术、设备价款的一种贸易方式。

一、补偿贸易的种类

按照偿付标的不同，补偿贸易大体上可分为三类，见表 5-5。

表 5-5 补偿贸易的种类

种 类	定 义
直接产品补偿	即双方在协议中约定，由设备供应方向设备进口方承诺购买一定数量或金额的由该设备直接生产出来的产品。这种做法的局限性在于，它要求生产出来的直接产品及其质量必须是对方所需要的，或者在国际市场上是可销的，否则不易为对方所接受
其他产品补偿	当所交易的设备本身并不生产物质产品，或设备所生产的直接产品非对方所需或在国际市场上不好销时，可由双方进行协商，用其他产品代替
劳务补偿	这种做法常见于同来料加工或来件装配相结合的中小型补偿贸易中。具体做法是：双方根据协议，往往由对方代为购进所需的技术、设备，货款由对方垫付。我方按对方要求加工生产后，从应收的工缴费中分期扣还所欠款项

上述三种做法还可结合使用，即进行综合补偿。有时，根据实际情况的需要，还可以用部分直接产品或其他产品或劳务补偿，部分用现汇支付，等等。

二、补偿贸易申请办理登记备案手续

执行补偿贸易合同的经营单位和生产企业，应于合同批准之日起 1 个月内向海关申请备案登记，同时提交下列单证。

（1）经外贸主管部门签发的批准书和合同备案证明书。

（2）市场监督管理部门颁发的营业执照。

（3）对外签订的合同副本。

（4）对外经贸主管部门批准立项的应领出口货物许可证的出口成品批件。

（5）海关认为其他必要的单证和经济担保。海关在对上述单证审核后，对符合补偿贸易条件予以备案，并核发《加工装配和中小型补偿贸易进口货物登记手册》，凭以办理货物的报关手续。

三、补偿贸易的业务要点

我国在补偿贸易中，通常用直接产品补偿。但在具体交易中，有不同做法，见图 5-1。

全额补偿	→	全部设备技术价款由等额的返销产品抵偿
部分补偿	→	由设备进口方支付部分现汇，其余大部分价款通过返销产品补偿
超额补偿	→	要求设备出口方承诺回购超过补偿金额的返销商品
以相关劳务补偿	→	这是一种来料加工相结合的补偿贸易，即引进设备技术后，接受对方的来料来件加工业务，以工缴费抵偿设备技术价款

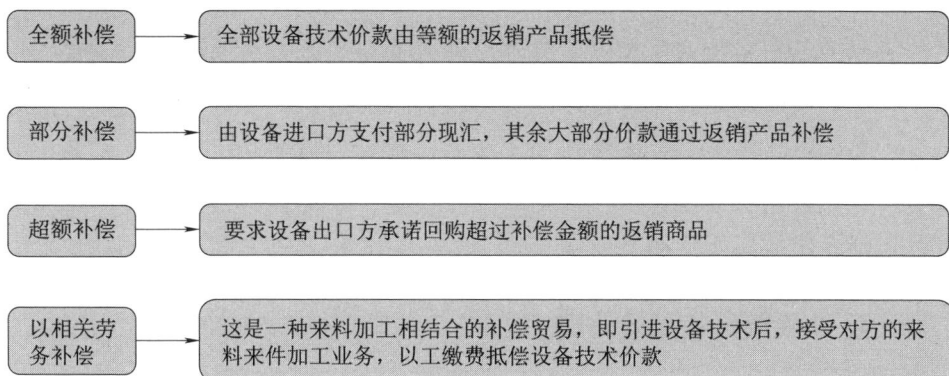

图 5-1　补偿贸易的业务要点

四、偿还期限和结算方式

（1）偿还期限和返销商品的数量和价格直接相关。必须对返销商品的作价原则、定价标准和方法作出规定，并应通过约定返销商品的数量或金额，安排偿还期限。补偿贸易虽然是以产品抵偿设备，但并非直接的易货，贸易双方仍要通过货币进行计价支付。

（2）设备进口方必须掌握先收后付的原则，选择适当的结算方式。通常采用的方式有：对开信用证、托收、汇付（结合银行保函）等。

五、补偿贸易与一般贸易的区别

补偿贸易与一般贸易的区别，如图 5-2 所示。

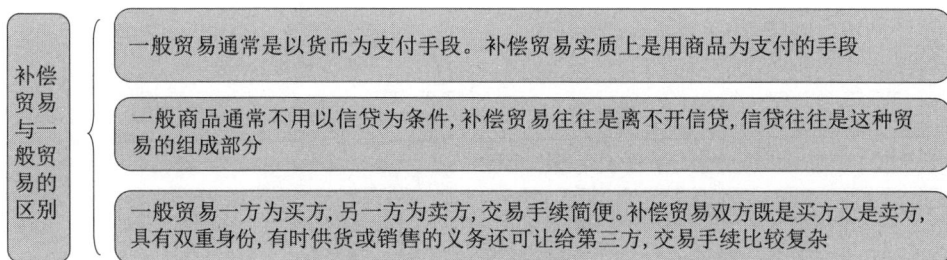

补偿贸易与一般贸易的区别	一般贸易通常是以货币为支付手段。补偿贸易实质上是用商品为支付的手段
	一般商品通常不用以信贷为条件,补偿贸易往往是离不开信贷,信贷往往是这种贸易的组成部分
	一般贸易一方为买方，另一方为卖方，交易手续简便。补偿贸易双方既是买方又是卖方，具有双重身份，有时供货或销售的义务还可让给第三方，交易手续比较复杂

图 5-2　补偿贸易与一般贸易的区别

六、补偿贸易与易货贸易的区别

补偿贸易与易货贸易有以下区别：两者都是买卖双方直接进行交换，一般不发生货币的流通，货币在这些贸易中仅仅是计价的手段。两者的不同之处是：易货贸易往往是一次性行为，买卖过程同时发生，大致同时结束。补偿贸易往往持续时间过长，有的 3 至 5 年，有的长达 10 年以上，每一笔交易往往包括多次的买卖活动。

七、补偿贸易的账务处理

补偿贸易的账务处理，见表 5-6。

表 5-6　补偿贸易的账务处理

业务情景	账务处理	
补偿贸易引入的核算	引进机器设备和零部件时	借：在建工程 　　贷：长期应付款
	引入原材料时	借：原材料 　　贷：长期应付款
	引入技术时	借：无形资产 　　贷：长期应付款
补偿贸易中进口关税的核算	引进机器设备和零部件时	借：在建工程 　　贷：应交税费——应交进口关税
	引入原材料时	借：原材料 　　贷：应交税费——应交进口关税
	引入技术时	借：无形资产 　　贷：应交税费——应交进口关税
机器设备交付使用时	借：固定资产 　　贷：在建工程	
计提长期应付款利息时	借：财务费用 　　贷：长期应付款	
产品出口销售时	借：应收账款 　　贷：其他业务收入 借：其他业务成本 　　贷：库存商品	

【例5-3】某企业以补偿贸易的方式从国外引进一台设备，该设备价款为100 000美元，当日市场汇率为1美元＝7.103 5人民币元。设备投产后以自产产品补偿，假设不考虑其他税费。

购入设备时。

借：固定资产　　　　　　　　　（100 000×7.103 5）710 350

　　贷：长期应付款　　　　　　　　　　　　　710 350

投产后用自产产品补偿时，则冲减长期应付款。

借：长期应付款　　　　　　　　　　　　710 350

　　贷：库存商品　　　　　　　　　　　　　　710 350

第六章
进口贸易业务的核算

进口贸易（Import Trade），是指外贸企业以外汇在国际市场上采购商品，满足国内生产和生活的需要。进口贸易按经营性质不同，可分为自营进口、易货贸易、代理进口、代销国外商品等。

进口贸易又称输入贸易是指将外国商品输入本国市场销售。

一、进口贸易的分类

进口贸易的分类，见表 6-1。

表 6-1　进口贸易按照经营性质不同分类

项　目	内　容
自营进口货物	是指涉外企业根据国内市场的需求，自行确定进口方案，自行寻找国内市场，自行与国外供货客户签订合同而组织进口，进口后一次或分次供应国内厂商或消费者，并自行承担盈亏
易货贸易	是一种非货币交易，包括出口和进口两个环节，其形式大体可以分为直接易货、对开信用证易货、记账易货，目前主要是边境地区的双边直接易货贸易
进料加工	是从国外进口原材料或零部件等，经过加工后再出口的一种贸易方式，其中进口是一个环节。国家对进口料件实行税收优惠政策
代理进口货物	是指涉外企业受有关单位或企业的委托，与国外供货客户签订合同，并负责对外履约，进口环节所发生的全部税费及业务盈亏均由委托方承担，代理企业收取一定的手续费
代销国外商品	是指国内企业接受国外供货客户提的商品代其在国内销售，并收取一定的手续费

二、进口货物的程序

在一般情况下，正常的进口货物操作程序大体有以下几个步骤，如图 6-1 所示。

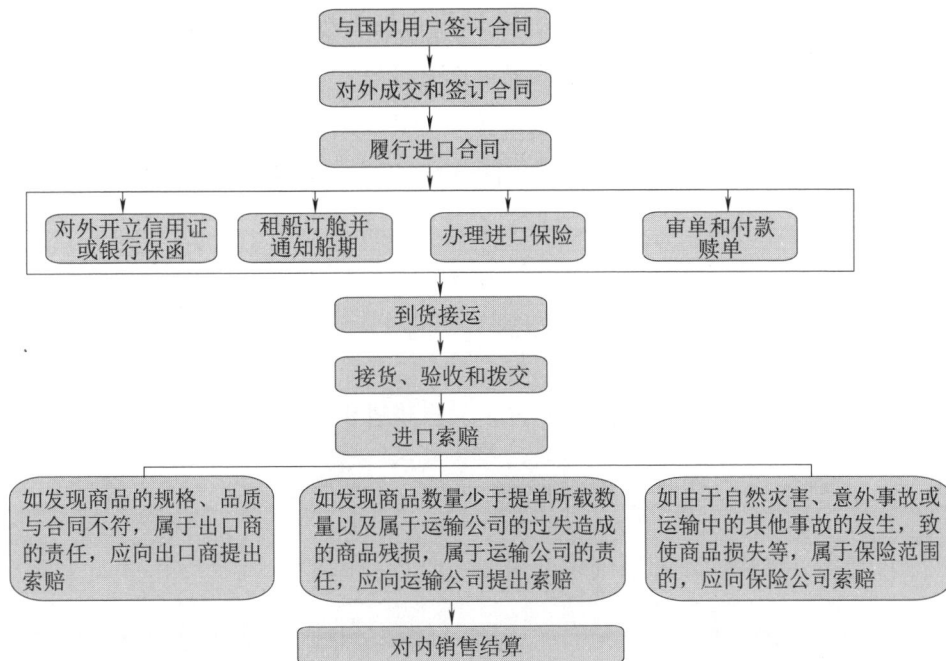

图 6-1　进口货物的程序

三、办理对外付汇的手续

外贸企业进口货物后，进口单位凭进口合同、信用证开证申请书、信用证结算方式要求的商业单证、进口付汇备案表、进口许可证或登记表到银行付汇给国外客户。

银行为进口单位办理付汇手续时，需审查进口单位填写的进口付汇核查凭证，并按以下规定审查相应有效凭证和商业单据。

（1）以信用证方式结算的，审查进口合同、开证申请书。

对于信用证项下售汇银行与付汇银行不一致的，付汇（开证）银行在核实售汇银行划转的资金到账后，还需审查经售汇银行签注的审单结论和外汇划转凭证。

（2）以托收方式结算的，审查进口合同。

（3）以预付货款方式结算的，审查进口合同、形式发票。

（4）以货到付款方式结算的，按《进口货物报关单"贸易方式"分类付汇代码表》审查相关有效凭证和商业单据。

对于凭借"可以对外售付汇"进口货物报关单付汇的，审查进口合同、加盖海关"验讫章"的进口货物报关单正本（付汇证明联）、商业发票；对于凭"有条件对外售付汇"进口货物报关单付汇的，还需根据进口货物报关单的贸易方式，审查相应凭证；"不得对外售付汇"进口货物报关单不能凭以办理进口付汇。

第二节　自营进口货物的核算

自营进口是指外贸企业用自有外汇、自借外汇等自行组织的商品进口。

一、自营进口货物的核算原则

自营进口货物的核算原则，见表 6-2。

表 6-2 自营进口货物的核算原则

项 目	内 容
自营进口货物销售入账时间	以进口企业与国内客户双方选定采取的结算时点而定，也就是三种结算（单到结算、货到结算、出库结算）时间任选其一，以约定为准
自营进口货物销售收入的价格确认	以出口方开具的发票原币金额乘以汇率，折合为人民币数额为入账价格，因此入账价格会出现 CIF、CFR、FOB 等价格。即以 CFR 或 FOB 价进口的货物，换算为 CIF 价，以统一进口价格基础，便于计算进口批次损益的互相比较
进口货物发生的国外运费、保险费、理赔款	作增加进口成本处理
进口货物发生的佣金	作减少进口货物成本处理
进口货物缴纳的关税、消费税是价内税	计入进口销售成本

二、自营进口货物采购成本的构成

自营进口商品采购成本以到岸价为基础。采购成本由国外进价、进口税金两部分构成。

1. 国外进价

国外进价一律以 CIF 价格为基础，如果以 FOB 价格或 CFR 价格成交的，应由外贸企业负担的国外运费和保险费均作为商品的国外进价入账。外贸企业收到能够直接认定的进口商品佣金，应冲减商品的国外进价。对于难以按商品直接认定的佣金，如累计佣金则只能冲减"主营业务成本"账户。计算公式如下。

（1）以 CIF 价格为基础，计算公式如下：

自营进口商品的采购成本＝CIF 价＋税金（进口关税、进口消费税）－收到的进口佣金＋国内运费

（2）以 FOB 价格为基础，计算公式如下：

自营进口商品的采购成本＝FOB 价＋境外运费、保险费－收到的进口佣金＋税金＋国内运费

（3）以 CFR 价格为基础，计算公式如下：

自营进口商品的采购成本＝CFR 价＋国外保费－收到的进口佣金＋税金＋国内运费

2. 进口税金

进口税金是指进口商品在进口环节应交纳的应计入商品成本的各种税金。它包括海关征收的关税和消费税。计算公式如下：

进口关税＝关税完税价格（CIF）×适用关税税率

进口消费税＝（CIF＋关税）÷（1－消费税税率）×消费税税率

进口增值税＝（CIF＋关税＋消费税）×增值税税率

三、自营进口商品购进的账务处理

自营进口商品购进的账务处理，见表 6-3。

表 6-3　自营进口业务的账务处理

业务情景	账务处理	
预存保证金时	借：其他货币资金——L/C 存款（外币或人民币） 　　贷：银行存款（外币或人民币）	
接到银行转来的国外单据	付款赎单时	借：在途物资——进口商品 　　贷：其他货币资金——L/C 存款（外币或人民币）
	支付国外运输、保险费，佣金时	借：在途物资——进口商品 　　贷：银行存款（外币或人民币）
报关时，按海关纳税通知	借：在途物资——进口商品（进口关税、消费税） 　　贷：应交税费——进口关税 　　　　　　　　——消费税	
按海关纳税通知和规费收据支付时	借：应交税费——进口关税 　　　　　　　——消费税 　　　　　　　——应交增值税（进项税额） 　　销售费用（海关规费） 　　贷：银行存款	
支付进口增值税时	借：应交税费——应交增值税（进项税额） 　　贷：银行存款	

业务情景	账务处理		
支付国内运杂费等时	借：在途物资 　　贷：银行存款		
进口货物入库时	借：库存商品——库存进口商品 　　贷：在途物资——进口商品		
进口后销售时	按发票金额确认销售收入	借：应收账款（外币或人民币） 　　贷：主营业务收入——自营进口销售 　　　　应交税费——应交增值税（销项税额）	
	同时结转销售成本	借：主营业务成本——自营进口销售 　　贷：库存商品——库存进口商品	
	结算时	借：银行存款（外币或人民币） 　　贷：应收账款（外币或人民币）	

【例 6-1】20××年 4 月，大地进出口公司从美国 XP 公司进口红酒，具体业务如下。

（1）4 月 10 日，接到银行转来的全套结算单据，开列红酒 800 箱，每箱 250 美元（FOB 价格），货款共计 200 000 美元，审核无误后，购汇予以支付，当日银行汇率 1 美元＝6.80 人民币元，见表 6-4。

借：在途物资——红酒　　　　（250×800×6.80）1 360 000

　　贷：银行存款——美元户　　　　　　　　　　1 360 000

表 6-4　　　　　　　　　**外汇会计账簿（结售汇、套汇）**

机构号码：××××　　　　　　　　　日期：20××年 4 月 10 日

业务编号			业务类型	售汇		起息日
借方或付款单位	名　称	大地进出口公司		贷方或收款单位	名　称	汇出汇款
	账　号	07422568789			账　号	
	币种与金额	CNY：1 360 000			币种与金额	USD200 000
	汇率/利率	6.79	开户行		汇率/利率	6.80
收汇金额			发票号		挂销单号	
交易摘要	购汇 USD200 000，汇往美国				20××-04	
交易代码：×××		授权：×××		复核：×××		经办：×××

（2）4月15日，支付国外运费1 600美元，保险费140美元，当日汇率1美元＝6.79人民币元。

借：在途物资——运输费、保险费　　［（1 600＋140）×6.79］

　　　　　　　　　　　　　　　　　11 814.60

　　贷：银行存款——美元户　　　　　　　11 814.60

（3）4月25日，货物抵达我国口岸，假定进口关税税率30％，消费税税率50％，增值税税率13％。相关单据，见表6-5、表6-6、表6-7。

①进口红酒完税价格＝1 360 000＋11 814.60＝1 371 814.60（元）

②应交进口关税＝1 371 814.60×30％＝411 544.38（元）

③组成计税价格＝（关税完税价格＋关税）÷（1－消费税比例税率）

　　　　　　　＝（1 371 814.60＋411 544.38）÷（1－50％）

　　　　　　　＝3 566 717.96（元）

④应交进口消费税＝3 566 717.96×50％＝1 783 358.98（元）

⑤应交进口增值税＝3 566 717.96×13％＝463 673.33（元）

借：在途物资——红酒　　　　　　　　　2 194 903.36

　　贷：应交税费——应交进口关税　　　　411 544.38

　　　　　　　　——应交消费税　　　　1 783 358.98

表6-5

中华人民共和国
海关进口关税专用缴款书

收入系统：×××　　　　填发日期：20××年4月25日　　　　No：××××

收款单位	收入机关	中央金库			缴款单位（人）	名　称	大地进出口公司
	科　目	进口关税	预算级次	中央		账　号	0200001909234216779
	收款国库	丽水区中心支库				开户银行	工商银行北蜂窝路支行

税号	货物名称	数量	单位	完税价格	价格税率	税款金额
	红酒	800	箱	1 371 814.60	30％	411 544.38

金额人民币（大写）肆拾壹万壹仟伍佰肆拾肆元叁角捌分	合计（小写）411 544.38

申请单位编号	××进出口公司	报关编号	填制单位
合同（批文）号		运输工具号	填制人
交缴期限		提/装货单号	复核人 单位盖章

第一联（收据）国库收款签单后交缴款单位或缴纳人

表 6-6

海关进口增值税专用缴款书

收入系统：×××　　　　　填发日期：20××年4月25日　　　　　No：××××

<table>
<tr><td rowspan="3">收款单位</td><td>收入机关</td><td colspan="3">中央金库</td><td rowspan="3">缴款单位（人）</td><td colspan="2">名　称</td><td colspan="2">大地进出口公司</td></tr>
<tr><td>科　目</td><td>进口增值税</td><td>预算级次</td><td>中央</td><td colspan="2">账　号</td><td colspan="2">0200001909234216779</td></tr>
<tr><td>收款国库</td><td colspan="3">丽水区中心支库</td><td colspan="2">开户银行</td><td colspan="2">工商银行北蜂窝路支行</td></tr>
<tr><td colspan="2">税号</td><td>货物名称</td><td>数量</td><td>单位</td><td colspan="2">完税价格</td><td>税率（%）</td><td>税款金额</td></tr>
<tr><td colspan="2"></td><td>红酒</td><td>800</td><td>箱</td><td colspan="2">3 566 717.96</td><td>13%</td><td>463 673.33</td></tr>
<tr><td colspan="4">金额人民币（大写）肆拾陆万叁仟陆佰柒拾叁元叁角叁分</td><td colspan="4">合计（小写）　　　¥463 673.33</td></tr>
<tr><td colspan="2">申请单位编号</td><td>×××</td><td colspan="2">报关单编号</td><td colspan="2">×××</td><td>填制单位</td><td>收款国库（银行）</td></tr>
<tr><td colspan="2">合同批文</td><td colspan="3">运输工具</td><td colspan="4" rowspan="4"></td></tr>
<tr><td colspan="2">缴款期限</td><td colspan="3">提货单号</td></tr>
<tr><td colspan="2" rowspan="2">备注</td><td colspan="3">照章征税　　25/4/2023</td></tr>
<tr><td colspan="3">制单：</td></tr>
<tr><td colspan="2">国际代码：5</td><td colspan="3"></td><td colspan="4">核人：</td></tr>
</table>

第一联（收据）国库收款签单后交缴款单位或缴纳人

表 6-7

中华人民共和国

海关消费税专用缴款书

收入系统：×××　　　　　填发日期：20××年4月25日　　　　　No：×××

<table>
<tr><td rowspan="3">收款单位</td><td>收入机关</td><td colspan="3">中央金库</td><td rowspan="3">缴款单位（人）</td><td colspan="2">名　称</td><td colspan="2">大地进出口公司</td></tr>
<tr><td>科　目</td><td>进口消费税</td><td>预算级次</td><td>中央</td><td colspan="2">账　号</td><td colspan="2">0200001909234216779</td></tr>
<tr><td>收款国库</td><td colspan="3">丽水区中心支库</td><td colspan="2">开户银行</td><td colspan="2">工商银行北蜂窝路支行</td></tr>
<tr><td colspan="2">税号</td><td>货物名称</td><td>数量</td><td>单位</td><td colspan="2">完税价格</td><td>价格税率</td><td>税款金额</td></tr>
<tr><td colspan="2"></td><td>红酒</td><td>800</td><td>箱</td><td colspan="2">3 566 717.96</td><td>50%</td><td>1 783 358.98</td></tr>
<tr><td colspan="2"></td><td></td><td></td><td></td><td colspan="2"></td><td></td><td></td></tr>
<tr><td colspan="4">金额人民币（大写）壹佰柒拾捌万叁仟叁佰伍拾捌元玖角捌分</td><td colspan="2">合计（小写）</td><td colspan="2">1 783 358.98</td></tr>
<tr><td colspan="2">申请单位编号</td><td></td><td colspan="2">报关编号</td><td colspan="2">25/4/2023</td><td>填制单位</td><td>收款</td></tr>
<tr><td colspan="2">合同（批文）号</td><td colspan="3">运输工具号</td><td colspan="2"></td><td>填制</td><td>国库
（银行）</td></tr>
<tr><td colspan="2">交缴期限</td><td colspan="3">提货单号</td><td colspan="2"></td><td>复核人
单位盖章</td><td>业务
公章</td></tr>
</table>

第一联（收据）国库收款签单后交缴款单位或缴纳人

（4）4月27日，收到佣金1680美元，当日汇率1美元＝6.80人民币元。

借：银行存款　　　　　　　　　　　　　　　　　　11 424

　　贷：在途物资——红酒　　　　　　　（1 680×6.80）11 424

（5）4月28日，货物验收入库，结转成本。

红酒的采购成本＝1 360 000＋11 814.60＋2 194 903.36－11 424

　　　　　　　＝3 555 293.96（元）

借：库存商品——库存进口商品　　　　　　3 555 293.96

　　贷：在途物资——红酒　　　　　　　　　　　3 555 293.96

（6）月末，以银行存款支付红酒的进口关税、消费税及进口增值税税额，见表6-8。

表6-8

```
          中国工商银行
          转账支票存根
           Ⅳ V000237
  科    目：＿＿＿＿＿＿＿＿＿＿
  对方科目：＿＿＿＿＿＿＿＿＿＿
  出票日期：20××年4月29日
  ┌─────────────────────┐
  │ 收款人：××海关          │
  ├─────────────────────┤
  │ 金    额：￥2 658 576.69 │
  ├─────────────────────┤
  │ 用    途：支付税费       │
  └─────────────────────┘
  单位主管  周明    会计  张洁
```

借：应交税费——应交进口关税　　　　　　411 544.38

　　　　　——应交消费税　　　　　　　1 783 358.98

　　　　　——应交增值税（进项税额）　　463 673.33

　　贷：银行存款　　　　　　　　　　　　　2 658 576.69

四、自营进口商品实现销售的核算

自营进口商品销售收入按结算时间分为单到结算、货到结算和出库结算三种。

1. 单到结算

单到结算情况下，进口商品采购和销售核算是同时进行的。这时进口商品采购成本尚未归集完毕，因此不能同时结转成本，见表 6-9。

表 6-9 单到结算的账务处理

业务情景	账务处理
接到银行转来的国外货款单	借：在途物资——进口商品采购 　贷：银行存款
同时向国内用户结算货款	借：应收账款——国内客户 　贷：主营业务收入 　　　应交税费——应交增值税（销项税额）
当支付国外运保费时	借：在途物资——进口商品采购 　贷：银行存款
当货到口岸后支付应交进口关税、增值税时	借：在途物资——进口商品采购 　贷：应交税费——应交进口关税 借：应交税费——应交进口关税 　贷：银行存款 借：应交税费——应交增值税（进项税额） 　贷：银行存款
结转进口成本（包括国外进价、运保费和进口关税）	借：库存商品 　贷：在途物资——进口商品采购

【例 6-2】20××年 4 月，大地进出口公司根据合同从日本佳能株式会社进口照相机 450 台，采用信用证结算。采取单到结算方式销售给商业大厦。

（1）4 月 5 日，接到银行转来国外全套结算单据，开列照相机 450 台，每台 350 美元（CIF 价格），货款共计 157 500 美元，佣金 2 000 美元，经审核无误，扣除佣金后，购汇支付货款，当日美元卖出价 6.80 元。账务处理如下，见表 6-10、表 6-11、表 6-12。

借：在途物资——佳能照相机　（157 500×6.80）　1 071 000

　　贷：其他货币资金——美元户　　　　　　　　　　1 071 000

表 6-10 **外汇会计账簿（结售汇、套汇）**

机构号码：××××　　　　　　　日期：20××年4月5日

	业务编号			业务类型		售汇		起息日	
借方或付款单位	名　称	大地进出口公司			贷方或收款单位	名　　称	汇出汇款		
	账　号	07422568789				账　号			
	币种与金额	CNY1 071 000				币种与金额	USD157 500		
	汇率/利率	6.80	开户行			汇率/利率	6.80		
收汇金额			发票号		挂销单号				
交易摘要	购汇 USD157 500，汇往日本					20××-04-05			

交易代码　　　　　　授权　　　　　　复核　　　　　　　　经办

表 6-11 **汇　票**

BILL OF EXCHANGE

No.	×××			
For	USD157500			
	（amount in figure）		（place and date of issue）	
At	AT SIGHT	sight of this　FIRST　Bill of exchange （SECOND being unpaid）		
pay to	TO THE ORDER OF BANK OF CHINA，NINGBO BRANCH		or order the sum of	
ONE HUNDRED FIFTY SEVEN THOUSAND AND FIVE HUNDRED ONLY				
（amount in words）				
Value received for	USD157500	of	ROYAL	
	（quantity）		（name of commodity）	
Drawn under	TAELA BANK LTD.，JAPAN			
L/C No.	××××	dated	April 5, 20××	
To：	TAELA BANK LTD.，JAPAN.	For and on behalf of		
		DADI IMPORTS AND EXPORTS CO.，LTD. NO.14，BEIPENGWO ROAD，LISHUI DISTRICT，P. R. CHINA		
		（Signature）		
		ANDYLVKING		

表 6-12　　　　　　　　　　　　　　　**贸易进口付汇核销单**

印单局代码：××××　　　　　　　　　　　　　　　　核销单编号：00120743

单位代码	单位名称：	所在地外汇局名称
付汇银行名称：×××	汇款人国别　日本	交易编码 3452
收款人是否在保税区：是□否□	交易附言	

对外付汇币种　USD157 500　对外付汇总额　USD157 500

其中：购汇金额　　现汇金额 0　其他方式金额 0

　　　人民币账号　外汇账号

付汇性质

□正常付汇　　　　☑ 90 天以上信用证　　　□ 90 天以上托收　　　　□异地付汇

□不在名录　　　　□ 转口贸易

□90 天以上到货

预计到货日期		进口批件号		合同/发票号 DS1908E

结算方式

信用证　　90 天以内☑　　90 天以上□　　承兑日期　　付汇日期　　期限　　天

托　　收　　90 天以内□　　90 天以上□　　承兑日期　　付汇日期　　期限　　天

	预付货款□　　　货到付汇□　　　凭报关单付汇□　　　付汇日期□
汇款	报关单号　　报关日期　　报关币种　　金额　　（略） 报关单号　　报关日期　　报关币种　　金额 报关单号　　报关日期　　报关币种　　金额 报关单号　　报关日期　　报关币种　　金额 报关单号　　报关日期　　报关币种　　金额 （若报关单填写不完，可另附纸）
其他	付汇日期

以下由付汇银行填写

申报号码□□□□□□□□□□□□□□□□□□□□□□□□□□□□□□□□□□□□

业务编号　　　　　　审核日期：　　　　　　　　　（付汇银行签章）

　　（2）4 月 15 日，照相机运抵我国口岸，向海关申报应纳进口关税税额 107 100 元，应纳增值税税额 153 153 元，见表 6-13、表 6-14。

表 6-13

中华人民共和国
海关　　进口关税　　专用缴款书

收入系统：　　　　　　填发日期：20××年 4 月 15 日　　　　　　No：××××

收款单位	收入机关	中央金库			缴款单位（人）	名　称	大地进出口公司	
	科　目	进口关税	预算级次	中央		账　号	0200001909234216779	
	收款国库	丽水区中心支库				开户银行	工商银行北蜂窝路支行	

税号	货物名称	数量	单位	完税价格	价格税率	税款金额
	照相机	450	台	1 071 000	10％	107 100

金额人民币（大写）壹拾万零柒仟壹佰元整	合计（小写）	107 100

申请单位编号	报关编号	1235467	填制单位填制人	收款国库（银行）业务
合同（批文）号	运输工具号	★ 财务专用章	复核人 单位盖章（01）单位专用章	丽水区中心支库
交缴期限	提/装货单号			

第一联（收据）国库收款签单后交缴款单位或缴纳人

表 6-14

海关进口增值税专用缴款书

收入系统：税务系统　　　　　　填发日期：20××年 4 月 1 日　　　　　　No：××××

收款单位	收入机关	中央金库			缴款单位（个人）	名　称	大地进出口公司	
	科　目	进口增值税	预算级次	中央		账　号	0200001909234216779	
	收款国库	丽水区中心支库				开户银行	工商银行北蜂窝路支行	

税号	货物名称	数量	单位	完税价格	税率（％）	税款金额
	照相机	450	台	1 178 100	13％	153 153

金额人民币（大写）⊗壹拾伍万叁仟壹佰伍拾叁元	合计（小写）	153 153

申请单位编号	报关单编号	填制单位	收款国库（银行）
合同批文	运输工具	工商银行北蜂窝路支行	
缴款期限	提货单号		
备注	照章征税	15/4/20××-04-01 转讫	制单人：复核人：管理专用章
国际代码：5			

第一联（收据）国库收款签单后交缴款单位或缴纳人

关税税额＝关税完税价格×关税税率＝1 071 000×10％＝107 100（元）

进口增值税＝（1 071 000＋107 100）×13％＝153 153（元）

账务处理如下。

借：在途物资——佳能照相机 107 100

　　贷：应交税费——应交进口关税 107 100

（3）4月20日，照相机入库完毕，结转其销售成本 1 071 000＋107 100＝1 178 100（元）。账务处理如下，见表6-15。

借：库存商品——佳能照相机 1 178 100

　　贷：在途物资——佳能照相机 1 178 100

（4）4月25日，支付进口日本照相机的进口关税和增值税。

借：应交税费——应交进口关税 107 100

　　　　　　——应交增值税（进项税额） 153 153

　　贷：银行存款 260 253

表 6-15

```
        中国工商银行
        转账支票存根
        IV V000068

科　　目：＿＿＿＿＿＿＿＿＿＿＿
对方科目：＿＿＿＿＿＿＿＿＿＿＿
出票日期：20××年4月25日

  收款人：××海关

  金　额：￥260 253

  用　途：支付税费

单位主管　周明　　会计　张洁
```

（5）4月26日，接到业务部门转来增值税专用发票，列明照相机450台，每台3 080元，货款1 386 000元，增值税税额180 180元。收到商业大厦支付款项签发并承兑的商业汇票。账务处理如下，见表6-16、表6-17。

借：应收票据 1 566 180

　　贷：主营业务收入——自营进口销售收入 1 386 000

　　　　应交税费——应交增值税（销项税额） 180 180

同时结转成本：1 071 000＋107 100＝1 178 100（元）

借：主营业务成本 1 178 100

　　贷：库存商品——佳能照相机 1 178 100

表 6-16

电子发票（专用发票）

发票联

发票号码：01092724

开票日期：20××年4月26日

购买方信息		销售方信息	
名称：大地进出口公司		名称：商业大厦	
统一社会信用代码/纳税人识别号： 110101400321230		统一社会信用代码/纳税人识别号： 750134134971563	

项目名称	规格型号	单位	数量	单价	金额	税率/征收率	税额
＊照相机＊		台	450	3 080	1 386 000	13%	180 180
合计					￥1 386 000		￥180 180
价税合计（大写）		⊗壹佰伍拾陆万陆仟壹佰捌拾元整			（小写）￥1 566 180		

备注	购方开户银行：××工商银行北蜂窝路支行营业室	银行账号：0200001909234216779
	销方开户银行：中行王府井分理处	银行账号：066180360010776

开票人：××

表 6-17

银行承兑汇票

签发日期：20××年4月26日　　　　　　　第××号

承兑申请人	全称	商业大厦			收款人	全称	大地进出口公司		
	账号	066180360010776				账号	0200001909234216779		
	开户银行	中行	行号	518		开户银行	工商银行北蜂窝路支行	行号	010

汇票金额	人民币（大写） 壹佰伍拾陆万陆仟壹佰捌拾元整	千	百	十	万	千	百	十	元	角	分
		￥	1	5	6	6	1	8	0	0	0

汇票到期日	20××年7月25日		
备注：1621620	承兑协议编号		交易合同号码
	负责：		经办：

2. 货到结算

采用货到结算时进口商品的采购成本已经核算完毕，商品销售时，可以同时结转成本，见表 6-18。

表 6-18　货到结算的账务处理

业务情景	财务处理
接到外运公司通知货到口岸后，即向国内用户结算	借：应收账款 　　贷：主营业务收入 　　　　应交税费——应交增值税
同时结转进口成本，包括国外进价、运保费和进口关税	借：主营业务成本 　　贷：在途物资——进口商品采购

3. 出库结算

进口商品的采购成本早已核算完毕，并已转入库存，故商品销售时可以同时结转成本。当接到进口商品销售的出库通知单后，按合同或协议的销售价格向用户结算，结算的分录同前，并同时结转内销成本。

第三节　自营进口商品销售的特殊业务核算

一、销售退回的账务处理

自营进口商品销售采取单到结算方式，商品验收时，发现商品的质量与合同规定不符，外贸企业根据商检部门出具的商品检验证明书，与外商进行交涉，退回商品，收回货款。

【例 6-3】承【例 6-2】经商检局的检验，大地进出口公司购进的照相机为不合格产品，经与日本佳能株式会社协商，对方同意退货。

（1）5 月 5 日，购汇垫付退还日本佳能照相机国外运费 800 美元，当日美元卖出价 6.80 元。

借：应收账款——国外运费　　　　　　（800×6.80）5 440

　　贷：银行存款——美元户　　　　　　　　　　　　　5 440

（2）5 月 15 日，450 台照相机作进货退出处理，向税务部门申请退还已支付的进口关税。

借：应收账款——照相机　　　　　　　　1 071 000

　　应交税费——应交进口关税　　　　　　107 100

　　贷：主营业务成本——自营进口销售成本　　　1 178 100

（3）5 月 15 日，同时编制销售退回账务处理，开出红字专用发票。

借：主营业务收入　　　　　　　　　　　1 386 000

应交税费——应交增值税（销项税额）　　　　180 180

　　　贷：应付账款　　　　　　　　　　　　　　　　1 566 180

（4）5月20日，收到退货款，即350×450＋800＝158 300（美元），当日银行汇率1美元＝6.82人民币元。

　　借：银行存款——美元户　　（158 300×6.82）1 079 606

　　　贷：应收账款　　　　　　（158 300×6.80）1 076 440

　　　　财务费用——汇兑损益　　　　　　　　　　　　3 166

（5）5月25日，签发转账支票，退还商业大厦的货款。

　　借：应付账款——商业大厦　　　　　　　　　1 566 180

　　　贷：银行存款　　　　　　　　　　　　　　　1 566 180

（6）月末，收到税务机关退还的进口关税107 100元和增值税税额153 153元。

　　借：银行存款　　　　　　　　　　　　　　　　260 253

　　　贷：应交税费——应交进口关税　　　　　　　　107 100

　　　　　　　　——应交增值税（进项税额）　　　　153 153

二、索赔、理赔的核算

自营进口商品销售采取单到结算方式，当进口商品到达时，所有权已属于国内客户，由其检验商品。如果发生商品短缺、质量与合同规定不符，应区别情况进行处理。

（1）如果属于运输单位或属于保险公司负责赔偿的范围，由国内客户向运输单位或保险公司索赔。

（2）如果属于国外出口商的责任，应由外贸企业根据商检部门出具的商品检验证明书在合同规定的对外索赔期限内向出口商提出索赔，并向国内客户理赔。

【例6-4】20××年3月11日，大地进出口公司从加拿大史蒂夫公司购进羽绒服600套，每套120美元（CIF价格），货款共计72 000美元，佣金1 000美元。当日银行汇率为1美元＝6.80人民币元，缴纳进口关税88 560元，缴纳增值税75 276元。这批羽绒服采取单到结算方式，已卖给双井百货公司，每套1 200元，货款共计720 000元，增值税93 600元，款已收妥入账。4月11日，商品到达港口，进出口公司检验时发现其中25套羽绒服质量不合格。

（1）4月11日，收到大地进出口公司转来商检部门出具的商品检验证明书，25套羽绒服系史蒂夫公司的责任。大地进出口公司向外商提出索赔，经协商后，外商同意赔偿3 000美元，予以冲减商品销售成本。

借：应收账款　　　　　　　　　（3 000×6.80）20 400

贷：主营业务成本　　　　　　　　　　　　　20 400

（2）4月12日，同时作销货退回处理，开出红字专用发票，应退货款18 450元，增值税2 398.50元。

借：主营业务收入　　　　　　　　　　　　18 450

应交税费——应交进口增值税（销项税额）　2 398.50

贷：应付账款——双井百货公司　　　　　　20 848.50

（3）4月13日，向税务机关申请退还25套羽绒服已交的进口关税额3 690元。

借：应交税费——应交进口关税　　　　　　　3 690

贷：主营业务成本　　　　　　　　　　　　　3 690

（4）4月20日，收到史蒂夫公司赔偿款3 000美元，当日美元汇率的买入价为6.82元，予以结汇。

借：银行存款——美元户　　　　　（3 000×6.80）20 400

财务费用——汇兑损益　　　　　　　　　　60

贷：应收账款——应收外汇账款　　（3 000×6.82）20 460

（5）4月30日，收到税务机关退还25套羽绒服的进口关税3 690元，增值税2 398.50元，存入银行。

借：银行存款　　　　　　　　　　　　　　6 088.50

贷：应交税费——应交进口关税　　　　　　　3 690

——应交增值税（进项税额转出）　2 398.50

第四节　易货贸易的核算

易货贸易（Barter Transaction）是指在换货的基础上，把等值的出口货物和进口货物直接结合起来的贸易方式。

一、易货贸易的特点

（1）创造新的交易媒介——易货额度，以易货额度作为计算交易价值等价物进入流通领域。易货额度是易货交易中虚拟的易货结算单位，是用来记录交易往来的记账凭证和支付手段。

（2）现代易货交易不只是一对一的交易，而是发生在多个企业间的商品和服务的交换。利用计算机网络，它不仅解决了信息不对称的问题，而且还打破了地域限制，扩大了交易范围，在选择更多的情况下让货物或服务实现自己的应有价值并增值。

（3）现代易货交易是一种灵活的交易方式，它不仅可以在计算机网络上进行，也可以通过交易公司的传统交易系统来进行，从而为企业提供了多项选择。

二、易货贸易的账务处理

1. 易货贸易出口业务的核算

外贸企业经营易货贸易出口业务应根据易货贸易合同或协议的规定采购出口商品，将商品验收入库、出口商品出库发运，向银行办理交单收汇、支付国内外直接费用、向税务部门申请退税和取得收汇通知或结汇水单等业务的核算方法与自营出口销售业务基本相同，但其销售收入和销售成本是通过"其他业务收入"账户和"其他业务成本"账户核算的。

【例 6-5】大地进出口公司与波兰卡锡兰公司签订易货贸易合同，合同规定我方出口 3 500 辆森达牌自行车，每辆 50 美元（CIF 价格），货款 175 000 美元；我方进口钢材 300 吨，每吨 300 美元（CIF 价格），货款 90 000 美元。采取对开信用证结算方式。

（1）7 月 1 日，向北昌自行车厂购进森达牌自行车 3 500 辆，每辆 240 元，计货款 840 000 元，增值税 109 200 元，款项签发转账支票付讫，见表 6-19，表 6-20。

借：在途物资 840 000
  应交税费——应交增值税（进项税额）109 200
  贷：银行存款 949 200

表 6-19

电子发票（专用发票）

发票联

国家税务总局
××税务局

发票号码：01092745

开票日期：20××年7月1日

购买方信息	名称：大地进出口公司 统一社会信用代码/纳税人识别号：110101400321230	销售方信息	名称：北昌自行车厂 统一社会信用代码/纳税人识别号：780134134971563

动态二维码

项目名称	规格型号	单位	数量	单价	金额	税率/征收率	税额
森达自行车		辆	3 500	240	840 000	13%	109 200
合计					￥840 000		￥109 200

价税合计（大写）	⊗玖拾肆万玖仟贰佰元整	（小写）￥949 200

备注	购方开户银行：××工商银行北蜂窝路支行营业室 银行账号：0200001909234216779 销方开户银行：中行武良分理处 银行账号：034180360010776

开票人：××

表 6-20

中国工商银行
转账支票存根
Ⅳ V000074

科　　目：_____
对方科目：_____
出票日期：20××年7月1日

收款人：北昌自行车厂
金　额：￥949 200
用　途：购买自行车

单位主管　周明　会计　张洁

（2）7月2日，自行车已验收入库。

借：库存商品——库存出口商品　　　　　　　　840 000

　　贷：材料采购　　　　　　　　　　　　　　　　　840 000

（3）7月3日，上项自行车已出库装船，作分录如下。

借：发出商品　　　　　　　　　　　　　　　　840 000

　　贷：库存商品——库存出口商品　　　　　　　　840 000

（4）7月4日，收到业务部门转来易货贸易销售自行车的发票副本和银行回单，开列森达牌自行车3 500辆，每辆50美元（CIF价格），当日美元汇率买入价为6.80元。

借：应收账款——美元户　　　　（3 500×50×6.80）1 190 000

　　贷：其他业务收入——易货贸易　　　　　　　　　　1 190 000

（5）7月4日，同时结转易货贸易销售自行车的成本。

借：其他业务成本——易货贸易　　　　　　　　　　840 000

　　贷：发出商品　　　　　　　　　　　　　　　　　840 000

（6）7月5日，支付易货贸易国外运费1 200美元，保险费150美元，当日美元汇率卖出价为6.82元。

借：其他业务收入——易货贸易　[（1 200＋150）×6.82]9 207

　　贷：银行存款　　　　　　　　　　　　　　　　　　9 207

（7）7月10日，向税务机关申报退税，增值税退税10 920元。

借：其他应收款——应收出口退税　　　　　　　　10 920

　　贷：应交税费——应交增值税——出口退税　　　　10 920

（8）7月20日，收到银行转来结汇水单，175 000美元收妥结汇，银行扣除80美元收汇手续费，其余部分已按当日买入价6.80元结汇，见表6-21。

表6-21　　　　　　**中国工商银行**　　出口收汇核销专用联

填制日期：20××年7月20日

客户名称：大地进出口公司
账　　号：××××
核销单号：××××

摘　　要		货币及金额
我行编号：××××	汇入号：×××	USD175 000
汇入日期20××/07/20	金额 USD175 000	
汇款人名		
申报号码		制单
汇款附言		复核

借：银行存款　　　　　　　　　　　　　　　1 189 456

　　财务费用　　　　　　　　　　　　　（80×6.80）544

　　贷：应收账款　　　　　　　　　　（175 000×6.80）1 190 000

2. 易货贸易进口业务的核算

外贸企业收到银行转来外商全套结算单据时，与易货贸易合同或协议核对无误后，据以支付货款，商品运达我国口岸后，申报进口关税、消费税和增值税，并按事先签订的合同将进口商品销售给国内客户，其核算方法与自营进口业务基本相同。其销售收入和销售成本也是通过"其他业务收入"账户和"其他业务成本"账户核算的。

【例 6-6】承【例 6-5】，收到易货贸易发来钢材的业务如下。

（1）7 月 21 日，接到银行转来波兰卡锡兰公司全套结算单据，开列钢材 300 吨，每吨 300 美元（CIF 价格），共计货款 90 000 美元，审核无误，购汇予以支付，当日美元汇率卖出价为 6.80 元，结算单据见表 6-22。

表 6-22　　　　　　　　　贸易进口付汇核销单

印单局代码：××××　　　　　　　　　　　　　　　　　　核销单编号：00120743

单位代码		单位名称：大地进出口公司	所在地外汇局名称
付汇银行名称		汇款人国别　波兰	交易编码 4782
收款人是否在保税区：是□否□		交易附言	
对外付汇币种　USD90 000　　　　对外付汇总额 USD90 000 其中：购汇金额　　　现汇金额 0　　　其他方式金额 0 　　　人民币账号　　　外汇账号			
付汇性质 □正常付汇　　　☑ 90 天以上信用证　　　□ 90 天以上托收　　　□异地付汇 □不在名录　　　□ 转口贸易 □ 90 天以上到货			
预计到货日期		进口批件号	合同/发票号 DS1908E
结算方式			
信用证　90 天以内□　　90 天以上☑　　承兑日期　　付汇日期　　期限　　天			
托　收　90 天以内□　　90 天以上□　　承兑日期　　付汇日期　　期限　　天			
汇 款	预付货款□　　　货到付汇□　　　凭报关单付汇□　　　付汇日期□ 报关单号　　　报关日期　　　报关币种　　　金额 报关单号　　　报关日期　　　报关币种　　　金额 报关单号　　　报关日期　　　报关币种　　　金额 报关单号　　　报关日期　　　报关币种　　　金额 报关单号　　　报关日期　　　报关币种　　　金额 （若报关单填写不完，可另附纸）		
其他	付汇日期		
以下由付汇银行填写			
申报号码□□□□□□□□□□□□□□□□□□□□□□□□□□□□□□□□□□□ 业务编号　　　　　　审核日期：　　　　　　　　（付汇银行签章）			

借：在途物资——卡锡兰公司钢材　　　　　　　612 000

　　贷：银行存款——美元户　　　　（90 000×6.80）612 000

（2）7月28日，钢材运达我国口岸，假设钢材进口关税税率为10％，增值税税率为13％，即申报应纳进口钢材增值税［（612 000＋61 200）×13％］87 516元。

　　进口关税＝612 000×10％＝61 200（元）

　　进口增值税＝（612 000＋61 200）×13％＝87 516（元）

借：在途物资——卡锡兰公司钢材　　　　　　　61 200

　　贷：应交税费——应交进口关税　　　　　　　61 200

同时，借：原材料——卡锡兰公司钢材（612 000＋61 200）673 200

　　　　贷：在途物资——卡锡兰公司钢材　　　　673 200

（3）7月28日，钢材已全部售给北京第七建筑公司，收到业务部门转来增值税专用发票，列明钢材300吨，每吨4 120元，计货款1 236 000元，增值税额160 680元，款项已收到转账支票，存入银行。

借：银行存款　　　　　　　　　　　　　　1 396 680

　　贷：其他业务收入——易货贸易　　　　　1 236 000

　　　　应交税费——应交增值税（销项税额）　160 680

（4）7月28日，同时结转钢材销售成本673 200元（612 000＋61 200）。

借：其他业务成本——易货贸易　　　　　　　　673 200

　　贷：原材料——卡锡兰公司钢材　　　　　　　673 200

（5）8月2日，以银行存款支付进口钢材关税和增值税。

借：应交税费——应交增值税（进项税额）　　　87 516

　　　　　　——应交进口关税　　　　　　　　　61 200

　　贷：银行存款　　　　　　　　　　　　　　148 716

第五节　代理进口销售的核算

代理进口销售是指涉外企业受国内客户委托代为办理进口货物的一种业务。

一、代理进口业务销售收入的确认

外贸企业经营代理业务原则，如图6-2所示。

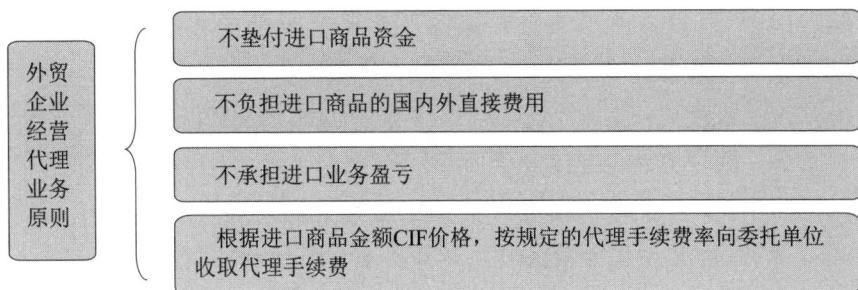

图 6-2　外贸企业经营代理业务原则

根据这些原则，委托单位必须预付采购进口商品的资金，外贸企业只有在向委托单位收妥款项后，才能与进口商签订进口合同；委托单位必须提供出口货源，负担代理业务所发生的国内外直接费用和进口商品所发生的各项税收，并承担进口业务的盈亏。

外贸企业代理进口业务，应以开出进口结算单，向国内委托办理货款的结算的时间确认销售收入的实现。

二、代理进口业务的核算

代理进口业务的账务处理，见表 6-23。

表 6-23　代理进口业务的账务处理

业务情景	账务处理
收到委托单位的预付货款时	借：银行存款 　　贷：预收账款
收到银行转来国外全套结算单据时	借：预收账款 　　贷：银行存款
根据代理出口商品金额 CIF 价格的一定比例，开具收取代理手续费的发票	借：预收账款 　　贷：其他业务收入

【例 6-7】新世纪进出口公司受理春风经销公司代理进口韩国服装，以 FOB 价格成交。

（1）10 月 6 日，收到春风经销公司预付服装价款 1 260 000 元。

借：银行存款　　　　　　　　　　　　　　　　1 260 000

　　贷：预收账款——春风经销公司　　　　　　　　　　1 260 000

（2）10月10日，购汇支付韩国城丽衣舍公司服装的国外运费2 200美元，保险费400美元，当日卖出汇率为6.78元。

借：预收账款　　　　　　　[（2 200＋400）×6.78]17 628

　　贷：银行存款——美元户　　　　　　　　　17 628

（3）10月20日，收到银行转来韩国城丽衣舍公司全部结算单据，服装1 200件，每件85美元，货款共计102 000美元，明佣1 500美元。扣除佣金后付款，当日银行卖出价为6.75元。

借：预收账款——服装　[（102 000－1 500）×6.75] 678 375

　　贷：银行存款——美元户　　　　　　　　678 375

（4）10月20日，按代理服装货款CIF价格的3％向春风经贸公司收取代理手续费2 500美元，当日汇率为6.75元。

借：预收账款　　　　　　　　（2 500×6.75）16 875

　　贷：其他业务收入　　　　　　　　　　　16 875

（5）10月24日，韩国服装运达我国口岸，向海关申报应纳进口关税税额52 000元，增值税税额121 750元。

借：预收账款　　　　　　　　　　　　173 750

　　贷：应交税费——应交进口关税　　　　52 000

　　　　　　　　——应交增值税（进项税额）　121 750

（6）10月30日，按代理服装手续费收入16 875元的13％计提应交增值税。

借：其他应收款　　　　　　　　　　　2 193.75

　　贷：应交税费——应交增值税（销项税额）　2 193.75

（7）10月30日，缴纳代理进口服装的关税和增值税。

借：应交税费——应交进口关税　　　　52 000

　　　　　　　——应交增值税（销项税额）　123 943.75

　　贷：银行存款　　　　　　　　　　175 943.75

（8）10月30日，签发转账支票退还预收春风经贸公司代理进口服装余款371 178.25元。

借：预收账款　　　　　　　　　　371 178.25

　　贷：银行存款　　　　　　　　　371 178.25

第七章
进出口货物纳税的核算

根据《海关法》和《进出口关税条例》的规定，进出口货物除国家另有规定外，均应征收关税。除了征收关税外，还要征收增值税，某些商品还要征收消费税。本章主要介绍进口关税、出口关税、进口增值税、进出口消费税的核算。

第一节　进出口关税的核算

一、关税概述

关税（Tariff）是指进出口商品在经过一国关境时，由政府设置的海关向进出口国所征收的税种。关税是国际通行税种，是各国根据本国经济和政治的需要，用法律形式确定，由海关对进出口货物征收的一种流转税。

（1）根据应税货物的不同流向分类，关税分为以下几种，见表7-1。

表 7-1　根据应税货物不同流向分类

种　类	含　义
进口关税	海关对输入本国的货物和物品征收的关税。一般是在货物和物品进入关境时征收。如果海关设有保税仓库，进口货物不是直接进入国内市场，则需待货物由保税仓库转出并投入国内市场时征收进口税
出口关税	海关对输出本国的货物和物品征收的关税
过境关税	海关对运经本国关境，销往第三国的外国货物征收的关税

（2）根据征收的目的分类，关税分为以下几种，见表 7-2。

表 7-2　根据征收目的分类

种　类	含　义
财政关税	以增加财政收入为主要目的而征收的关税
保护关税	以保护本国产业发展为主要目的而征收的关税

（3）根据征税标准分类，关税分为以下几种，见表 7-3。

表 7-3　根据征税标准分类

种　类	含　义
从价关税	以货物的价格为计税标准而计算征收的一种关税
从量关税	是以货物的计量单位为计税标准计算征收的一种关税
复合关税	对同一种进口货物采用从价与从量两种标准计算征收的一种关税。征税时，或以从价税为主，加征从量税；或以从量税为主，加征从价税
选择关税	对同一种货物，同时规定从价税和从量税两种税率，征税时选择其中的一种进行课征的一种关税
滑动关税	对某种进口货物规定其价格的上、下限，按国内货价涨落情况，分别采用几种高低不同税率的一种关税
配额关税	对某种进口商品同时涉及配额内税率和配额外税率，进口商品在配额以内的适用低税率，在配额以外的适用高税率征收的关税

（4）根据税率制定的标准分类，关税分为以下几种，见表 7-4。

表 7-4　根据税率制定的标准分类

种　类	含　义
自主关税	由一国政府独立自主地制定的关税，包括关税率及有关关税的各种法规、条例。实行自主关税的国家，可同时对缔有贸易协定、在自愿对等基础上相互减让关税的国家实行协定关税
协定关税	一个国家与另一个国家之间通过协商相互给予对方优惠待遇的关税制度。如果一方遭受对方的胁迫，非自愿地给予对方以优惠待遇又不能享受对方给予对等的优惠，就是片面的协定关税，这构成一国对另一国的特权

二、关税税则

《中华人民共和国进出口税则（2023）》（以下简称《关税税则》）是《中华人民共和国进出口关税条例》（以下简称《条例》）的组成部分，主要包括进口税则、出口税则、规则与说明等。

进口税则包括税目税率表与归类总规则、类注、章注、子目注释、本国子目注释。税目税率表设置序号、税则号列、货品名称、最惠国税率、协定税率、特惠税率、普通税率等栏目，如图 7-1 所示（部分）。

第九章
咖啡、茶、马黛茶及调味香料

注释:
一、税目 09.04 至 09.10 所列产品的混合物，应按下列规定归类：
　　（一）同一税目的两种或两种以上产品的混合物仍应归入该税目。
　　（二）不同税目的两种或两种以上产品的混合物应归入税目 09.10。
　　税目 09.04 至 09.10 的产品（或上述（一）或（二）项的混合物）加添加了其他物质，只要所得的混合物保持了原产品的基本特性，其归类应不受影响。基本特性已经改变的，则不应归入本章；构成混合调味品的，应归入税目 21.03。
二、本章不包括荜澄茄椒或税目 12.11 的其他产品。

序号	税则号列	货品名称	最惠国税率(%)	协定税率(%)		特惠税率(%)		普通税率(%)
	09.01	咖啡，不论是否焙炒或浸除咖啡碱；咖啡豆荚及咖啡豆皮；含咖啡的咖啡代用品：						
		-未焙炒的咖啡：						
783	0901.1100	--未浸除咖啡碱	8	0 智CL,新西兰NZ,哥CR,瑞IS,韩KR,澳AU,柬KH,港HK,澳门MO	0 受惠国LD,柬KH,老LA			50
				3.2 毛MU				
				5 东盟AS,东盟RASR,澳RAUR,新西兰RNZR				
784	0901.1200	--已浸除咖啡碱	8	0 智CL,新西兰NZ,瑞CH,冰IS,韩KR,澳AU,柬KH,港HK,澳门MO	0 受惠国LD,柬KH,老LA			50
				3.2 毛MU				
				5 东盟AS,东盟RASR,澳RAUR,新西兰RNZR				
		-已焙炒的咖啡：						
785	0901.2100	--未浸除咖啡碱	15	0 智CL,新西兰NZ,哥CR,冰IS,澳AU,柬KH,港HK,澳门MO	0 受惠国LD,柬KH,老LA			80
				1.5 韩KR				
				5 东盟AS				
				6 瑞CH,毛MU				
786	0901.2200	--已浸除咖啡碱	15	0 东盟AS,智CL,新西兰NZ,瑞CH,冰IS,澳AU,东盟RASR,澳RAUR,新西兰RNZR,柬KH,港HK,澳门MO	0 受惠国LD,柬KH,老LA			80
				1.5 韩KR				
				6 毛MU				
				12 巴PK				
				12.3 日RJPR				
		-其他：						
787	0901.9010	---咖啡豆荚及咖啡豆皮	10	0 东盟AS,智CL,新西兰NZ,新加坡SG,秘PE,哥CR,瑞CH,冰IS,澳AU,东盟RASR,澳RAUR,新西兰RNZR,柬KH,港HK,澳门MO	0 受惠国LD,柬KH,老LA			30
				1 韩KR				
				3 巴PK				
				4 毛MU				
				8 韩RKRR				
				8.2 日RJPR				

资料来源:《中华人民共和国进出口税则(2023)》

图 7-1　进口税收示意图

我国进口关税设置最惠国税率、协定税率、特惠税率、普通税率、关税配额税率、暂定税率等几种形式。

我国进口关税设置，见表7-5。

表7-5 我国进口关税的设置

税 率	适用范围	在进出口税则中的标示方式
最惠国税率	原产于共同适用最惠国待遇条款的世界贸易组织成员的进口货物，原产于与中华人民共和国签订含有相互给予最惠国待遇条款的双边贸易协定的国家或者地区的进口货物，以及原产于中华人民共和国境内的进口货物	（1）最惠国税率在最惠国税率栏标示，栏中的（％）适用于实行从价计征方式征收的进口货物。实行从量计征、复合计征方式征收的，在最惠国税率栏对应的脚注标示 （2）税率中间含有"♯"的，"♯"前后分别为当年上半年和下半年适用税率 （3）非全税目信息技术产品的最惠国税率在最惠国税率栏列明；其税号前标注"ex"，表示适用该税率的进口货物应在该税目范围内，以货品名称栏中的具体描述为准
协定税率	原产于与中华人民共和国签订含有关税优惠条款的区域性贸易协定的国家或者地区的进口货物	（1）协定税率栏左侧，标示协定税率。协定税率栏右侧，标示对应的协定的中文简称和英文代码。其中，实行从量计征、复合计征方式征收的，以及涉及国别关税配额的，在协定税率栏对应的脚注标示 （2）税率中间含有"♯"的，"♯"前后分别为当年上半年和下半年适用税率 （3）其他规定详见《关税税则》
特惠税率	原产于与中华人民共和国签订含有特殊关税优惠条款的贸易协定的国家或者地区的进口货物	（1）特惠税率栏左侧，标示特惠税率。 （2）其他规定详见《关税税则》
普通税率	原产于除适用最惠国税率、协定税率、特惠税率国家或者地区以外的国家或者地区的进口货物，以及原产地不明的进口货物	普通税率在普通税率栏标示。其中，实行从量计征、复合计征方式征收的，在普通税率栏对应的脚注标示
关税配额税率	实行关税配额管理的进口货物，关税配额内的，适用关税配额税率，关税配额外的依照《条例》有关规定执行	关税配额税率在最惠国税率栏对应的脚注标示

税　率	适用范围	在进出口税则中的标示方式
暂定税率	适用最惠国税率、协定税率、特惠税率、关税配额税率的进口货物在一定期限内可以实行暂定税率	（1）最惠国暂定税率在最惠国税率栏以前置"△"标示（如"△8"表示该税目暂定税率为8%）。其中，实行从量计征、复合计征方式征收的，或暂定税率适用期限有特别规定的，在最惠国税率栏对应的脚注标示。 （2）关税配额暂定税率在最惠国税率栏对应的脚注标示。 （3）税号前标注"ex"，表示适用该税率的进口货物应在该税目范围内，以货品名称栏中的具体描述为准

需要注意的是，当最惠国税率低于或等于协定税率时，协定有规定的，按相关协定的规定执行；协定无规定的，二者从低适用。适用最惠国税率的进口货物有暂定税率的，应当适用暂定税率；适用协定税率、特惠税率的进口货物有暂定税率的，应当从低适用税率；适用普通税率的进口货物，不适用暂定税率。

进境物品进口税应当按照《中华人民共和国进境物品进口税税率表》确定适用税率。国务院关税税则委员会负责《中华人民共和国进境物品进口税税率表》的税目、税率的调整和解释，见表 7-6。

表 7-6　中华人民共和国进境物品进口税税率表

税目序号	物品名称	税率（%）
1	书报、刊物、教育用影视资料；计算机、视频摄录一体机、数字照相机等信息技术产品；食品、饮料；金银；家具；玩具，游戏品、节日或其他娱乐用品；药品	13
2	运动用品（不含高尔夫球及球具）、钓鱼用品；纺织品及其制成品；电视摄像机及其他电器用具；自行车；税目 1、3 中未包含的其他商品	20
3	烟、酒；贵重首饰及珠宝玉石；高尔夫球及球具；高档手表；高档化妆品	50

注：1. 对国家规定减按 3% 征收进口环节增值税的进口药品，按照货物税率征税。
　　2. 税目 3 所列商品的具体范围与消费税征收范围一致。

三、关税的核算方法

关税有从价、从量、复合和滑准四种计税方法，见表 7-7。

表 7-7　关税的核算方法

方　法	含　义
从价税	从价税为从量税的对称。是以课税对象的价值或价格形式为标准，按一定比例计算征收的各种税。是依税收的计税标准进行的归类
从量税	是以课税对象的重量、容积、面积、长度等计量单位为标准，按固定单位税额计征的各种税，是依税收的计税标准进行的分类。例如我国的盐税，按盐的重量（吨）和单位税额征收
复合税	也称复税制、复合税制。"单一税制"的对称。指一个国家同时征收两种以上的税种的税收制度，是依税制的总体设计类型对税收进行的分类。复合税可以分为两种：一种是以从量税为主加征从价税；另一种是以从价税为主加征从量税
滑准税	又称滑动税，是对进口税则中的同一种商品按其市场价格标准分别制订不同价格档次的税率而征收的一种进口关税。其高档商品价格的税率低或不征税，低档商品价格的税率高

1. 从价计征关税应纳税额的计算

应纳关税税额＝应税进（出）口货物数量×单位完税价格×适用税率

【例 7-1】20××年 1 月，大地进出口公司进口小轿车 300 辆，每辆货价 75 000 元。该批小轿车运抵我国上海港口起卸前的包装、运输、保险和其他劳务费用共计 150 000 元；小轿车关税税率为 110％。计算该批小轿车应纳关税税额。

（1）该批小轿车的完税价格 ＝75 000×300＋150 000＝22 650 000（元）

（2）应纳进口关税税额＝22 650 000×110％＝24 915 000（元）

2. 从量计征关税应纳税额的计算

应纳关税税额＝应税进（出）口货物数量×适用单位税额

需要特别指出的是，进口货物数量的单位应与单位关税税额的单位一致。

【例 7-2】绿地进出口公司进口原油 1 000 吨，假设原油的关税税率为 85 元/吨。即：

应纳进口关税税额＝应税进出（口）货物数量×关税税额

$$＝1\,000×85＝85\,000（元）$$

3. 复合计征应纳关税税额的计算

应纳进口关税税额＝应税进口货物数量×关税单位税额＋应税进口货物

数量×单位完税价格×适用税率

从价部分的关税额＝进口货物完税价格×进口关税税率

从量部分的关税额＝进口货物数量×单位关税税额

【例7-3】盈科外贸公司进口卷烟1 000标准条，共计200 000人民币元。假设关税比例税率为30％，定额关税为0.005元/支，1标准条有200支。

从价部分的进口关税额＝200 000×30％＝60 000（元）

从量部分的进口关税额＝1 000×200×0.005＝1 000（元）

即当期应缴纳进口关税税额＝60 000＋1 000＝61 000（元）

4. 滑准税应纳税额的计算

滑准税，又称滑动税，是对进口税则中的同一种商品按其市场价格标准分别制订不同价格档次的税率而征收的一种进口关税。其高档商品价格的税率低或不征税，低档商品价格的税率高。

应纳税额＝应税进出口货物完税价格×滑准税税率

四、关税完税价格的确定

对于经海关批准的暂时进境的货物，应当按照《海关审定进出口货物完税价格办法》的规定，估定完税价格。

根据我国现行《中华人民共和国海关法》规定，进口货物的完税价格包括货价、货物运抵我国境内输入地点起卸前的运输费用、保险费及相关费用。我国境内输入地点是指入境海关地，包括内陆河、江口岸，一般为第一口岸。

1. 进口货物关税完税价格的确定

进口货物完税价格由海关以进口货物的成交价格为基础审核确定。一般包括货价、货物运抵中华人民共和国海关境内输入地点起卸前的运费和保险费。通常以 CIF 价格为基础。若货物在交易的过程中，卖方付给我方正常的折扣，则应在成交价格中扣除。

进口货物以到岸价格（CIF）、到岸价格加佣金价格（CIFC）、到岸价格加战争险价格（CIPW）成交的，经海关审定后，可作为完税价格，见表7-8。

表7-8　进口货物完税价格的确定

种类	定　义	计算公式
CIF 价格	以我国口岸到岸价格（CIF）成交的，则成交价格就是关税完税价格	关税完税价格＝CIF
CFR 价格	进口货物采用 CFR 价格成交，应加保险费组成完税价格	完税价格＝CFR÷（1－保险费率）
FOB 价格	进口货物采用 FOB 价格成交，应加保险费和运费组成完税价格	完税价格＝（FOB＋运费）÷（1－保险费率）＝FOB＋运杂费＋保险费

（1）以 CIF 成交的进口货物的计算。

【例7-4】大地进出口公司从德国进口小汽车200辆，其成交价格为 CIF天津新港490 000 000美元，假设小汽车进口关税税率为20％，当日外汇汇率1美元＝6.80人民币元。

小汽车进口关税税额＝490 000 000×6.80×20％＝666 400 000（元）

表7-9

海关进口关税专用缴款书

收入系统：税务系统　　　　填发日期：20××年1月6日　　　　号码：××××

收款单位	收入机关	中央金库			缴款单位（个人）	名　称	大地进出口公司	
	科　目	进口关税	预算级次	中央		账　号	07422568789	
	收款国库	丽水区中心支库				开户银行	工商银行北蜂窝路支行	
税号	货物名称	数量	单位	完税价格	税率（％）	税款金额		
	小汽车	200	辆	3 332 000 000	20％	666 400 000		
金额人民币（大写）	陆亿陆仟陆佰肆拾万元整					合计（小写）	666 400 000	
申请单位编号		报关单编号				填制单位	收款国库（银行）	
合同批文		运输工具						
缴款期限		提货单号		工商银行北蜂窝路支行 20××-01-06 转讫 03		制单人： 复核人：	中华人民共和国丽水海关 业务讫 管理专用章	
备注	照章征税	6/1/20××						
国际代码：××××								

第一联（收据）国库收款签单后交缴款单位或缴纳人

（2）以 FOB 和 CFR 成交进口货物的计算。

以 FOB 和 CFR 条件成交的进口货物，在计算税款时应先把进口货物的申报价格折算成 CIF 价，然后再按上述程序计算税款。

【例 7-5】大地进出口公司从国外进口一批中厚钢板共计 200 000 吨，成交价格为 FOB 2.5 英镑/吨。已知单位运费为 0.5 英镑，保险费率为 0.25％，已知海关填发税款缴款书之日的外汇牌价：

1 英镑＝11.268 3 人民币元（买入价）

1 英镑＝11.885 7 人民币元（卖出价）

①根据填发税款缴款书当日的外汇牌价，将货款折算为人民币。

外汇买卖中间价＝（11.268 3＋11.885 7）÷2＝11.577（元）

进口货物完税价格＝（FOB＋运费）÷（1－保险费率）＝（2.5＋0.5）÷（1－0.25％）＝3.007 5（元）

②计算关税税款：根据税则归类，中厚钢板是日本原产货物适用于最惠国税率，最惠国税率为 10％。

则：该批货物进口关税税款＝3.007 5×200 000×11.577×10％＝696 356.55（元）

表 7-10

海关进口关税专用缴款书

收入系统：税务系统　　　　　填发日期：20×× 年 1 月 6 日　号码：029820050185054065-I02

收款单位	收入机关	中央金库			缴款单位（个人）	名　称	大地进出口公司	
	科　目	进口关税	预算级次	中央		账　号	07422568789	
	收款国库	丽水区中心支库				开户银行	工商银行北蜂窝路支行	
税号	货物名称	数量	单位	完税价格	税率（％）	税款金额		
122436	中厚钢板	200 000	吨	6 963 565.5	10％	696 356.55		
金额人民币（大写）	陆拾玖万陆仟叁佰伍拾陆元伍角伍分				合计（小写）	696 356.55		
申请单位编号		报关单编号			填制单位	收款国库（银行）		
合同批文		运输工具						
缴款期限		提货单号						
备注	照章征税	6/1/20××			制单人：复核人：			
国际代码：××××								

第一联（收据）国库收款签单后交缴款单位或缴纳人

2. 出口关税完税价格的确定

出口货物的完税价格由海关以该货物的成交价格为基础确定，并应当包括货物运至中华人民共和国境内输出地点装载前的运输及其相关费用、保险费。

（1）以货物的成交价格确定关税完税价格。

出口关税完税价格的确定，见表 7-11。

表 7-11　出口关税计价基础

价格基础	计算公式
以 FOB 价格为基础	关税完税价格＝FOB÷（1＋出口关税税率）
以 CIF 价格为基础	关税完税价格＝（CIF－保险费－运费）÷（1＋出口关税税率）
以 CFR 价格为基础	关税完税价格＝（CFR－运费）÷（1＋出口关税税率）

需要注意的是，下列税收、费用不计入出口货物的完税价格。

①出口关税。

②在货物价款中单独列明的货物运至中华人民共和国境内输出地点装载后的运输及其相关费用、保险费（即出口货物的运保费最多算至离境口岸时止）。

③在货物价款中单独列明由卖方承担的佣金。

（2）出口货物海关估定方法。

出口货物的成交价格不能确定的，海关经了解有关情况，并与纳税义务人进行价格磋商后，依次以下列价格审查确定该货物的完税价格。

①同时或者大约同时向同一国家或者地区出口的相同货物的成交价格。

②同时或者大约同时向同一国家或者地区出口的类似货物的成交价格。

③根据境内生产相同或者类似货物的成本、利润和一般费用（包括直接费用和间接费用）、境内发生的运输及其相关费用、保险费计算所得的价格。

④按照合理方法估定的价格。

3. 关税账户的设置

进出口企业自营出口应缴纳的关税。由于关税是价内税，所以，企业进口货物应纳的关税应直接计入采购成本。按完税价格和适用税率计算出应纳进口关税税额后，借记"材料采购"科目，贷记"应交税费——应交进口关税"科目；实际缴纳进口关税时，借记"应交税费——应交进口关税"科目，贷记"银行存款"科目。进口关税核算按进口货物的形式可分为自营进出口关税、代理进出口关税、易货贸易出口的核算。

4. 自营业务进出口关税的核算

自营进口关税和自营出口关税核算实例如下。

（1）自营进口关税的核算。

【例7-6】20××年1月8日，大地进出口公司从国外自营进口商品一批，该商品的到岸价格为人民币300 000元，进口商品的关税税率为30%，则该公司关税的计算及会计处理如下。

①计算应纳关税税额和商品采购成本

应纳关税税额＝300 000×30%＝90 000（元）

商品采购成本＝300 000＋90 000＝390 000（元）

②支付购进商品采购成本，账务处理如下。

借：在途物资   300 000

  贷：银行存款   300 000

③计算关税

借：在途物资   90 000

  贷：应交税费——应交进口关税 90 000

④实际缴纳关税时，账务处理如下。

借：应交税费——应交进口关税   90 000

  贷：银行存款   90 000

⑤1月10日商品验收入库时，账务处理如下。

借：库存商品   390 000

  贷：在途物资   390 000

（2）自营出口关税的核算。

【例7-7】大地进出口公司出口钨丝一批，FOB价格120 000美元，出口关税税率为20%，收到海关填发的税款交纳凭证，见表7-12。当日美元汇率的中间价为6.85元，计算应交纳的出口关税税额。

钨丝出口关税完税价格＝120 000÷（1＋20%）×6.85＝685 000（元）

应纳出口关税税额＝685 000×20%＝137 000（元）

表 7-12

海关出口关税专用缴款书

收入系统：税务系统 　　　　填发日期：20××年1月1日 　　　　号码：×××××

<table>
<tr><td rowspan="3">收款单位</td><td>收入机关</td><td>中央金库</td><td colspan="2" rowspan="3">缴款单位（个人）</td><td>名　　称</td><td colspan="3">大地进出口公司</td></tr>
<tr><td>科　目</td><td colspan="2">进口关税</td><td>预算级次</td><td>中央</td><td>账　　号</td><td colspan="3">0200001909234216779</td></tr>
<tr><td>收款国库</td><td colspan="3">丽水区中心支库</td><td>开户银行</td><td colspan="3">工商银行北蜂窝路支行</td></tr>
<tr><td>税号</td><td>货物名称</td><td colspan="2">数量</td><td>单位</td><td>完税价格</td><td>税率（%）</td><td>税款金额</td></tr>
<tr><td>1232</td><td>钨丝</td><td colspan="2"></td><td></td><td>685 000</td><td>20%</td><td>137 000</td></tr>
<tr><td colspan="9"></td></tr>
<tr><td colspan="2">金额人民币（大写）</td><td colspan="7">⊗壹拾叁万柒仟元整</td></tr>
<tr><td colspan="2">申请单位编号</td><td colspan="2"></td><td colspan="2">报关单编号</td><td></td><td>填制单位</td><td>收款国库（银行）</td></tr>
<tr><td colspan="2">合同批文</td><td colspan="2"></td><td colspan="2">运输工具</td><td></td><td rowspan="2"></td><td rowspan="2"></td></tr>
<tr><td colspan="2">缴款期限</td><td colspan="2"></td><td colspan="2">提货单号</td><td></td></tr>
<tr><td colspan="2">备注</td><td colspan="5">照章征税 1月20××</td><td>制单人：</td><td rowspan="2"></td></tr>
<tr><td colspan="2">国际代码：××××</td><td colspan="5">(01)</td><td>复核人：</td></tr>
</table>

第一联（收据）国库收款签单后交缴款单位或缴纳人

　　借：税金及附加 　　　　　　　　　　　　　　　137 000

　　　　贷：应交税费——应交出口关税 　　　　　137 000

（3）易货贸易进口业务。

易货贸易进口业务所计算的关税，通过"应交税费——应交进口关税""其他业务成本"等账户反映。账务处理如图7-2所示。

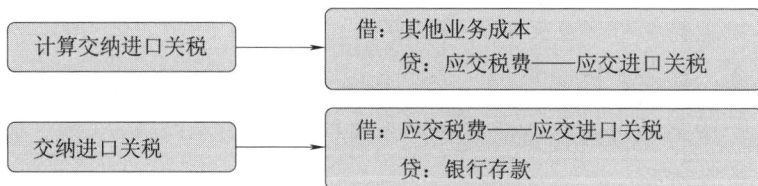

图 7-2 易货贸易进口业务处理

5. 代理业务进出口关税的计算

代理业务对受托方来说，一般不垫付货款，大多以收取手续费形式为委托方提供代理服务。因此，关税均由委托单位负担，受托单位即使向海关缴纳了关税，也只是代垫或代付，日后仍要从委托方收回。

代理进出口业务所计缴的关税，在会计核算上也是通过设置"应交税费"账户来反映的，其对应账户是"应付账款""应收账款""银行存款"等。

【例 7-8】天源公司委托大地进出口公司进口商品一批，进口货款1 750 000元已汇入大地进出口公司账户。该进口商品 CIF 价格为210 000美元，进口关税税率为20%，当日的外汇牌价为1美元＝6.80人民币元。按货款的2%收取手续费。现该批商品已运达，向委托单位办理结算。

（1）计算该批商品成本。

①计算关税完税价格

关税完税价格＝210 000×6.80＝1 428 000（元）

②计算进口关税

进口关税＝1 428 000×20%＝285 600（元）

③计算代理手续费

代理手续费＝1 428 000×2%＝28 560（元）

（2）根据上述计算资料，编制大地进出口公司接受委托单位货款及向委托单位收取关税和手续费等会计分录。

①收到委托单位划来进口货款时，账务处理如下。

借：银行存款　　　　　　　　　　　　　　　　　1 750 000

　　贷：应付账款——天源公司　　　　　　　　　　　　1 750 000

②对外付汇进口商品时，账务处理如下。

借：应付账款　　　　　　　　　　　　　　　　　1 428 000

　　贷：银行存款　　　　　　　　　　　　　　　　　　1 428 000

③支付进口关税时，账务处理如下。

借：应付账款——天源公司　　　　　　　　　　　　285 600

　　贷：应交税费——应交进口关税　　　　　　　　　　285 600

借：应交税费——应交进口关税　　　　　　　　　　285 600

　　贷：银行存款　　　　　　　　　　　　　　　　　　285 600

④将进口商品交付委托单位并收取手续费时，账务处理如下。

借：应收账款——天源公司　　　　　　　　　　　　28 560

　　贷：其他业务收入——手续费（210 000×6.80×2%）　28 560

⑤将委托单位剩余的进口货款退回时。退回款为7 840元（1 750 000－285 600－1 428 000－28 560）。账务处理如下。

借：应付账款——天源公司　　　　　　　　　　　　7 840

　　贷：银行存款　　　　　　　　　　　　　　　　　　7 840

【例 7-9】大地进出口公司代理甲工厂出口一批商品。FOB 价折合人民币为150 000元，出口关税税率为20%，手续费为8 800元。

（1）计算应交出口关税如下。

150 000÷（1+20%）×20%＝25 000（元）

（2）计算出口关税时，账务处理如下。

借：应付账款——甲工厂   25 000

  贷：应交税费——应交出口关税   25 000

（3）缴纳出口关税时，账务处理如下。

借：应交税费——应交出口关税   25 000

  贷：银行存款   25 000

（4）应收手续费时，账务处理如下。

借：应收账款——甲工厂   8 800

  贷：其他业务收入——手续费   8 800

（5）收到委托单位付来的税款及手续费时。

借：银行存款（25 000＋8 800）   33 800

  贷：应付账款——甲工厂   25 000

    应收账款——甲工厂   8 800

五、关税的减免

根据《中华人民共和国海关法》和《中华人民共和国进出口关税条例》（以下简称《关税条例》）的有关规定，关税的减免主要包括：法定减免、特定减免税和临时减免税。除法定减免税之外的其他减免税均由国务院决定。

1. 法定减免

法定减免是指在《中华人民共和国海关法》《中华人民共和国进出口关税条例》和关税税则中统一规定的减免税，如图 7-3 所示。

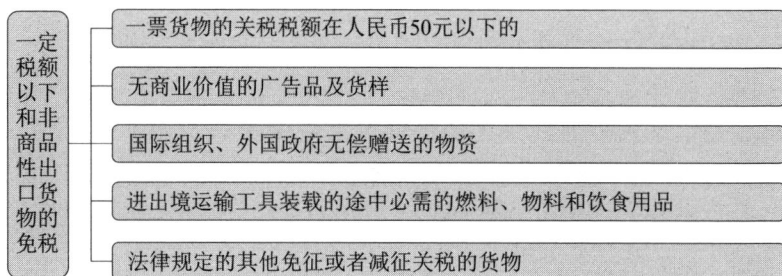

图 7-3　关税法定减免

2. 特定减免税

特定减免税也称政策性减免税。在法定减免税之外，国家按照国际通行规则和我国实际情况，制定发布的有关进出口货物减免关税的政策，称为特定或政策性减免税。特定减免税货物一般有地区、企业和用途的限制，海关需要进行后续管理，也需要减免税统计，如图 7-4 所示。

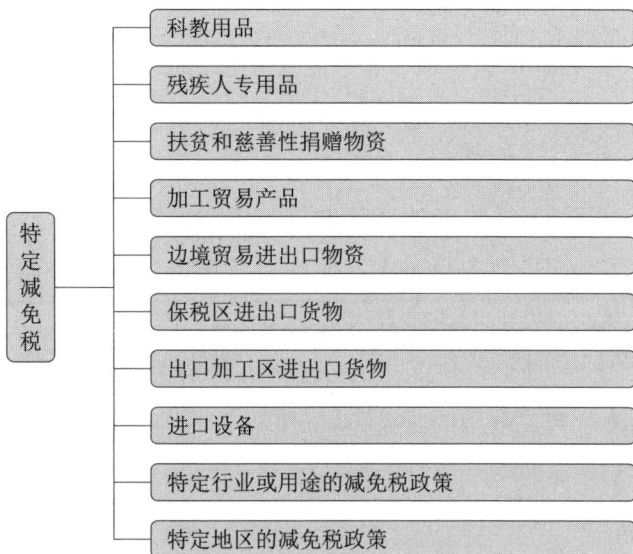

```
          ┌─── 科教用品
          │
          ├─── 残疾人专用品
          │
          ├─── 扶贫和慈善性捐赠物资
          │
          ├─── 加工贸易产品
特 定      │
减 免      ├─── 边境贸易进出口物资
税         │
          ├─── 保税区进出口货物
          │
          ├─── 出口加工区进出口货物
          │
          ├─── 进口设备
          │
          ├─── 特定行业或用途的减免税政策
          │
          └─── 特定地区的减免税政策
```

图 7-4　特定减免税范围

3. 临时减免税

临时减免税规定如下：

（1）经海关核准暂时进境（或暂时出境）并保证 6 个月内复运出境（或复运进境）的展览品、施工机械、工程车辆、供安装用的仪器和工具、电视或电影摄制器械、盛装货物的容器、剧团服装道具，在货物收发货人向海关缴纳相当于税款的保证金或提供担保后，准予暂时免纳关税。

（2）为制造外销产品而进口的原料、辅料、零件、部件、配套件和包装物料的免税。这项免税既可直接按实际加工出口的成品数量免征进口税，也可先征料、件进口税，待成品出口后退税。

（3）货物遇损的减免税。下列遇损进口货物可以酌情减税或免税：

①在境外运输途中或者在起卸时，遭受损坏或损失的。

②起卸后海关放行前，因不可抗力而遭受损坏或者损失的（海关查验时已经破损或者腐烂，经证明不是因仓储管理人员不慎造成的）。

（4）中华人民共和国缔结或者参加的国际条约规定减征、免征关税的货物、物品。

第二节　增值税的核算

《中华人民共和国增值税法（征求意见稿）》与现行《中华人民共和国增值税暂行条例》主要变化有：起征点为季销售额 30 万元、明确购买方为扣缴义务人、修改了"境内"发生交易的概念、进口货物组成计税价格变化、纳税期限变化以方便纳税人、修改了不能抵扣进项税的项目和不征收增值税的范围、扩大了教育服务业免税范围、明确了留抵退税的法定地位、提出了增值税的缴存机制，以及新旧税收政策过渡期达 5 年的规定。

2019 年 3 月 21 日，财政部、税务总局、海关总署公布第 39 号公告《关于深化增值税改革有关政策的公告》（下称 2019 年第 39 号公告），从 2019 年 4 月 1 日起，将制造业等行业 16％增值税率降至 13％、交通运输和建筑等行业 10％增值税率降至 9％。

一、进口增值税

外贸企业进口商品，其采购成本一般包括进口商品的国外进价（一律以到岸价格为基础）和应缴纳的关税。进口商品增值税的会计核算与国内购进商品基本相同，主要区别有两点。

一是外汇与人民币的折合，因为进口商品要使用外汇，企业记账要以人民币作为本位币。

二是进口商品确定进项税额时的依据不是增值税专用发票而是海关出具的代征增值税完税凭证。

二、增值税税率和征收率

增值税税率有 13％、9％、6％、0，见表 7-13。

表 7-13　最新增值税税目税率表

纳税人	范　　围		税率
小规模纳税人	包括原增值税纳税人和"营改增"纳税人 从事货物销售，提供增值税加工、修理修配劳务，以及"营改增"各项应税服务		征收率3%
一般纳税人	销售或者进口货物（另有列举的货物除外）；提供加工、修理修配劳务		13%
	粮食、食用植物油、鲜奶		9%
	自来水、暖气、冷气、热气、煤气、石油液化气、天然气、沼气，居民用煤炭制品		
	图书、报纸、杂志		
	饲料、化肥、农药、农机（整机）、农膜		
	国务院规定的其他货物		
	农产品（指各种动、植物初级产品）；音像制品；电子出版物；二甲醚		
	出口货物		0
	交通运输业	陆路（含铁路）运输、水路运输、航空运输和管道运输服务	9%
	邮政业	邮政普遍服务、邮政特殊服务、其他邮政服务	9%
	现代服务业	研发和技术服务、信息技术服务、文化创意服务、物流辅助服务、鉴证咨询服务、广播影视服务	6%
	电信服务	基础电信、增值电信服务	9%
	建筑	工程服务、安装服务、修缮服务、装饰服务、其他建筑服务	
	金融服务	贷款服务、直接收费金融服务、保险服务、金融商品转让	
	销售不动产	包括建筑物、构筑物等	
	转让土地使用权		
	不动产租赁服务		
	生活服务	文化体育服务、教育医疗服务、旅游娱乐服务、餐饮住宿服务、居民日常服务、其他生活服务	6%
	有形动产租赁服务		13%
	财政部和国家税务总局规定的应税服务		0
	境内单位和个人提供的往返中国香港、澳门、台湾的交通运输服务		0
	境内单位和个人在中国香港、澳门、台湾提供的交通运输服务		0
	境内单位和个人提供的国际运输服务、向境外单位提供的研发服务和设计服务		0
	境内单位和个人提供的规定的涉外应税服务		免税

企业进口货物，按照海关提供的完税凭证上注明的增值税税额，借记"应交税费——应交增值税（进项税额）"科目；按进口货物应计入采购成本的金额，借记"原材料——材料采购"等科目；按应付或实际支付的金额，贷记"应付账款或银行存款"等科目。

能抵扣进项税额的范围，如图 7-5 所示。

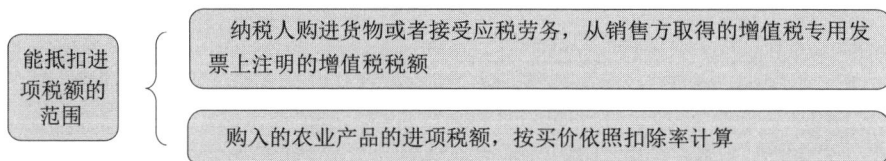

图 7-5　能抵扣进项税额的范围

不能抵扣进项税额的范围，见表 7-14。

表 7-14　不能抵扣进项税额的范围

序号	含　义
1	用于非增值税应税项目、免征增值税项目、集体福利或者个人消费的购进货物或者应税劳务
2	非正常损失的购进货物及相关的应税劳务
3	非正常损失的在产品、产成品所耗用的购进货物或者应税劳务
4	纳税人"自用"的应征"消费税"的摩托车、汽车、游艇，其进项税额不得抵扣
5	上述第 1 项至第 4 项规定的货物的运输费用和销售免税货物的运输费用，不能计算抵扣进项税额

三、增值税会计科目的设置

出口企业（仅指增值税一般纳税人）应在"应交税费"科目下设置"应交增值税"明细科目，在"应交增值税"明细科目下设置"进项税额""已交税金""减免税金""出口抵减内销产品应纳税额""销项税额""出口退税""进项税额转出"等科目。具体内容，见表 7-15。

表 7-15　应交增值税（免抵退税）会计科目的设置

明细科目	具体内容
进项税额	记录出口企业购进货物或接受应税劳务而支付的准予从销项税额中抵扣的增值税

明细科目	具体内容
已交税金	核算出口企业当月上交本月的增值税额
减免税款	反映出口企业按规定直接减免的增值税税额
出口抵减内销产品应纳税额	反映出口企业销售出口货物后，向税务机关办理免抵退税申报
转出未交增值税	月终转出应交未交的增值税
销项税额	记录出口企业销售货物或提供应税劳务收取的增值税额
出口退税	出口货物退回的增值税额
进项税额转出	记录出口企业原材料、产品、产成品等发生非正常损失，以及《增值税暂行条例》规定的免税货物和出口货物免税等不应从销项税额中抵扣、应按规定转出的进项税额
转出多交增值税	核算出口企业月终转出多交的增值税
未交增值税	月度终了，将本月应交未交增值税自"应交税费——应交增值税"明细科目转入本科目，借：未交增值税，贷：应交税费——应交增值税

应交税费下有 11 个二级科目，应交增值税有 10 个三级科目。增值税会计核算有一个典型的特征，就是一些会计科目分专栏核算。借方专栏永远只能在借方，不放到贷方核算；贷方专栏只能在贷方，不能放到借方专栏核算。遇到退货、退回或其他情况，所购货物应冲销调账的，用红字登记。具体借方、贷方专栏，如图 7-6 所示。

借方 应交增值税账户 贷方	
进项税额	销项税额
已交税金	出口退税
减免税款	进项税额转出
出口抵减内销产品应纳税额	转出多交增值税
销项税额抵减	
转出未交增值税	

图 7-6　应交增值税明细科目借贷方向

除了以上明细科目，企业还用到未交增值税科目，如图 7-7 所示。

借方	未交增值税账户	贷方
进项税额		销项税额
已交税金		出口退税
减免税款		进项税额转出
出口抵减内销产品应纳税额		转出多交增值税
销项税额抵减		
转出未交增值税		

图 7-7　未交增值税科目

四、应纳增值税计算

进口增值税完税价格计算公式如下。

进口环节增值税完税价格＝关税完税价格＋关税＋特别关税＋进口环节消费税

组成计税价格＝关税完税价格 ＋ 关税 ＋ 消费税

应交进口增值税＝组成计税价格×增值税税率

1. 进口增值税业务的核算

【例 7-10】大地进出口公司进口化妆品 100 箱，每箱 FOB 价格为人民币 1 600 元，每箱运费为人民币 150 元，保险费率为 1％，假设该批化妆品进口关税为 65％，消费税税率 40％，增值税税率 13％。计算该批货物应纳关税税额、消费税税额、增值税税额。

（1）每箱进口关税完税价格＝（FOB 价 ＋ 运费）÷（1 － 保险费率）
＝（1 600 ＋ 150）÷（1－1％）＝1 767.68（元）

（2）应纳关税税额＝应纳进口货物数量×单位完税价格×适用税率

＝100×1 767.68×65%＝114 899.20（元）

（3）组成消费税计税价格＝［关税完税价格×（1＋适用关税税率）］÷（1－适用消费税税率）

＝［1 767.68×（1＋65%）］÷（1－40%）

＝4 861.12（元）

（4）应纳消费税额＝组成计税价格×适用消费税税率×进口数量

＝4 861.12×40%×100

＝194 444.80（元）

（5）组成增值税计税价格＝关税完税价格＋关税＋消费税

＝1 767.68×100＋114 899.20＋194 444.80

＝486 112（元）

（6）应纳增值税额＝组成增值税计税价格×适用税率

＝486 112×13%

＝63 194.56（元）

【例7-11】大地进出口公司2023年4月20日进口服装一批，到岸价格78 000元，关税税率为50%，另外支付国内运杂费3 270元，保险费、装卸费等400元，款项均以银行存款支付。进口关税缴款书，见表7-16。

组成计税价格＝78 000＋78 000×50%＝117 000（元）

应纳进口环节增值税＝117 000×13%＝15 210（元）

（1）购进商品成本＝117 000＋400＋［3 270÷（1＋9%）］＝120 400（元）

运费的进项税额＝3 270÷（1＋9%）×9%＝270（元）

借：在途物资——服装　　　　　　　　　　　　120 400

　　应交税费——应交增值税（进项税额）

　　　　　　　　　　　　　（15 210＋270）15 480

　　贷：银行存款　　　　　　　　　　　　　135 880

表 7-16

海关进口增值税专用缴款书

收入系统：税务系统　　　　　填发日期：20××年4月20日　　　　　号码：××××

<table>
<tr><td rowspan="3">收款单位</td><td>收入机关</td><td colspan="3">中央金库</td><td rowspan="3">缴款单位（个人）</td><td>名　称</td><td colspan="2">大地进出口公司</td></tr>
<tr><td>科　目</td><td>进口关税</td><td>预算级次</td><td>中央</td><td>账　号</td><td colspan="2">0200001909234216779</td></tr>
<tr><td>收款国库</td><td colspan="3">丽水区中心支库</td><td>开户银行</td><td colspan="2">工商银行北蜂窝路支行</td></tr>
<tr><td>税号</td><td>货物名称</td><td>数量</td><td>单位</td><td colspan="2">完税价格</td><td>税率（%）</td><td>税款金额</td></tr>
<tr><td>6853</td><td>服装</td><td></td><td>件</td><td colspan="2">117 000</td><td>13%</td><td>15 210</td></tr>
<tr><td>金额人民币（大写）</td><td colspan="5">壹万伍仟贰佰壹拾元整</td><td>合计（小写）</td><td>15 210</td></tr>
<tr><td>申请单位编号</td><td colspan="2">××××</td><td>报关单编号</td><td colspan="2">××××</td><td>填制单位</td><td>收款国库（银行）</td></tr>
<tr><td>合同批文</td><td colspan="7">××××　运输工具</td></tr>
<tr><td>缴款期限</td><td colspan="7">提货单号　　××××</td></tr>
<tr><td>备注</td><td colspan="5">照章征税　　20/4/20××</td><td colspan="2">（01）　填制单人：
复核人：</td></tr>
<tr><td>国际代码：××××</td><td colspan="7"></td></tr>
</table>

第一联（收据）国库收款签单后交缴款单位或缴纳人

（2）商品验收入库结转采购成本时，账务处理如下。

借：库存商品——服装　　　　　　　　　　　　　　120 400

　　贷：在途物资　　　　　　　　　　　　　　　　　　120 400

2. 进口货物销售的核算

【例7-12】大地进出口公司2023年4月20日进口一批彩电，进货成本380 000元，增值税49 400元。转口销售72 000美元，以FOB价格成交。退税率假定为10%，当日市场汇率1美元＝6.80人民币元。

（1）确认出口销售收入时，账务处理如下。

借：应收账款——应收外汇账款　　（72 000×6.80）489 600

　　贷：主营业务收入——自营出口销售收入　　　　489 600

（2）结转成本时，账务处理如下。

借：主营业务成本——自营出口销售成本　　　　380 000

　　贷：库存商品　　　　　　　　　　　　　　　　380 000

（3）确认应退税款时，账务处理如下。

应退税款＝380 000×10％＝38 000（元）

应计入成本的税额＝49 400－38 000＝11 400（元）

借：其他应收款——应收出口退税　　　　　　　38 000

　　贷：应交税费——应交增值税（出口退税）　　　　38 000

同时，借：主营业务成本——自营出口销售成本　　11 400

　　　　贷：应交税费——应交增值税（进项税额转出）11 400

3. 增值税结转和上缴的会计处理

企业应纳增值税的计算公式如下。

应纳增值税＝销项税额＋出口退税＋进项税额转出＋转出多交增值税－进项税额－已交税金－减免税款－出口抵减内销商品应纳税额－转出未交增值税

【例7-13】假如大地进出口公司本月中旬已上交增值税69 800.34元，账务处理如下。

借：应交税费——应交增值税（已交税金）　　　69 800.34

　　贷：银行存款　　　　　　　　　　　　　　　69 800.34

【例7-14】承【例7-13】，若大地进出口公司月末应纳增值税120 000元，已足额上交。

借：应交税费——应交增值税（已交税金）　　　120 000

　　贷：银行存款　　　　　　　　　　　　　　　120 000

【例7-15】承【例7-13】，若大地进出口公司月末暂不能上交应纳增值税120 000元，则转入"应交增值税——未交增值税"账户的贷方，账务处理如下。

借：应交税费——应交增值税（转出未交增值税）　120 000

　　贷：应交增值税——未交增值税　　　　　　　120 000

【例7-16】承上例，若大地进出口公司上缴上月转入"应交税费——未交增值税"账户贷方的120 000元时。

借：应交税费——未交增值税　　　　　　　　　120 000

　　贷：银行存款　　　　　　　　　　　　　　　120 000

【例7-17】承【例7-13】，若月中，大地进出口公司上交的增值税为140 000元，应纳增值税为11 346.08元，应转入"应交增值税——未交增值税"账户的借方。

借：应交税费——未交增值税 　　　　　　　　　11 346.08

　　贷：应交税费——应交增值税（转出多交增值税）11 346.08

第三节　进口消费税的核算

消费税是对我国境内从事生产、委托加工应当缴纳消费税的消费品的单位和个人，就其销售额或销售数量在特定环节征收的一种税。

2019 年 12 月 3 日，《中华人民共和国消费税法（征求意见稿）》（以下简称"征求意见稿"）公布正式步入立法进程。《征求意见稿》保持了现行税制框架和税负水平总体不变，根据征收环节变化，统一调整纳税人范围表述；结合改革成果，补充和完善税目税率表。

申报进入中华人民共和国海关境内的应税消费品均应缴纳消费税。进口货物的收货人或办理报关手续的单位和个人，为进口货物消费税的纳税义务人。

一、消费税税率

消费税税率，见表 7-17。

表 7-17　消费税税目税率表

税　目	税　率
一、烟	
1. 卷烟	
（1）甲类卷烟	56%加 0.003 元/支
（2）乙类卷烟	36%加 0.003 元/支
（3）批发环节	11%加 0.005 元/支
2. 雪茄烟	36%
3. 烟丝	30%
4. 电子烟	36%（生产环节）11%（批发环节）
二、酒	
1. 白酒	20%加 0.5 元/500 克（或者 500 毫升）
2. 黄酒	240 元/吨
3. 啤酒	
（1）甲类啤酒娱乐业、饮食业自制啤酒	250 元/吨

税　目	税　率
（2）乙类啤酒	220 元/吨
4. 其他酒	10％
三、高档化妆品	15％
四、贵重首饰及珠宝玉石	
1. 金银首饰、铂金首饰和钻石及钻石饰品	5％
2. 其他贵重首饰和珠宝玉石	10％
五、鞭炮、焰火	15％
六、成品油	
1. 汽油	1.52 元/升
2. 柴油	1.2 元/升
3. 航空煤油	1.20 元/升
4. 石脑油	1.52 元/升
5. 溶剂油	1.52 元/升
6. 润滑油	1.52 元/升
7. 燃料油	1.20 元/升
七、摩托车	
气缸容量在 250 毫升以上的	10％
气缸容量为 250 毫升的	3％
八、小汽车	
1. 乘用车	
（1）气缸容量（排气量，下同）在 1.0 升（含 1.0 升）以下的	1％
（2）气缸容量在 1.0 升以上至 1.5 升（含 1.5 升）的	3％
（3）气缸容量在 1.5 升以上至 2.0 升（含 2.0 升）的	5％
（4）气缸容量在 2.0 升以上至 2.5 升（含 2.5 升）的	9％
（5）气缸容量在 2.5 升以上至 3.0 升（含 3.0 升）的	12％
（6）气缸容量在 3.0 升以上至 4.0 升（含 4.0 升）的	25％

税　目	税　率
（7）气缸容量在 4.0 升以上的	40%
2. 中轻型商用客车	5%
3. 超豪华小汽车	在生产（进口）环节，按照乘用车和中轻型商用客车的规定征税；在零售环节按 10% 征税
九、高尔夫球及球具	10%
十、高档手表	20%
十一、游艇	10%
十二、木制一次性筷子	5%
十三、实木地板	5%
十四、电池	4%
十五、涂料	4%

二、应纳消费税的计算

进口的应税消费品，按照组成计税价格计算纳税。

1. 从价定率

我国消费税采用价内税，即计税价格组成中包括消费税税额。实行从价定率办法计算组成计税价格的计算公式如下：

组成计税价格 ＝（关税完税价格＋关税）÷（1－消费税比例税率）

【例 7-18】大地进出口公司为增值税一般纳税人。20××年 2 月，进口 220 辆小汽车，每辆小汽车关税完税价格为 120 000 元。小汽车关税税率为 110%，消费税税率为 5%。

（1）关税税额＝120 000×220×110%＝29 040 000（元）

（2）组成计税价格＝（120 000×220＋29 040 000）÷（1－5%）＝58 357 894.74（元）

（3）应纳消费税税额＝58 357 894.74×5%＝2 917 894.74（元）

2. 从量定额

以海关核定的应税消费品进口数量为计税依据，计算公式为实行复合计税办法计算纳税的组成计税价格，计算公式如下：

组成计税价格＝（关税完税价格＋关税＋消费税定额×进口数量）÷（1－

消费税比例税率)

【例7-19】大地进出口公司20××年2月进口甲类卷烟200箱（每箱有250条，每条200支），每箱关税完税价格60 000元，关税税率为25%，消费税税率为56%加0.003元/支。计算该公司当月应缴纳的进口增值税税额和进口消费税税额。

（1）每标准箱有50 000支卷烟，即0.003×50 000＝150（元/箱）

（2）组成计税价格＝（60 000＋60 000×25%＋150）÷（1－56%）×200

$$＝34 159 090.91（元）$$

（3）应纳进口增值税税额＝34 159 090.91×13%＝4 440 681.82（元）

（4）应纳进口消费税税额＝34 159 090.91×56%＋200×150

$$＝19 129 090.91＋30 000$$

$$＝19 159 090.91（元）$$

3. 消费税会计科目的设置

（1）缴纳消费税的企业，应在"应交税费"科目下增设"应交消费税"明细科目进行会计核算。

（2）企业生产的需要缴纳消费税的商品，在销售时应当按照应交消费税税额，借记"税金及附加"科目，贷记"应交税费——应交消费税"科目。实际缴纳消费税时，借记"应交税费——应交消费税"科目，贷记"银行存款"科目。发生销货退回及退税时，作相反的会计分录。

企业出口应税消费品如按规定不予免税或者退税的，应视同国内销售。

【例7-20】大地进出口公司20××年1月从国外进口一批烟丝，海关核定的关税完税价格为123 000元（关税税率为40%，消费税税率为30%），已取得海关开具的完税凭证。2月，公司将其中的一部分烟丝在国内销售，取得不含税销售收入318 000元。假定该公司没有发生其他增值税业务。

（1）组成计税价格＝（123 000＋123 000×40%）÷（1－30%）＝246 000（元）

（2）进口消费税税额＝246 000×30%＝73 800（元）

（3）进口增值税税额＝246 000×13%＝31 980（元）

（4）销售进口应税消费品应纳增值税税额＝318 000×13%－31 980

$$＝9 360（元）$$

第八章
出口退（免）税的核算

为了增强本国产品在国际市场的竞争力，以退还出口产品在国内已纳税款的方法，使本国产品以不含税的价格加利润进入国际市场，提升产品竞争力。因此，我国制定一系列办法，如《出口货物退（免）税管理办法》中关税、增值税、消费税有关出口优惠的规定。本章介绍生产企业及外贸企业出口退税的申请程序及核算原则。

第一节　出口退（免）税概述

出口货物退（免）税是指在国际贸易中，对报关出口的货物退还在国内生产环节和流转环节已缴纳的增值税和消费税，或免征应缴纳的增值税和消费税。

根据《出口货物退（免）税管理办法》规定：

（1）生产企业出口货物适用"免、抵、退税"办法。"免"是指免除生产企业出口货物的销项税额；"抵"是指用生产企业出口货物的进项税抵顶其内销货物的应纳税额；"退"是指未抵顶完的出口货物的进项税，按规定予以退还。

（2）有出口经营权的企业出口和委托外贸企业代理出口货物，除另有规定外，可在货物报关出口后，按月向税务机关申请出口货物的退（免）税业务，由税务机关批准退还或免征增值税和消费税。

一、出口退税的税率和条件

1. 出口退税的税率

出口货物增值税退税率采用与增值税征税率不同的税率体系，且没有征税率的规定。出口应税消费品退税率采用与消费税征税率相同的税率体系，即同一应税消费口的消费税征税率与退税率相同。

根据《关于深化增值税改革有关政策的公告》（财政部 税务总局 海关总署 2019 年第 39 号公告）规定：

> ....
>
> 三、原适用 16％税率且出口退税率为 16％的出口货物劳务，出口退税率调整为 13％；原适用 10％税率且出口退税率为 10％的出口货物、跨境应税行为，出口退税率调整为 9％。
>
> 四、适用 13％税率的境外旅客购物离境退税物品，退税率为 11％；适用 9％税率的境外旅客购物离境退税物品，退税率为 8％。

综上所述，出口退税率为 13％、10％、9％、6％、0 五档。

2. 出口企业管理类别的评定标准

根据《出口退（免）税企业分类管理办法》（国家税务总局公告 2016 年第 46 号）、《国家税务总局关于加快出口退税进度有关事项的公告》（国家税务总局公告 2018 年第 48 号），一类出口企业管理类别的评定标准如下：

（1）生产企业应同时符合下列条件：①企业的生产能力与上一年度申报出口退（免）税规模相匹配；②近 3 年（含评定当年，下同）未发生过虚开增值税专用发票或者其他增值税扣税凭证、骗取出口退税行为；③上一年度的年末净资产大于上一年度该企业已办理的出口退税额（不含免抵税额）；

④评定时纳税信用级别为 A 级或 B 级；⑤企业内部建立了较为完善的出口退（免）税风险控制体系。

（2）外贸企业应同时符合下列条件：①近 3 年未发生过虚开增值税专用发票或者其他增值税扣税凭证、骗取出口退税行为；②上一年度的年末净资产大于上一年度该企业已办理出口退税额的 60％；③持续经营 5 年以上（因合并、分立、改制重组等原因新设立企业的情况除外）；④评定时纳税信用级别为 A 级或 B 级；⑤评定时海关企业信用管理类别为高级认证企业或一般认证企业；⑥评定时外汇管理的分类管理等级为 A 级；⑦企业内部建立了较为完善的出口退（免）税风险控制体系。

（3）外贸综合服务企业应同时符合下列条件：①近 3 年未发生过虚开增值税专用发票或者其他增值税扣税凭证、骗取出口退税行为；②上一年度的年末净资产大于上一年度该企业已办理出口退税额的 30％；③上一年度申报从事外贸综合服务业务的出口退税额，大于该企业全部出口退税额的 80％；④评定时纳税信用级别为 A 级或 B 级；⑤评定时海关企业信用管理类别为高级认证企业或一般认证企业；⑥评定时外汇管理的分类管理等级为 A 级；⑦企业内部建立了较为完善的出口退（免）税风险控制体系。

3. 退（免）税应具备的条件

（1）必须是属于增值税、消费税征税范围的货物。

根据《中华人民共和国增值税暂行条例》和《中华人民共和国消费税暂行条例》规定，退税，是对已征税的出口货物退还其已征的增值税、消费税税额，不征税的出口货物则不能退还上述税额。

（2）必须是报关离境的货物。

所谓报关离境，即出口，就是货物输出海关，这是区别货物是否应退（免）税的主要标准之一。凡是报关不离境的货物，不论出口企业以外汇结算还是以人民币结算，也不论企业在财务上和其他管理上做何处理，均不能视为出口货物予以退（免）税。

（3）必须是在财务上做销售处理的货物。

现行外贸企业财务会计制度规定：出口商品销售陆运以取得承运货物收据或铁路联运运单，海运以取得出口货物的装船提单，空运以取得空运单并向银行办理交单后作为销售收入的实现。出口货物销售价格一律以离岸价（FOB）折算人民币入账。出口货物只有在财务上做销售处理后，才能办理退税。

（4）必须是出口收汇并已核销的货物。

出口退税与出口收汇核销挂钩可以有效地防止出口企业高报出口价格骗取退税，有助于提高出口收汇率，有助于强化出口收汇核销制度。

出口货物只有在同时具备上述四个条件的情况下，才能向税务部门申报办理退税。否则，不予办理退税。

二、出口退（免）税的适用范围

出口退（免）税适用范围，见表8-1。

表 8-1　出口货物退（免）税的适用范围

基本政策	适用的企业类型	适用的货物范围
免税并退税	①生产企业自营出口或委托外贸企业代理出口的自产货物 ②有出口经营权的外贸企业收购后直接出口或委托其他外贸企业代理出口的货物	①对外承包工程公司运出境外用于对外承包项目的货物 ②对外承接修理修配业务的企业用于对外修理修配的货物 ③外轮供应公司、远洋运输供应公司销售给外轮、远洋国轮而收取外汇的货物 ④企业在国内采购并运往境外作为在国外投资的货物 （注意：生产企业出口的四类产品，视同自产产品退免税）
免税但不退税	①属于生产企业的小规模纳税人自营出口或委托外贸企业代理出口的自产货物 ②外贸企业从小规模纳税人购进并持普通发票的货物 ③外贸企业直接购进国家规定的免税货物（包括免税农产品）出口	①来料加工复出口的货物 ②避孕药品和用具、古旧图书 ③有出口卷烟权的企业出口国家卷烟计划内的卷烟，在生产环节免征增值税、消费税，出口环节不办理退税。其他非计划内出口的卷烟照章征收增值税和消费税，出口一律不退税 ④军品以及军队系统企业出口军需工厂生产或军需部门拨调的货物
不免税也不退税	①计划外出口的原油 ②援外出口货物（对利用中国政府的援外优惠和合作项目基金方式下出口的货物，实行出口退税政策） ③国家禁止出口的货物，包括天然牛黄、麝香、铜及铜基合金等	

"免、抵、退"含义如下：

免税	抵税	退税
免税就是免征国内环节的增值税，实务中就是开具零税率的出口发票	抵税是指生产企业出口自产货物所耗用的原材料、燃料、动力等所含应予退还的进项税额，抵顶内销货物的应纳税额	对出口货物在国内环节缴纳的增值税实行退还。适用于外贸企业增值税一般纳税人

三、出口退（免）税所需证件

出口退（免）税要办理的证件如下。

（1）营业执照。

（2）对外贸易经营者备案登记表或外商投资企业登记证书。

（3）海关收发货人登记证书或报关单位注册登记证书。

（4）银行账户。

（5）外汇收支名录（外汇收支名录在国家外汇管理局办理，开通国际收支申报时间为 7 日。不申报外汇收支名录对企业分类评级有影响）。

（6）电子口岸卡（是在中国电子口岸中唯一代表企业身份的 IC 卡）。

（7）备案无纸化。海关报关单位备案全程实现无纸化办理，企业登录"中国海关企业进出口信用信息公示平台"，通过无纸化办理的申请经海关审核通过后，备案信息再通过"中国海关企业进出口信用信息公示平台"公布。同时，系统将自动生成电子备案证明，企业可登录中国国际贸易单一窗口（以下简称"单一窗口"）下载打印电子版的备案证明。企业在"单一窗口"查询申请单状态，当显示为"审核通过"，表示海关已完成备案。如需纸本备案证明，可通过登录"单一窗口"打印《报关单位备案证明》。报关单位备案有效期均为"长期"。

企业要自理报检的，应在工商注册地检验检疫机构办理备案手续。

（8）出口退税资格认定。出口企业在办理对外贸易经营者备案登记或签订首份委托出口协议之日起 30 日内，到主管税务机关办理出口退（免）税资格认定。

四、办理出口退（免）税所需主要凭证

外贸企业退税申报应报送的主要原始凭证如下。

1. 外贸企业申报退税时，必须报送下列三种申报表

（1）《外贸企业出口退税明细申报表》，见表 8-2。

表 8-2 外贸企业出口退税明细申报表

企业代码：

企业名称（章）：

纳税人识别号：　　　　　　　　　　　　　　　　　　　　　　所属期：

申报批次：　　　　　　　　　　　　　　　　　　　　　　　　金额单位：元至角分

序号	关联号	出口发票号	报关单号	出口日期	商品代码	商品名称	计量单位	美元离岸价	出口数量	出口进货金额	退税率（%）	应退增值税税额	应退消费税税额	代理证明号	进料加工手册号	备注
合计																

企业填表人：　　　　　企业负责人：　　　　　财务负责人：　　　　　制表日期：

（2）《外贸企业出口退税进货明细申报表》，见表 8-3。

表 8-3 出口退税进货明细申报表

税务登记代码：

企业名称（章）：　　　　　所属期：　年　月　　　　　业务性质：

申报批次：　　　　　　　　　　　　　　　　　　　　金额单位：元至角分

序号	关联号	税种	进货凭证号	开票日期	商品代码	商品名称	计量单位	数量	计税金额	征税税率（%）	征税税额	退税率（%）	应退税额	专用税票号	单证不齐标志	信息不齐标志	备注

企业填表人：　　　财务负责人：　　　　企业负责人：　　　　填表日期：年　月　日　第　页

（3）《外贸企业出口退税汇总申报表》，见表 8-4。

2. 另外还应附以下证明材料

（1）总量核查监测（略）。

（2）出口货物报关单（出口退税专用），见表 8-5。

表 8-4 　　　　　　　　**外贸企业出口退税汇总申报表**

（适用于增值税一般纳税人）　　　　　　　　　　NO：

申报年月：　年　月　　　　　　　　　　申报批次

纳税人识别号：　　纳税人编码：　　　　　　　海关代码：

纳税人名称：　　申报日期：　年　月　日　　　金额单位：元至角分

出口企业申报		授权人声明：	机审情况
出口退税出口明细申报表	份，　　记录　　条		本次机审通过退增值税额　　元
出口发票	张，　　出口额　　美元	（如果你已委托代理申报人，请填写下列资料）	
出口报关单	张，		
代理出口货物证明	张，		其中：上期结转疑点退增值税　　元
收汇核销单	张，　　收汇额　　美元	为代理出口货物退税申报事宜，现授权_____为本纳税人的代理申报人，任何与本申报表有关的往来文件都可寄与此人。	
远期收汇证明	张，　　其他凭证　　张		
出口退税进货明细申报表	份，　　记录　　条		本期申报数据退增值税　　元
增值税专用发票	张，　　其中非税控专用发票　　张		
普通发票	张，　　专用税票　　张		本次机审通过退消费税额　　元
其他凭证	张，　　总进货金额　　元		
总进货税额	元，		其中：上期结转疑点退消费税　　元
其中：增值税　　元	消费税　　元		
本月申报退税额	元，		本期申报数据退消费税　　元
其中：增值税　　元，	消费税　　元	授权人签字（盖章）年　月　日	
进料应抵扣税额	元，	初审情况	结余疑点数据退增值税　　元

出口企业申报					
申请开具单证				经核，申报表与所附送的退税凭证内容一致，申报计税金额及出口数量与电子数据一致。	结余疑点数据退消费税　　元
代理出口货物证明	份，		记录　　条		
代理进口货物证明	份，		记录　　条		
进料加工免税证明	份，		记录　　条		审核人： 年 月 日
来料加工免税证明	份，		记录　　条		科（处）长： 年 月 日
出口货物转内销证明	份，		记录　　条		税务机关审批意见
补办报关单证明	份，		记录　　条		
补办收汇核销单证明	份，		记录　　条		同意办理。
补办代理出口证明	份，		记录　　条		
内销抵扣专用发票	张，	其他非退税专用发票	张		
申报人申明				其他意见：	（公章）
此表各栏目填报内容是真实、合法的，与实际出口货物情况相符。此次申报的出口业务不属于违背正常出口经营程序的出口业务。否则，本企业愿承担由此产生的相关责任。 企业填表人： 财务负责人：　　　　（公章） 企业负责人：　　年 月 日				初审人： 年 月 日	负责人： 年 月 日 备注

受理人：　　　　　　　　受理日期：　年 月 日

本表一式两份，税务机关和申请认定者各执一份。

表 8-5   中华人民共和国海关出口货物报关单   出口退税专用

预录入编号：   海关编号：

出口口岸	备案号	出口日期	申报日期
经营单位	运输方式	运输工具名称	提运单号
收货单位	贸易方式	征免性质	结汇方式
许可证号	运抵国（地区）	指运港	境内货源地

批准文号	成交方式	运费	保费	杂费
合同协议号	件数	包装种类	毛重（千克）	净重（千克）

集装箱号	随附单据	生产厂家

标记唛码及备注

项号	商品编号	商品名称、规格型号	数量及单位	最终目的国（地区）	单价	总价	币制	征免

税费征收情况

录入员 录入单位	兹声明以上申报无讹并承担法律责任	海关审单批注及放行日期（盖章）
		审单 审价
报关员	申报单位（签章）	征税 统计
单位地址		
邮编 电话	填制日期	查验 放行

（3）增值税专用发票（税款抵扣联）（略）。

（4）出口发票（略）。

（5）代理出口货物证明（委托出口的业务提供）（略）。

（6）税收（出口货物专用）缴款书（消费税）（出口应纳消费税货物时提供）（略）。

（7）出口货物销售明细账（略）。

（8）税务机关要求提供的其他资料。

五、出口企业货物退（免）税的计算方法

现行的出口退税制度，对出口货物根据纳税人和出口贸易方式的不同实行不同的退税方法，其退税额的计算方式也不相同，见表8-6。

表8-6　不同退（免）税方法及计算公式

方　法	定　义	公　式
退（免）税方法	对出口货物流通所经过的国内最后环节产生的增值额免征增值税，对所购出口货物中所含的进项税额予以退税。此方法主要适用于专业外贸公司收购出口增值税的应税货物	应退税额＝出口货物的购进金额×退税率
"免、抵、退"税方法	对出口货物流通所经过的国内最后环节免征增值税，对出口货物中所含的进项税额准予抵减国内销售所发生的增值税应纳税额，对不足以抵减的部分予以退税。此方法主要适用于生产企业自营或委托出口的自产货物	当期应纳税额＝当期内销货物销项税额－（当期进项税额－当期免抵退税不得免征和抵扣税额） 免抵退税额＝出口货物离岸价×外汇人民币牌价×出口货物退税率－免抵退税额抵减额
委托生产企业加工收回出口货物的退税办法	出口企业委托生产企业加工收回后报关出口的货物，凭购买加工货物的原材料等发票和缴费发票按规定办理退税。若原材料等属于进料加工贸易已减征进口环节增值税的，应按原料的退税率和加工费的退税率分别计算应退税款，加工费的退税率按出口产品的退税率确定	
对属于从小规模纳税人购进并持普通发票	可特准退（免）税的出境货物，则依普通发票所列的含增值税的销售额计算确定进项税额的退（免）税	进项税额＝普通发票所列（含增值税）销售额÷[（1+征收率）×退税率]

第二节 增值税出口免、抵、退税的核算

生产企业出口货物以货物离岸价为出口退免税的计税依据。

一、生产企业出口货物免、抵、退税的计算

免、抵、退税计算步骤（税法上叫作免抵退税额，会计上叫作出口退税）如下。

第一步剔税：计算不得免征和抵扣税额
当期免抵退税不得免征和抵扣税额＝出口货物离岸价格×外汇人民币牌价×（出口货物适用税率-出口退税率）

第二步抵税：计算当期应纳增值税额
当期应纳税额＝内销商品销项税额-（全部进项税额-第一步计算的数额）-上期留抵税额（小于0进入下一步）

第三步，计算免抵退税额
免抵退税额＝出口货物离岸价×外汇人民币牌价×出口货物的退税率

第四步，计算确定应退税额（第二步与第三步相比，哪个数小退哪个）
注意：第二步大于第三步的情况下，2-3＝下期留抵税额

第五步，确定免抵税额
免抵税额＝免抵退税额-应退税额

【例8-1】东兴服装出口有限公司为自营出口生产企业，是增值税一般纳税人，出口货物的征税率为13%，退税率为9%。20××年3月购进原材料一批，取得的增值税专用发票注明的价款200万元，增值税26万元，货物已入库。上期期末留抵税额3.1万元。当月内销货物销售额180万元，销项税额23.4万元。如果本月出口销售额折合人民币80万元。

计算步骤如下：

当期免抵退税不得免征和抵扣税额＝80×（13%-9%）＝3.2（万元）

应纳增值税税额＝23.4-（200×13%-3.2）-3.1＝-2.5（万元）

出口货物免抵退税额＝80×9%＝7.2（万元）

当期期末留抵税额2.5万元小于当期免抵退税额7.2万元，故当期应退税额等于应纳增值税额2.5万元。

当期应纳增值税额是-2.5万元，说明免抵税额是4.7万元（-2.5+7.2）

元；期末留抵税额为 0，不交城建等附加税。

全程演示会计分录如下。

①采购原材料时	③对外销售商品，并取得出口退税款
借：原材料　　　　　　　　2 000 000 　　应交税费——应交增值税（进项税额） 　　　　　　　　　　　　260 000 　　贷：银行存款　　　　　2 260 000	（a）实现销售时： 借：应收账款（应收外汇账款）800 000 　　贷：主营业务收入——外销　　800 000 （b）不得抵扣进项税额（当期免抵退税不 得免征和抵扣税额） 借：主营业务成本——一般贸易出口 　　　　　　　　　　　　32 000
②内销销售货物 借：银行存款　　　　　　　2 034 000 　　贷：主营业务收入——内销商品1 800 000 　　　　应交税费——应交增值税（销项税 　　　　　　额）　　　　　234 000	贷：应交税费——应交增值税（进项 　　　　　税额转出）　　　　32 000 借：应收出口退税款　　　　25 000 　　贷：应交税费——应交增值税（出口 　　　　　退税）　　　　　　25 000 （c）收到出口退税款时： 借：银行存款　　　　　　　25 000 　　贷：应收出口退税款　　　25 000

用 T 形账户演示如下所示：

借方	应交税费——应交增值税	贷方	
期初留抵税额	31 000	销项税额	234 000
进项税额	260 000	进项税额转出	32 000
		出口退税	25 000
期末留抵税额	0		

【例 8-2】景鑫自营出口生产企业是增值税一般纳税人，出口货物的征税率为 13%，退税率为 9%。20××年 3 月购进原材料一批，取得的增值税专用发票注明价款 220 万元，增值税 28.6 万元，上期期末增值税留抵税额 4 万元。当月内销货物销售额 480 万元，销项税额 62.4 万元。本月出口货物销售额折合人民币 240 万元。

计算步骤如下：

当期免抵退税不得免征和抵扣税额＝240×（13％－9％）＝9.6（万元）

应纳增值税税额＝480×13％－（28.6－9.6）－4＝39.4（万元）

出口货物免、抵、退税额＝240×9％＝21.6（万元）

不申请退税	申请退税
当期免抵税额为21.6万元，应纳税额39.4万元，不涉及退税。	如果申请退税，除了要交39.4万元外，还要交以21.6万元为基数计算的附加税等。 当期进项税额小于销项税额，最好不要做单项收齐，不申报出口退税

编制会计分录如下：

①实现销售时：

借：应收账款——应收外汇账款 2 400 000

　　贷：主营业务收入——外销商品 2 400 000

②不得抵扣进项税额（当期免抵退税不得免征和抵扣税额）

借：主营业务成本——一般贸易出口 96 000

　　贷：应交税费——应交增值税（进项税额转出） 96 000

③收到主管税务机关通知单后

借：应交税费——应交增值税（出口抵减内销产品应纳增值税）

　　　　　　　　　　　　　　　　　　　　　　216 000

　　贷：应交税费——应交增值税（出口退税） 216 000

④期末将应交增值税39.4万元转入"应交税费——未交增值税"明细科目中：

借：应交税费——应交增值税（转出未交增值税） 394 000

　　贷：应交税费——未交增值税 394 000

⑤次月缴纳时：

借：应交税费——未交增值税 394 000

　　贷：银行存款 394 000

用T形账户演示如下所示：

应交税费——应交增值税			
借方			贷方
期初留抵税额	40 000	销项税额	624 000
进项税额	286 000	进项税额转出	96 000
出口抵内销产品应纳增值税	216 000	出口退税	216 000
转出未交增值税	394 000		394 000

二、外贸企业出口应退增值税的计算

外贸企业出口货物以出口货物的平均价（工厂出厂价）为计税依据。当货物报关出口作销售处理时，外贸企业依据购进出口货物增值税专用发票注明的进项税额和适用的退税率计算出口退税额，计算公式如下。

应退税额＝出口货物的购进金额×退税率

　　　　＝出口货物的进项税额－出口货物不予退税的税额

出口货物不预退税的税额＝出口货物的购进金额×（增值税法定税率－适用退税率）

【例8-3】20××年1月10日，广州市佛岗贸易有限公司从本市顺德公司购进NG-2046腌制设备和WE-2305淘洗设备。取得增值税专用发票上分别注明NG-2046腌制设备为10台，价款140 000元，进项税额18 200元；WE-2305淘洗设备2台，价款90 000元，进项税额11 700元。

（1）商品已入仓，货款已付，发票当月已认证。

账务处理如下：

借：库存商品——腌制设备　　　　　　　　　　　　　　140 000

　　　　　　　——淘洗设备　　　　　　　　　　　　　 90 000

　　应交税费——应交增值税（进项税额）　　　　　　　 29 900

　　贷：银行存款　　　　　　　　　　　　　　　　　　259 900

（2）当月将NG-2046腌制设备和WE-2305淘洗设备全部销售给德国贝勒公司。出口发票上分别注明NG-2046腌制设备10台价款51 000美元，WE-2305淘洗设备2台，价款24 000美元。申请退税的单证齐全。退税率

8%。1月20日，美元兑人民币汇率7.087 1。

账务处理如下：

借：应收账款　[（51 000＋24 000）×7.087 1] 531 532.50

贷：主营业务收入——一般贸易出口　　　　　531 532.50

发票上不含税金额乘以退税率就是退税款。退税款的计算如下：

NG-2046 腌制设备退税款＝140 000×8%＝11 200（元）

WE-2305 淘洗设备退税款＝90 000×8%＝72 00（元）

账务处理如下：

借：其他应收款——应收出口退税——增值税额

（230 000×8%）18 400

贷：应交税费——应交增值税——出口退税

（11 200＋7 200）18 400

用 T 形账户演示如下：

	借方	应交增值税	贷方	
	29 900		18 400	
			11 500	

借：主营业务成本　　　　　　　　　　　　　　11 500

贷：应交税费——应交增值税（进项税额转出）　11 500

三、应退税额与期末留抵税额的关系

应退税额的计算，见表 8-7。

表 8-7　应退税额的计算

类型	税法规定	账务处理
当期期末留抵税额≤当期免抵退税额	①当期应退税额＝当期期末留抵税额 ②当期免抵税额＝当期免抵退税额－当期应退税额	借：其他应收款——应收出口退税款（金额等于当期期末留抵税额） 　　应交税费——应交增值税（出口抵减内销产品应纳税额）（金额等于免抵税额） 贷：应交税费——应交增值税（出口退税）（金额等于免抵退税额）

类型	税法规定	账务处理
若期末无留抵税额	①应退税额＝0 ②免抵税额＝当期免抵退税额	借：应交税费——应交增值税（出口抵减内销产品应纳税额）（金额等于免抵税额） 贷：应交税费——应交增值税（出口退税）（金额等于免抵退税额）
如果当期期末留抵税额＞当期免抵退税额	①当期应退税额＝当期免抵退税额 ②当期免抵税额＝0 ③当期期末留抵税额与当期免抵退税额之间的差额留待下期继续抵扣	借：其他应收款——应收出口退税款（金额相当于当期免抵退税额） 应交税费——应交增值税（出口抵减内销产品应纳税额，因为此时免抵税额为0） 贷：应交税费——应交增值税（出口退税）（金额相当于免抵退税额）

税法上"免抵税额"等于会计术语"出口转内销抵减税额"。

有留抵税额才能申请退税。下面根据业务情形，分别介绍退税额与期末留抵税额的关系。

1. 理论退税额＜期末留抵税额

假设当期全部进项税额110万元，生产产品当期全部销售，内销440万元，单证齐全申报退税的出口销售额折算成人民币260万元，出口货物的征税率为13％，退税率为9％。

（1）计算期末留抵税额。

当期进项税额＝110－440×13％＝52.8（万元）

征税与退税之差转出＝260×（13％－9％）＝10.4（万元）

即期末留抵税额＝52.8－10.4＝42.4（万元）

（2）计算理论退税额。

退税额＝260×9％＝23.4（万元）

（3）计算免抵税额。

由于理论退税额23.4万元＜期末留抵42.4万元，所以没有免抵税额。余下增值税留抵税额19万元（42.4－23.4），留在下期参与增值税计算。

注：这19万元是参与增值税税负的计算，也是参与附加税的计税依据。

（4）计算实际应退税额。

理论退税额＜期末留抵税额，本业务是退23.4万元。

2. 理论退税额＝期末留抵税额

假设当期全部进项税额 91 万元，生产产品当期全部销售，内销 440 万元，单证齐全申报退税的出口销售额折算成人民币 260 万元，出口货物的征税率为 13％，退税率为 9％。

（1）计算期末留抵税额。

当期进项税额＝91－440×13％＝33.8（万元）

征退税之差转出＝260×（13％－9％）＝10.4（万元）

即期末留抵税额＝33.8－10.4＝23.4（万元）

（2）计算理论退税额。

当期进项税额＝260×9％＝23.4（万元）

（3）计算免抵税额。

因为理论退税额 23.4 万元＝期末留抵 23.4 万元，所以免抵税额为 0。

（4）计算实际应退税额。

因为期末留抵税额＝理论退税额，所以本业务应退税额为 23.4 万元。

3. 理论退税额＞期末留抵税额

假设当期全部进项税额 80 万元，生产产品当期全部销售，内销 440 万元，单证齐全申报退税的出口销售额折算成人民币 260 万元，出口货物的征税率为 13％，退税率为 9％。

（1）计算期末留抵税额。

当期进项税额＝80－440×13％＝22.80（万元）

征退税之差转出＝260×（13％－9％）＝10.4（万元）

即期末留抵税额＝22.80－10.4＝12.4（万元）

（2）计算理论退税额。

退税额＝260×9％＝23.4（万元）

（3）计算免抵税额。

由于理论退税额 23.4 万元＞期末留抵 12.4 万元，所以免抵税额＝23.4－12.4＝11（万元）

注：这 11 万元是参与增值税税负的计算，也参与附加税的计税依据。

（4）计算实际应退税额。

理论退税额与留抵税额比较，哪个小退哪个，本业务是退 12.4 万元。

4. 政策解析

《财政部 税务总局完善增值税期末留抵税额退税政策的公告》（财政部税

务总局公告 2025 年第 7 号）规定：

一、自 2025 年 9 月增值税纳税申报期起，符合条件的增值税一般纳税人（以下简称纳税人）可以按照以下规定向主管税务机关申请退还期末留抵税额。

（一）"制造业"、"科学研究和技术服务业"、"软件和信息技术服务业"、"生态保护和环境治理业"（以下简称制造业等 4 个行业）纳税人，可以按月向主管税务机关申请退还期末留抵税额。

（二）房地产开发经营业纳税人，与 2019 年 3 月 31 日期末留抵税额相比，申请退税前连续六个月（按季纳税的，连续两个季度，下同）期末新增加留抵税额均大于零，且第六个月（按季纳税的，第二季度，下同）期末新增加留抵税额不低于 50 万元的，可以向主管税务机关申请退还第六个月期末新增加留抵税额的 60%。

（三）除制造业等 4 个行业和房地产开发经营业纳税人以外的其他纳税人，申请退税前连续六个月期末留抵税额均大于零，且第六个月期末留抵税额与申请退税前一税款所属期上一年度 12 月 31 日期末留抵税额相比新增加留抵税额不低于 50 万元的，可以向主管税务机关申请按比例退还新增加留抵税额。新增加留抵税额不超过 1 亿元的部分（含 1 亿元），退税比例为 60%；超过 1 亿元的部分，退税比例为 30%。

房地产开发经营业纳税人不符合本条第二项规定的，可以按照本条第三项规定申请退还期末留抵税额。

……

十一、本公告自 2025 年 9 月 1 日起施行。《财政部 税务总局 海关总署关于深化增值税改革有关政策的公告》（财政部 税务总局 海关总署公告 2019 年第 39 号）第八条、《财政部 税务总局关于进一步加大增值税期末留抵退税政策实施力度的公告》（财政部 税务总局公告 2022 年第 14 号）、《财政部 税务总局关于进一步加快增值税期末留抵退税政策实施进度的公告》（财政部 税务总局公告 2022 年第 17 号）、《财政部 税务总局关于进一步持续加快增值税期末留抵退税政策实施进度的公告》（财政部 税务总局公告 2022 年第 19 号）、《财政部 税务总局关于扩大全额退还增值税留抵税额政策行业范围的公告》（财政部 税务总局公告 2022 年第 21 号）同时废止。

本公告施行前税务机关已受理但尚未办理完毕的留抵退税申请，仍按原规定办理。

1. 申请退税的纳税人要符条件

（1）纳税信用等级为 A 级或者 B 级。

（2）申请退税前 36 个月未发生骗取留抵退税、骗取出口退税或虚开增值税专用发票情形。

（3）申请退税前 36 个月未因偷税被税务机关处罚两次及以上。

（4）2019 年 4 月 1 日起未享受即征即退、先征后返（退）政策。

2. 计算允许退还的留抵税额

《财政部 税务总局关于完善增值税期末留抵退税政策的公告》（财政部税务总局公告 2025 年第 7 号）第七条规定："适用本公告政策的纳税人，按照以下公式计算允许退还的留抵税额：

"（一）适用本公告第一条第一项政策的，允许退还的留抵税额＝当期期末留抵税额×进项构成比例×100％；

"（二）适用本公告第一条第二项政策的，允许退还的留抵税额＝当期期末留抵税额与 2019 年 3 月 31 日期末留抵税额相比新增加留抵税额×进项构成比例×60％；

"（三）适用本公告第一条第三项政策的，允许退还的留抵税额＝当期期末留抵税额与申请退税前一税款所属期上一年度 12 月 31 日期末留抵税额相比新增加留抵税额不超过 1 亿元的部分×进项构成比例×60％＋超过 1 亿元的部分×进项构成比例×30％。

"本条第一项和第二项的进项构成比例，为 2019 年 4 月至申请退税前一税款所属期已抵扣的增值税专用发票、海关进口增值税专用缴款书、完税凭证、机动车销售统一发票、收费公路通行费增值税电子普通发票、电子发票（航空运输电子客票行程单）、电子发票（铁路电子客票）等增值税扣税凭证（以下简称七类增值税扣税凭证）注明的增值税额占同期全部已抵扣进项税额的比重。

"本条第三项的进项构成比例，为申请退税前一税款所属期当年 1 月至申请退税前一税款所属期已抵扣的七类增值税扣税凭证注明的增值税额占同期全部已抵扣进项税额的比重。"

四、其他特殊业务的核算

其他特殊业务包括佣金和出口货物发生销售退回的账务处理。

1. 佣金的账务处理

【例 8-4】某货物征税率为 13％，出口退税率为 9％。以到岸价格成交，成交价为 10 000 元，其中运费、保险费、佣金总计为 1 000 元（即离岸价格为 9 000 元）。

借：应收账款——应收出口款   10 000

  贷：主营业务收入   10 000

同时：进项税额转出＝10 000×（13％－9％）＝400（元）

借：主营业务成本——应收出口退税   400

  贷：应交税费——应交增值税（进项税额转出）   400

冲减运费、保险费、佣金 1 000 元（与内销不同）。

借：主营业务收入   1 000

  贷：银行存款   1 000

2. 出口货物发生销售退回

出口货物发生销售退回的账务处理，见表 8-8。

表 8-8 出口货物发生的销售退回的账务处理

发生退回的形式	账务处理
未确认收入的已发出产品的退回	借：库存商品 贷：发出商品
已确认收入的销售产品退回	业务部门在收到对方提运单并由储运部门办理接货及验收、入库等手续后，财会部门应凭退货通知单按原出口金额做如下会计分录 借：主营业务收入 贷：应收账款
已确认收入的销售产品退回	（1）已退货物的原运输、保险、佣金，以及退货费用的处理，由对方承担的，做如下处理 借：银行存款 贷：主营业务收入——一般贸易出口（原运保佣部分） （2）由我方承担的，先做如下处理 借：待处理财产损溢 贷：主营业务收入——一般贸易出口（原运保佣部分） 银行存款（退货发生的一切国内外费用） （3）批准后 借：营业外支出 贷：待处理财产损溢

五、换汇成本指标

换汇成本是指某出口商品换回一单位外汇需多少元本币。换言之，即用多少元人民币的"出口总成本"可换回单位外币的"净收入外汇"。

换汇成本越低，出口的经济效益越好，计算公式为：

出口商品换汇成本＝出口商品总成本（人民币）÷出口销售外汇净收入（美元）

需要注意的是，公式分子是人民币，分母是美元。如果分子不是人民币，要换成人民币，分母不是美元时换成美元，按人民币外汇中间价。

出口外汇净收入指的是扣除运费和保险费后的 FOB 价格。

出口商品总成本＝出口商品购进价（不含增值税）×（1＋征退税率之差）

【例 8-5】某商品国内进价为人民币 80 000 元，增值税 10 400 元，出口外汇净收入（FOB 价）18 000 美元，该商品的退税率为 8％，则汇换成本计算如下：

出口商品总成本＝80 000×［1＋（13％－8％）］＝84 000（元）

换汇成本＝84 000÷18 000＝4.666 7

正常的换汇成本范围为 5～8，换汇成本高于上限需要写换汇成本说明。通常，如果一张报关单上有多项不同商品均共用一个 HS 编码（HS 编码即海关编码，为"编码协调制度"的简称），则会造成换汇成本高的情况。这时只要根据出口退税审核系统换汇成本计算公式，计算每一项商品的换汇成本即可。

出口退税审核系统换汇成本计算公式如下：

出口退税明细申报表中同一关联号项下同一商品代码下每笔出口的换汇成本＝［计税金额＋计税金额×（征税率－退税率）－应退消费税］÷美元出口额

如果换汇成本低于 5，说明该笔货物盈利水平很好，虽然申报时退税系统会自动显示，把这个当作疑点之一，但税务局那里是可以通过的。只有高于 8 时，需要向税务局解释，因为高于 8 会导致退税款也高，有骗税的嫌疑。

换汇成本过高或过低的原因：

（1）销售价格方面：为了开拓国际市场，销售时定价不高，或者产品是新产品，正在试销，所以定价不高的目的是为占领国际市场。

（2）国内采购方面：国内原材料价格上涨，导致采购金额升高，等等。

六、相关政策解读

1. 出口退税申报期限取消

根据《关于明确国有农用地出租等增值税政策的公告》（财政部 国家税务总局公告 2020 第 2 号）：

纳税人出口货物劳务、发生跨境应税行为，未在规定期限内申报出口退（免）税或者开具《代理出口货物证明》的，在收齐退（免）税凭证及相关电子信息后，即可申报办理出口退（免）税；未在规定期限内收汇或者办理不能收汇手续的，在收汇或者办理不能收汇手续后，即可申报办理退（免）税。

《财政部国家税务总局关于出口货物劳务增值税和消费税政策的通知》（财税〔2012〕39号）第六条第（一）项第3点、第七条第（一）项第6点"出口企业或其他单位未在国家税务总局规定期限内申报免税核销"及第九条第（二）项第2点的规定相应停止执行。

根据上述规定，总结如下。

（1）取消退税正式申报期限。

（2）取消收汇期限和九种不能收汇情形的申报期限。未在规定期限内收汇或者办理不能收汇手续的，在收汇或者办理不能收汇手续后，可随时办理退（免）税。

（3）取消未在规定期限内核销来料加工免税证明适用征税政策的规定，即来料加工免税证明无论在次年5月15日前核销还是之后核销，只要核销均适用免税政策。

（4）取消未在规定期限内开具代理出口货物证明适用免税政策的规定，即无论何时办理代理出口货物证明，委托方均可据此办理退（免）税。

（5）以前年度出口业务因逾期原因未享受退（免）税政策，且未做免税或征税处理的，可按照新政策执行退税。

2. 相关单证取消或简化

根据《国家税务总局关于出口退（免）税申报有关问题的公告》的规定：

（一）取消的出口退（免）税事项和表证单书

1. 取消出口退（免）税预申报。

2. 取消报送《增值税纳税申报表》。

3. 取消报送进口货物报关单（加工贸易专用）。

4. 取消报送《出口退税进货分批申报单》。

5. 取消报送无相关电子信息申报凭证及资料。

（二）简化的出口退（免）税事项和表证单书

1. 简化了《出口退（免）税备案表》。

2. 简化了年度进料加工业务的核销流程及报表。

3. 优化申报服务

《关于优化整合出口退税信息系统更好服务纳税人有关事项的公告》（国家税务总局公告 2021 年第 15 号）规定：

（1）纳税人因申报出口退（免）税的出口报关单、代理出口货物证明、委托出口货物证明、增值税进货凭证没有电子信息或凭证内容与电子信息不符，无法在规定期限内申报出口退（免）税或者开具《代理出口货物证明》的，取消出口退（免）税凭证无相关电子信息申报，停止报送《出口退（免）税凭证无相关电子信息申报表》。待收齐退（免）税凭证及相关电子信息后，即可申报办理退（免）税。

（2）纳税人因未收齐出口退（免）税相关单证，无法在规定期限内申报出口退（免）税或者开具《代理出口货物证明》的，取消出口退（免）税延期申报，停止报送《出口退（免）税延期申报申请表》及相关举证资料。待收齐退（免）税凭证及相关电子信息后，即可申报办理退（免）税。

七、贸易外汇总量核查指标计算公式及正常值区间

自 2012 年 8 月 1 日起，国家外汇管理局、海关总署、国家税务总局决定在全国实施货物贸易外汇管理制度改革。取消出口收汇核销单，企业不再办理出口收汇核销手续，只需进行网上申报。对企业的贸易外汇管理方式由现场逐笔核销改变为非现场总量核查。对存在异常的企业进行重点监测，必要时实施现场核查。

总量核查监测范围包括所有企业涉及国际外汇收支的业务。

总量核查指标包括总量差额、总量差额率、资金货物比率、贸易信贷报告余额比率。计算公式如下：

总量差额	＝（Σ调整后进口额＋Σ调整后收汇额）－（Σ调整后付汇额＋Σ调整后出口额）
总量差额率	＝总量差额÷（Σ调整后进口额＋Σ调整后收汇额＋Σ调整后付汇额＋Σ调整后出口额）×100%
资金货物比	＝（Σ调整后收汇额＋Σ调整后付汇额）÷（Σ调整后出口额＋Σ调整后进口额）×100%
贸易信贷报告余额比率	＝（预收货款余额＋预付货款余额＋延期收款余额＋延期付款余额）÷（Σ进口额＋Σ收汇额＋Σ付汇额＋Σ出口额）×100%

其中"Σ"的计算范围为核查月向前倒推 12 个月，上述指标正常值区间如下：

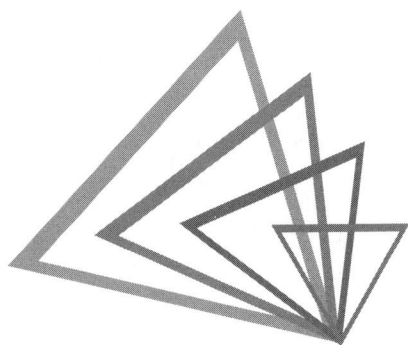

总量差额指标
正常值区间：-50万元～50万元

总量差额率指标
正常值区间：-30%～30%

资金货物比指标
正常值区间：50%～150%

贸易信贷报告余额比率指标
正常值区间：0%～25%

需要注意的是，总量差额率是指银行申报贸易项下收付汇资金除以货物报关金额。总量差额就是以上两者的差。差额率超过±30%或者差额超过±50万美元，就会被涂上红色或者绿色，当两者都超的话，就有可能被国家外汇管理局要求进行现场核查。

红色昭示企业收汇多而出口货物少，表明有预收货款，但却没有及时发货，多收少出；或者是进口货物少，而付出的款项多，即少进多付，有很多的预付款；绿色昭示企业收汇少而出口货物多，有些已出口但是尚未收回货款，或者是进口货物多，而付出的款项少即多进少付。

具体来说，存在下列情况之一的企业，外汇管理局可实施现场核查：

（1）任一总量核查指标与本地区指标阈值偏离程度 50%以上；

（2）任一总量核查指标连续四个核查期超过本地区指标阈值；

（3）预收货款余额比率、预付货款余额比率、延期收款余额比率或延期付款余额比率大于25%；

（4）来料加工工缴费率大于30%；

（5）转口贸易收支差额占支出比率大于20%；

（6）单笔退汇金额超过等值50万美元且退汇笔数大于12次；

（7）国家外汇管理局认定的需要现场核查的其他情况。

国家外汇管理局可根据非现场核查情况，参考地区、行业、经济类型等特点对上述比例、金额或频次进行调整。平时工作中要求，出口的货物要收汇，进口的货物要付汇。有预收、预付、延期收款、延期付款的按照时限进行报告。记录每笔货物对应的物流跟资金流情况。

政策文件

海关总署国家外汇管理局联合发布公告2019年第93号《关于取消报关单收、付汇证明联和海关核销联的公告》，从2019年6月1日起，全面取消报关单收、付汇证明联和办理加工贸易核销的海关核销联。企业办理货物贸易外汇收付和加工贸易核销业务，按规定须提交纸质报关单的，可通过中国电子口岸自行以普通A4纸打印报关单并加盖企业公章。

第三节　消费税出口退税的核算

企业出口应税消费品，与出口货物一样，按照税法规定，享受退（免）税优惠。

一、出口应税消费品退（免）税分类

出口应税消费品退（免）消费税分为以下三种：出口免税并退税、出口免税但不退税、出口不免税也不退税。

对外贸企业出口消费税应税货物，凡属从价定率计征消费税的货物，应依照外贸企业从工厂购进货物时征收消费税的价格计算。凡属从量定额计征消费税的货物，应依照货物购进和报关出口的数量计算。

对其他生产企业委托出口的消费税应税货物，则实行"先征后退"的办法。外贸企业出口应税消费品，按规定计算（退）消费税。

二、出口应税消费品退税的企业范围

出口应税消费品退税的企业范围：一是有出口经营权的商业企业、工贸企业；二是特定出口退税企业。如对外承包工程公司、外轮供应公司等。

三、出口应税消费品退税的条件

出口应税消费品退税的条件，见表 8-9。

表 8-9　退税的条件

条件	是否给予退税	退税凭证
具备出口条件	给予退税的消费品	属于消费税征税范围的消费品
		取得《税收（出口产品专用）缴款书》《增值税专用发票（税款抵扣联）》《出口货物报关单（出口退税联）》《出口收汇单证》
		必须报关离境
		在财务上做出口销售处理
不具备出口条件	给予退税的消费品	如：对外承包工程公司运出境外用于对外承包项目的消费品，外轮供应公司、远洋运输供应公司销售给外轮、远洋外轮的消费品等

需要注意的是，有些消费品虽具备出口条件，但不给予退税优惠，如禁止出口货物等。

四、出口应税消费品的计算

1. 退税率的规定

按照《中华人民共和国消费税暂行条例》的规定，纳税人出口应税消费品，免征消费税。由于消费税基本上是在应税消费品的生产销售环节征收，所以一般来讲，实行本环节免税，即可做到出口商品不含消费税，但对外贸收购出口仍实行退税办法，退税率与消费税的税率相同。

2. 应退消费税的计算

应退消费税分为以下几种，见表 8-10。

表 8-10　消费税计税依据及计算公式

计税依据	定　义	计算公式
从价定率计算退税额	从价定率计征消费税的应税消费品，应依照外贸企业委托从工厂购进货物时，征收消费税的价格计算应退消费税税款	应退消费税税款＝出口货物的销售额（出口数额）×税率
从量征收计算退税额	从量定额计征消费税的应税消费品，应按货物购进和报关出口的数量计算应退消费税税款	应退消费税税款＝出口数量×单位税额
复合征收计算退税额	复合计征消费税的应税消费品，应按货物购进和报关出口的数量以及外贸企业从工厂购进货物时征收消费税的价格计算应退消费税税款	应退消费税税款＝出口货物的工厂销售额×税率＋出口数量×单位税额

第一，生产企业直接出口应税消费品或通过外贸企业出口应税消费品，按规定直接予以免税，可不计算应交消费税。

第二，通过外贸企业出口应征消费品时，如按规定实行先税后退方法的，按下列方法进行会计处理。见表 8-11。

表 8-11　出口消费品不同情形的会计处理

企业类型	账务处理
生产企业直接出口	生产企业直接出口应税消费品或通过外贸企业出口应税消费品，按规定直接予以免税的，可不计算应交消费税
委托外贸企业代理出口应税消费品的生产企业	按应交消费税税额借记"应收账款"科目，贷记"应交税费——应交消费税"科目
	实际缴纳消费税时，借记"应交税费——应交消费税"科目，贷记"银行存款"科目
	应税消费品出口收到外贸企业退回的税金，借记"银行存款"科目，贷记"应收账款"科目。发生退关、退货而补缴已退的消费税，作相反的会计分录
代理出口应税消费品的外贸企业	收到税务部门退回生产企业缴纳的消费税，借记"银行存款"科目，贷记"应付账款"科目
	将此项税金退还生产企业时，借记"应付账款"科目，贷记"银行存款"科目
	发生退关、退货而补缴已退的消费税，借记"应收账款——应收生产企业消费税"科目，贷记"银行存款"科目。收到生产企业退还的税款，做相反的会计分录

企业类型	账务处理
生产企业委托外贸企业代理出口产品	在计算消费税时做"应收账款"处理的,其所获得的消费税退税款,应冲抵"应收账款",不并入利润,征收企业所得税

【例 8-6】大地进出口公司为自营出口贸易公司,20××年4月从甲机床厂购进一批汽车,机床厂开来的增值税专用发票所列金额 2 000 000 元,税额 260 000 元,并取得相应的出口货物增值税专用发票及消费税专用缴款书。货物全部报关出口后,外销收入折算人民币为 5 700 000 元(假设退税率为 9%,消费税税率为 10%),账务处理如下。

(1)应退增值税税款=增值税发票所列不含税金额×退税率

$$=2\ 000\ 000 \times 9\% = 180\ 000\ (元)$$

(2)不予退税税款=增值税发票不含税金额×征退税率之差

$$=2\ 000\ 000 \times (13\% - 9\%) = 80\ 000\ (元)$$

(3)应退消费税税款=不含税金额×消费税税率

$$=2\ 000\ 000 \times 10\% = 200\ 000\ (元)$$

(4)货物入库时。

借:库存商品——汽车　　　　　　　　　　　2 000 000

　　应交税费——应交增值税(进项税额)　　　 260 000

　　贷:银行存款　　　　　　　　　　　　　　2 260 000

(5)货物报关出口后,账务处理如下。

借:应收账款——甲机床厂　　　　　　　　　5 700 000

　　贷:主营业务收入——自营出口销售收入　　5 700 000

同时结转出口销售成本,账务处理如下。

借:主营业务成本——自营出口销售成本　　　2 000 000

　　贷:库存商品　　　　　　　　　　　　　　2 000 000

(6)计算增值税应退税款时,账务处理如下。

借:其他应收款　　　　　　　　　　　　　　 180 000

　　贷:应交税费——应交增值税(出口退税)　 180 000

(7)计算消费税税款,同时冲减出口销售成本,账务处理如下。

借:其他应收款　　　　　　　　　　　　　　 200 000

贷：主营业务成本——自营出口销售成本　　　　200 000

（8）将不予退税部分转入产品销售成本，账务处理如下。

借：主营业务成本——自营出口销售成本　　　　80 000

贷：应交税费——应交增值税（进项税额转出）　　80 000

（9）收到退税款后，根据收入退税书，账务处理如下。

借：银行存款　　　　　　　　　　　　　　　　380 000

贷：其他应收款——应收出口退税（增值税）　　180 000

——应收出口退税（消费税）　　200 000

【例8-7】长宇第一汽车制造厂委托科达外贸企业代理出口一批应纳消费税的汽车，按规定缴纳了消费税43 200元。应税汽车出口后，税务机关按规定办理了出口退税，该厂已收到这笔款项。后来，由于某种原因，一部分应税汽车被外方退货，该厂又按规定补缴了13 000元的消费税税款。

（1）按照规定计算应纳消费税时，账务处理如下。

借：应收账款　　　　　　　　　　　　　　　　43 200

贷：应交税费——应交消费税　　　　　　　　　43 200

（2）实际缴纳消费税时，账务处理如下。

借：应交税费——应交消费税　　　　　　　　　43 200

贷：银行存款　　　　　　　　　　　　　　　　43 200

（3）外贸企业代理出口应税汽车之后，收到税务机关退回的消费税税款时，账务处理如下。

借：银行存款　　　　　　　　　　　　　　　　43 200

贷：应付账款　　　　　　　　　　　　　　　　43 200

（4）外贸企业将全部出口退税款付给汽车制造厂时，账务处理如下。

借：应付账款　　　　　　　　　　　　　　　　43 200

贷：银行存款　　　　　　　　　　　　　　　　43 200

（5）国外退货后，外贸企业补交已退的消费税税款时，账务处理如下。

借：应收账款——应收长宇第一汽车制造厂消费税　　13 000

贷：银行存款　　　　　　　　　　　　　　　　13 000

（6）外贸企业收到汽车制造厂付给的消费税时，账务处理如下。

借：银行存款　　　　　　　　　　　　　　　　13 000

贷：应收账款——应收长宇第一汽车制造厂消费税　　13 000

【例8-8】某外贸企业代理出口一批先征后退的应税消费品，收到税务机关退还给生产企业的消费税100 000元。

（1）代理出口应税消费品的外贸企业将应税消费品出口后，收到税务部门退回生产企业缴纳的消费税时，账务处理如下。

借：银行存款   100 000

   贷：应付账款   100 000

（2）外贸企业将此项税金退还生产企业时，账务处理如下。

借：应付账款   100 000

   贷：银行存款   100 000

（3）发生退关、退货而补缴已退的消费税时，账务处理如下。

借：应收账款——应收生产企业消费税   100 000

   贷：银行存款   100 000

（4）外贸企业收到生产企业退回来的出口退税款时，账务处理如下。

借：银行存款   100 000

   贷：应收账款——应收生产企业消费税   100 000

3. 企业出口应税消费品不予免税或者退税的，应视同国内销售

【例8-9】大地进出口公司出口一批按规定不予免税或退税的应税消费品，应视同国内销售，缴纳消费税100 000元。

（1）计提消费税时，账务处理如下。

借：税金及附加   100 000

   贷：应交税费——应交消费税   100 000

（2）缴纳消费税时，账务处理如下。

借：应交税费——应交消费税   100 000

   贷：银行存款   100 000

4. 消费税税收优惠政策

（1）生产企业自营出口和委托外贸企业代理出口的应税消费品，可以按照其实际出口数量和金额免征消费税。

（2）来料加工复出口的应税消费品，可以免征消费税。

（3）国家特准可以退还或者免征消费税的消费品主要有：对外承包工程公司运出中国境外，用于对外承包项目的；企业在国内采购以后运出境外，

作为境外投资的；利用中国政府的援外优惠贷款和援外合资合作项目基金方式出口的；对外补偿贸易、易货贸易、小额贸易出口的；外轮供应公司、远洋运输供应公司销售给外轮和远洋国轮，并收取外汇的；对外承接修理、修配业务的企业用于所承接的修理、修配业务的。

（4）外商投资企业以来料加工、进料加工贸易方式进口的应税消费品，可以免征进口环节的消费税。

（5）子午线轮胎可以免征消费税，翻新轮胎不征收消费税。

（6）边境居民通过互市贸易进口规定范围以内的生活用品，每人每日价值人民币 8 000 元以下的部分，可以免征进口环节的消费税。

（7）外国政府、国际组织无偿赠送的进口物资，可以免征进口环节的消费税。

（8）成品油生产企业在生产成品油过程中作为燃料、动力和原料消耗的自产成品油，用外购和委托加工回收的已税汽油生产的乙醇汽油，利用废弃动植物油脂生产的纯生物柴油，可以免征消费税。

第九章
技术进出口业务的核算

技术进出口是指从我国境外向境内，或者从我境内向境外，通过贸易、投资或者经济技术合作的方式转移技术的行为，包括专利权转让、专利申请权转让、专利实施许可、技术秘密转让、技术服务和其他方式的技术转移。

第一节 技术进出口概述

《中华人民共和国技术进出口管理条例》规定了技术进出口应当符合国家的产业政策、科技政策和社会发展政策，有利于促进我国科技进步和对外经济技术合作的发展，有利于维护我国经济技术权益等一系列问题。

一、技术进出口业务的主要方式

技术进出口业务的方式很多，主要有技术许可、特许专营、咨询服务、承包工程、合作经营，以及含有工业产权或专有技术转让的设备专卖，见表 9-1。

表 9-1 技术进出口业务的主要方式

方式	内　容
技术许可	技术转让交易中使用最广泛和最普遍的一种贸易方式。专利所有人、商标所有人或专有技术所有人作为许可方向被许可方授予某项权利，允许其按许可方拥有的技术实施、制造、销售该技术项下的产品，并由被许可方支付一定数额的报酬
特许专营	由一家已经取得成功经验的企业，将其商标、商号名称、服务标志、专利、专有技术以及经营管理的方法或经验转让给另一家企业的一项技术转让合同，后者有权使用前者的商标、商号名称、专利、服务标志、专有技术及经营管理经验，但需支付一定数目的特许费
咨询服务	技术提供方受另一方委托，通过签订技术服务合同，为委托方提供技术劳务，完成某项服务任务，并由委托方支付一定技术服务费的活动。咨询费一般可以按工作量计算，也可采用技术课题包干定价。一般所付的咨询费相当于总投资的 5％ 左右，技术服务的范围和内容相当广泛，包括产品开发、成果推广、技术改造、工程建设、科技管理等多个方面和多种多样的形式
承包工程	又称"交钥匙"工程，是指供方为建成整个工厂与自成体系的整个车间向受方提供全部设备、技术、经营管理方法，包括工程项目的设计、施工、设备的提供与安装、受方人员的培训、试车，直接把一座能够开工生产的工厂或车间交给受方。承包工程与技术直接关联，大部分是新工艺、新技术，包含的内容复杂，包括工程设计、土建施工、提供机器设备、质量管理等全过程，是一种综合性的贸易活动
合作经营	两个或两个以上的法人或自然人通过订立合作经营合同，在合同有效期内合同当事人一方或各方提供有关技术、设计方案或制造某种设备，在合作过程中实现技术转让的一种合作方式

二、税收的管辖权

由于各国对税收的管辖权有属地主义和属人主义两种，属地主义是指对一国境内取得的所得征税，不管其取得者是本国居民还是外国居民，同时对本国居民取得的所得不再征税。属人主义是指对本国居民取得的来自国内外的所得都要纳税。国际技术贸易是一种跨国界的经济活动，各国对跨国所得平行行使征税权，以致一笔使用费收入两次纳税，就会造成双重征税问题。

为避免双重征税，通常采用的方法有免税法、抵免法和饶让法，见

表 9-2。

表 9-2 避免双重征税的方法

方式	内　　容
免税法	也称豁免法，是指居住国一方对本国居民来源于来源地国的已在来源地国纳税的跨国所得，在一定条件下放弃居民税收管辖权
抵免法	是目前大多数国家采用避免国际重复征税的方法。采用抵免法，就是居住国按照居民纳税人的境内外所得或一般财产价值的全额为基数计算其应纳税额，但对居民纳税人已在来源地国缴纳的所得税或财产税额，允许从居住国应纳的税额中扣除
饶让法	处于资本输入国地位的来源国，为使其减免税优惠能发挥实际效用，往往在与资本输出国签订的双重征税协定中要求对方实行税收饶让抵免，即居住国对其居民因来源地国实行减免税优惠而未实际缴纳的那部分税额，应视同已经缴纳同样给予抵免

三、技术进出口与一般货物进出口的区别

技术进出口作为一种跨境行为和一种贸易行为与一般货物进出口又有明显区别，其具体表现在以下方面，见表 9-3。

表 9-3 技术进出口与一般货物进出口的区别

项目	区　　别
交易的标的不同	技术是一种特殊的商品，即无形的知识或称"知识产品"；而货物进出口指的是有形的物质产品，可以计量
受法律调整和政府管制程度不同	许多国家在有关技术进出口的法律中规定，凡重要的技术引进决议必须呈报政府主管部门审查、批准或登记后才能生效，而一般货物进出口合同没有这样的要求
转让权限不同	技术进出口转让的只是技术的使用权，而货物进出口的标的一经售出，卖方便失去了对商品的所有权

第二节　技术进口的核算

企业购进技术发生的成本包括购买价款、相关税费以及直接归属于使该

项资产达到预定用途所发生的其他支出。

一、支付技术使用费的方式

在国际技术贸易中采用的使用费支付方式主要有总付、提成支付和入门费加提成费支付三种。

1. 总付

总付是指技术转让方与技术受让方谈妥一笔固定的金额，由技术受让方一次或分期付清。

因此，总付的主要特点是技术受让方承担了引进技术的全部风险，而技术转让方收益有较确定的保证。鉴于这种情况，使用一次总付方式支付技术转让费，一般适用于以下几种情况：①当技术可以立即全部转移，而且技术受让方能够很快予以吸收；②转让非尖端技术或专有技术，技术受让方不需要技术转让方不断提供技术支持；③技术受让方有较充足的资金，并打算尽快摆脱对技术转让方的依赖。

2. 提成支付

提成支付方式是指技术受让方利用引进技术开始生产之后，以经济上的使用或效果（产量、销售额、利润等）作为函数、予以确定，按期连续支付。

这种支付方式的特点是：双方在签订技术转让合同时，只规定提成的比例和提成的基础，不固定合同期间技术受让方应支付的技术使用费总额，只有当技术受让方利用技术转让方技术取得实际经济效益时，才根据合同规定计算提成费，按期支付给技术转让方。

这种支付方式，技术转让方也承担了较大的风险。因此较为适用于：①技术受让方与技术转让方愿意长期合作的；②技术十分成熟且具有独特的优势，收益前景十分明朗；③技术受让方转化能力强的情况。

3. 入门费加提成费支付

这种方式指的是技术受让方先向技术转让方支付一笔约定的金额（总付金额中的小部分），这笔金额称为入门费或初付费，之后再按照双方约定的办法支付提成费。入门费在合同生效后就要立即支付；提成部分要在项目投产后在合同约定的年限内支付。

例如，甲委托乙为自己开发一项技术，甲由于技术取得收益，双方约定甲支付给乙的报酬分为两部分，一部分是甲的入门费，另一部分是甲按照收益给乙一定的提成，此时就属于提成支付附加预付入门费。

这种支付兼顾了技术受让方和技术转让方双方的利益。一般采取这种技术转让费支付方式的原因有：①技术有一定的难度，技术受让方吸收转化具有一定的风险，需要技术转让方给予长期的技术支持。②在考察期间，在一定程度上可能泄露技术秘密，为弥补技术转让方可能的损失，采取支付入门费的方式。③技术受让方吸收消化技术能力较差，不适用于第二种支付方式的情况下，技术转让方一般要求较高的入门费。

1. 总付一次付清

【例 9-1】20××年 1 月 20 日，大地进出口公司以 5 000 000 美元从美国 Q 公司购入一项专利权，对方负担预提所得税及增值税，美元中间价为 6.80 元，增值税税率为 6%，预提 15% 的所得税。账务处理如下。

（1）预提应交所得税及增值税，账务处理如下。

借：应交税费——应交增值税（进口增值税）

（5 000 000×6.80×6%）2 040 000

——应交预提所得税

（5 000 000×6.80×15%）5 100 000

贷：银行存款　7 140 000

（2）按合同金额计入无形资产成本，账务处理如下。

借：无形资产——专利权　（5 000 000×6.80）34 000 000

贷：应付账款——Q 公司　34 000 000

同时结转代扣税金，账务处理如下。

借：应付账款——Q 公司——美元　7 140 000

贷：应交税费——应交增值税（进口增值税）　2 040 000

——应交预提所得税　5 100 000

（3）支付扣税后的净价款，账务处理如下。

支付扣税后的净价款＝34 000 000－7 140 000＝26 860 000（元）

借：应付账款——Q 公司　26 860 000

　　　　貸：银行存款——美元户　　　　　　　　　　　　26 860 000

2. 总付分次付清

　　对于分期支付无形资产价款的会计分录可以设置"未完引进技术"会计科目。

　　【例9-2】承【例9-1】，假如购买专利权的价款5 000 000元分四次付清，每年支付1 250 000美元，合同规定该项专利权可使用10年。不考虑各次支付时点汇率变化则账务处理如下。

　　（1）第一次付款时，代缴增值税和预提所得税。

　　借：应交税费——应交增值税（进口增值税）
　　　　　　　　　　（1 250 000×6.80×6％）510 000
　　　　　　　——应交预提所得税
　　　　　　　　　　（1 250 000×6.80×15％）1 275 000
　　　　贷：银行存款　　　　　　　　　　　　1 785 000

　　（2）合同规定的第一次应付价款计入"未完引进技术"科目

　　借：未完引进技术　　（1 250 000×6.80）8 500 000
　　　　贷：长期应付款——美元户　　　　　　　8 500 000

　　（3）结转代扣税金

　　借：长期应付款——美元户　　　　　　　　1 785 000
　　　　贷：应交税费——应交增值税　　　　　　510 000
　　　　　　　——应交预提所得税　　　　　　1 275 000

　　（4）支付进口技术款

　　支付进口技术款扣税后净价＝1 250 000×6.80－1 785 000＝6 715 000（元）

　　借：长期应付款　　　　　　　　　　　　　6 715 000
　　　　贷：银行存款——美元户　　　　　　　　6 715 000

　　（5）以后各次付款的分录同第一次，最后一次付款时，结转未完引进技术的资产价值

　　借：无形资产——专利权　（5 000 000×6.80）34 000 000
　　　　贷：未完引进技术　　　　　　　　　　34 000 000

3. 提成支付方式下的会计核算

　　【例9-3】大地进出口公司从美国卡达公司购买商标使用权，合同规定每年按年销售收入的15％支付卡达公司使用费，使用期5年。假定第一年大地公司销售收入2 500 000美元，第二年销售收入3 000 000美元，这两年

的使用费按期支付。对方负担预提所得税，美元中间价为 6.80 元，该企业有美元现汇账户，无须购汇。增值税税率为 6%，预提 10% 的所得税。账务处理如下。

（1）第一年年底付款，代缴增值税和预提所得税。

借：应交税费——应交增值税

　　　　　　（2 500 000×15%×6.80×6%）153 000

　　　——应交预提所得税

　　　　　　（2 500 000×6.80×15%×10%）255 000

　　贷：银行存款　　　　　　　　　　　　　408 000

（2）合同规定的第一次应付价款计入"未完引进技术"科目。

借：未完引进技术　　（2 500 000×15%×6.80）2 550 000

　　贷：应付账款——美元户　　　　　　　　2 550 000

（3）结转代扣税金。

借：应付账款——美元户　　　　　　　　　　408 000

　　贷：应交税费——应交增值税　　　　　　153 000

　　　　　　——应交预提所得税　　　　　　255 000

（4）第二年年底付款，代交增值税和预提所得税。

借：应交税费——应交增值税（3 000 000×15%×6.80×6%）

　　　　　　　　　　　　　　　　　　　　183 600

　　　——应交预提所得税

　　　　　　（3 000 000×6.80×15%×10%）306 000

　　贷：银行存款　　　　　　　　　　　　　489 600

（5）合同规定的第二次应付价款计入"未完引进技术"科目。

借：未完引进技术　　（3 000 000×15%×6.80）3 060 000

　　贷：应付账款——美元户　　　　　　　　3 060 000

（6）结转代扣税金。

借：应付账款——美元户　　　　　　　　　　489 600

　　贷：应交税费——应交增值税

　　　　　　（3 000 000×15%×6.80×6%）183 600

　　　　　　——应交预提所得税

　　　　　　（3 000 000×6.80×15%×10%）306 000

4. 入门费加提成费方式下的会计核算

入门费加提成费方式下的会计核算与提成支付方式下的会计核算类似，此处不再赘述。

二、以产品补偿引进国外技术的账务处理

技术出口国提供专利和非专利技术的所有权或使用权，进口国企业利用该技术生产的产品来偿还该技术的使用费，此类业务属于补偿贸易，带有融资性质。引进技术不需立即付汇。按照我国税法规定需缴纳增值税和预提所得税。账务处理见表9-4。

表9-4　以产品补偿引进国外技术的账务处理

业务情景	账务处理
引进技术按合同价值记账	借：无形资产——专利权使用费 　　贷：长期应付款——应付国外专利权使用费
第一次向国外交货偿还技术使用费	借：长期应付款——应付国外专利权使用费 　　贷：主营业务收入 　　　　同时，结转成本 借：主营业务成本 　　贷：库存商品
代扣应缴增值税和预提所得税	借：长期应付款——应付国外专利权使用费 　　贷：应交税费——应交增值税 　　　　　　　——应交预提所得税
缴纳增值税和预提所得税	借：应交税费——应交增值税 　　　　　　——应交预提所得税 　　贷：银行存款
每月摊销无形资产	借：管理费用——无形资产摊销 　　贷：累计摊销

第三节　技术出口的核算

我国企业为技术进口国设计软件、开发新产品、培训技术人员、设计产品、建筑设计等均属技术服务。

一、企业提供技术服务收入的确定

提供技术服务的交易结果必须同时满足下列条件，才能确认为收入。

（1）企业已将商品所有权上的主要风险和报酬转移给购货方。

（2）企业既没有保留通常与所有权相联系的继续管理权，也没有对已售出的商品实施控制。

（3）与交易相关的经济利益能够流入企业。

（4）相关的收入和成本能够可靠地计量。

以上四条件必须同时满足，才能确认收入，任何一条件未满足，即使收到货款也不能确认为收入。这充分体现了会计核算的谨慎性原则。

企业提供技术服务收入时间的确认：如图 9-2 所示。

（1）在同一会计期间内开始并完成的劳务，应在劳务完成时确认收入，确认的金额为合同或协议总金额，确认方法可参照商品销售收入的确认原则；

（2）劳务的开始和完成分属不同的会计期间，且在资产负债表日能对该项交易的结果作出可靠估计的，应按完工百分比法确认收入。

【例 9-4】2022 年 6 月，东兴外贸企业为南非卡帝斯公司设计工程项目，设计费为 2 000 000 美元，期限 9 个月，合同规定卡帝斯公司预付设计费 600 000 美元，余款在设计完成后支付。至 2022 年 12 月 31 日已发生成本 300 000 美元（假设为设计人员工资），预计完成该项目还将发生成本 1 200 000 美元。2022 年 12 月 31 日，经专业人员测评，设计工程已完成 60%。美元兑人民币中间价为 6.75 元。假设东兴外贸企业征收的预提所得税税率为 15%。

2022 年确认收入＝劳务总收入×劳务的完成程度－以前年度已确认的收入＝2 000 000×60%－0＝1 200 000（美元）

2022 年确认的成本＝劳务总成本×劳务的完成程度－以前年度已确认的成本＝（300 000＋1 200 000）×60%－0＝900 000（美元）

账务处理如下：

（1）收到预付款，已扣预提所得税。

借：银行存款——美元户 [600 000×（1－15%）×6.75]

　　　　　　　　　　　　　　　　　　　　　　　3 442 500

　　应交税费——应交预提所得税　（600 000×15%×6.75）

　　　　　　　　　　　　　　　　　　　　　　　607 500

贷：预收账款——东兴外贸企业 　　　　　　　　　　　4 050 000

（2）结转代缴预提所得税。

借：所得税费用 　　　　　　　　　　　　　　　　　607 500

　　贷：应交税费——应交预提所得税 　　　　　　　　607 500

（3）结转劳务成本。

借：劳务成本 　　　　　　（900 000×6.75）6 075 000

　　贷：应付职工薪酬——应付工资 　　　　　　　6 075 000

（4）2022年12月31日，资产负债表日确认收入。

借：应收账款——东兴外贸企业

　　　　　　　　　（2 000 000×60％×6.75）8 100 000

　　贷：其他业务收入 　　　　　　　　　　　　　8 100 000

同时结转成本。

借：其他业务成本 　　　　　　　　　　　　　　　6 075 000

　　贷：劳务成本 　　　　　　　　　　　　　　　6 075 000

二、技术转让收入的账务处理

技术转让收入是指当事人履行技术转让合同后获得的价款，不包括销售或转让设备、仪器、零部件、原材料等非技术性收入。不属于与技术转让项目密不可分的技术咨询、技术服务、技术培训等收入，不得计入技术转让收入。

技术转让成本是指转让的无形资产的净值，即该无形资产的计税基础减除在资产使用期间按照规定计算的摊销扣除额后的余额。

相关税费是指技术转让过程中实际发生的有关税费，包括除企业所得税和允许抵扣的增值税以外的各项税金及其附加、合同签订费用、律师费等相关费用及其他支出。

享受技术转让所得减免企业所得税优惠的企业，应单独计算技术转让所得，并合理分摊企业的期间费用；没有单独计算的，不得享受技术转让所得企业所得税的优惠。

【例9-5】东兴外贸企业将一项专利权转让给Y国S企业使用，合同规定使用期限为5年，使用费为1 200 000美元，分为5次收取，并当即结汇。专利权的账面价值为1 000 000元，已摊销200 000美元。Y国不征收预提所得税，美元买入价为 6.75 元，账务处理如下。

（1）每次收取使用费时＝240 000×6.75＝1 620 000（元）

借：银行存款　　　　　　　　　　　　　　　　1 620 000

　　贷：其他业务收入　　　　　　　　　　　　　　　1 620 000

（2）按 5 年摊销，每月摊销额＝1 000 000÷5÷12＝16 666.67（元）

借：其他业务成本——无形资产摊销　　　　　　16 666.67

　　贷：累计摊销　　　　　　　　　　　　　　　　16 666.67

第十章
跨境电商进出口业务

根据企查查数据显示，我国现存跨境电商相关企业 3.39 万家。本章主要介绍跨境电商进出口模式、相关税收政策以及会计处理。

第一节 跨境电商出口税收政策与会计核算

跨境电商出口业务的会计处理，主要集中在相关税收政策与业务处理上，大部分出口货物都享受免税政策。通常情况下，企业出口确认销售收入都以离岸价为准。在国内销售环节，根据相关规定，企业在购进应税货物时所产生的增值税进项税额可以在当期销售货物的增值税销项税当中进行抵扣；如果出现不足以抵扣的情况，还可以在下一次的销售环节当中继续进行抵扣。

一、跨境电商出口模式

按照海关规定，跨境电商出口目前有以下几种模式：跨境电商一般出口、跨境电商 B2B 直接出口、保税跨境贸易电子商务等。

1. 跨境电商一般出口

跨境电商一般出口是指通过国际购物平台经海关申报监管离境的一种跨境 B2C 模式。海外买家在国际购物平台下单，国内卖家将单据信息申报、查验、放行，由国际物流公司在离境口岸离境、派送的一种模式。跨境电商一般出口海关监管代码为"9610"。综合试验区（以下简称"综试区"）海关采用"简化申报，清单核放，汇总统计"方式通关，其他海关采用"清单核放，汇总申报"方式通关。跨境电商一般出口主要流程如下。

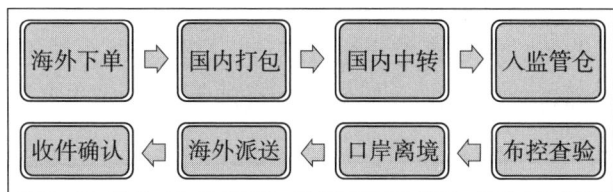

海外下单 ⇨ 国内打包 ⇨ 国内中转 ⇨ 入监管仓

收件确认 ⇦ 海外派送 ⇦ 口岸离境 ⇦ 布控查验

2. 跨境电商 B2B 出口模式

"跨境电商 B2B 出口"是指境内企业通过跨境物流将货物运送至境外企业或海外仓，并通过跨境电商平台完成交易的贸易形式。

"跨境电商平台"是指为交易双方提供网页空间、虚拟经营场所、交易规则、信息发布等服务，设立供交易双方独立开展交易活动的信息网络系统，包括自营平台和第三方平台，境内平台和境外平台。

根据企业经营模式可分为以下两种：一是 B2B 直接出口；二是出口海外仓。B2B 直接出口海关监管方式代码"9710"，适用于境内企业通过跨境电商平台与境外企业达成交易后，将货物直接出口至境外企业。出口海外仓海关监管方式代码"9810"，适用于境内企业先将货物出口至海外仓，再通过境外平台实现交易后从海外仓送达境外购买者。跨境电商 B2B 出口模式流程如下所示。

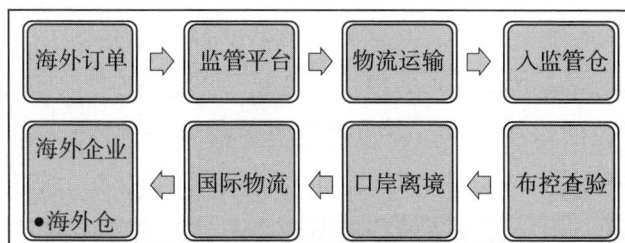

海外订单 ⇨ 监管平台 ⇨ 物流运输 ⇨ 入监管仓

海外企业
●海外仓 ⇦ 国际物流 ⇦ 口岸离境 ⇦ 布控查验

中华人民共和国海关总署陆续公布跨境电商 B2B 出口监管试点的政策文

件，如《关于开展跨境电子商务企业对企业出口监管试点的公告》（海关总署公告 2020 年第 75 号）、《关于扩大跨境电子商务企业对企业出口监管试点范围的公告》（海关总署公告 2020 年第 92 号）、《关于在全国海关复制推广跨境电子商务企业对企业出口监管试点的公告》（海关总署公告 2021 年第 47 号），这些文件确定跨境电商 B2B 出口监管试点城市海关。

3. 保税跨境贸易电子商务

海关监管方式代码"1210"，包括跨境电商特殊区域包裹零售出口和跨境电商特殊区域出口海外仓零售。具体含义如下：

（1）跨境电商特殊区域包裹零售出口是指对进入特殊区域的商品，通过电商平台完成销售后，在区内打小包并离境送达境外消费者的模式；

（2）跨境电商特殊区域出口海外仓是指国内企业将商品出口报关，进入特殊区域，在特殊区域内完成理货、拼箱后，批量出口至海外仓，通过电商平台完成零售后再将商品入海外仓送达境外消费者的模式。保税跨境贸易电子商务流程如下：

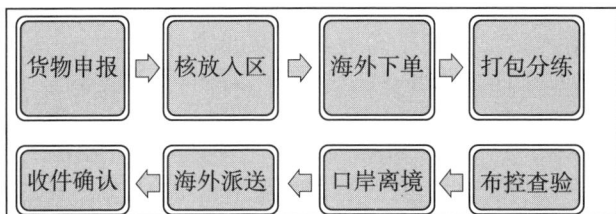

货物申报 ⇒ 核放入区 ⇒ 海外下单 ⇒ 打包分练

收件确认 ⇐ 海外派送 ⇐ 口岸离境 ⇐ 布控查验

二、办理海关备案

1. 企业如何进行海关备案

符合条件的企业须向所在地海关备案。

（1）跨境电商企业、跨境电商平台企业、物流企业等参与跨境电商 B2B 出口业务的境内企业，应当依据海关报关单位备案有关规定，向所在地海关办理备案，并在跨境电商企业类型中勾选相应企业类别。对于仅开展跨境电商 B2B 出口业务的物流企业，跨境电商类型应勾选"物流企业（仅 B2B）"。已办理备案未勾选企业类型的，可在"单一窗口"提交备案信息更改申请。

（2）开展出口海外仓业务的跨境电商企业，应当为海关一般信用及以上信用等级企业，还应当在当地海关办理出口海外仓业务模式备案，经海关备案通过的，可以在全国海关范围内开展跨境电商出口海外仓业务。

开展出口海外仓业务的电商企业在备案时应向企业主管地海关提交以下材料：

（1）《跨境电商海外仓出口企业备案登记表》及《跨境电商海外仓信息登记表》（一仓一表）一式一份；

（2）海外仓证明材料：海外仓所有权文件（自有海外仓）、海外仓租赁协议（租赁海外仓）、其他可证明海外仓使用的相关资料（如海外仓入库信息截图、海外仓货物境外线上销售相关信息）等；

（3）当地商务部门或其他主管部门提供企业海外仓业务证明；

（4）其他海关认为需要的材料。

2. 与跨境电商相关的政策

国家税务总局等相关部门陆续颁布与跨境电商出口退税等相关的政策，见表 10-1。

表 10-1　与跨境电商相关的政策

序号	文件名称
1	《国家税务总局关于跨境电子商务综合试验区零售出口企业所得税核定征收有关问题的公告》（国税总局公告 2019 年第 36 号）
2	《国家税务总局青岛市税务局关于发布〈中国（青岛）跨境电子商务综合试验区零售出口货物免税管理办法（试行）〉的公告》（青岛税务公告 2018 年第 24 号）
3	《财政部 国家税务总局 海关总署 商务部关于跨境电子商务综合试验区零售出口货物税收政策的通知》（财税〔2018〕103 号）
4	《财政部 国家税务总局关于跨境电子商务零售出口税收政策的通知》（财税〔2013〕96 号）
5	《国务院办公厅转发商务部等部门关于实施支持跨境电子商务零售出口有关政策意见的通知》（国办发〔2013〕89 号）

以上文件对核定征收企业所得税，增值税、消费税免（退）税政策做出详细规定。

三、核定征收企业所得税

企业所得税核定征收是指对综试区内的跨境电商企业准确核算收入金额，

采用所得税率方式核定征收企业所得税，应税所得率统一按照 4% 确定。

计算公式如下：

应纳税所得额＝收入×应税所得率

应纳企业所得税＝应纳税所得额×适用税率

＝收入×应税所得率×适用税率

《国家税务总局关于跨境电子商务综合试验区零售出口企业所得税核定征收有关问题的公告》（国家税务总局公告 2019 年第 36 号）规定：

一、综试区内的跨境电商企业，同时符合下列条件的，试行核定征收企业所得税办法：

（一）在综试区注册，并在注册地跨境电子商务线上综合服务平台登记出口货物日期、名称、计量单位、数量、单价、金额的；

（二）出口货物通过综试区所在地海关办理电子商务出口申报手续的；

（三）出口货物未取得有效进货凭证，其增值税、消费税享受免税政策的。

二、综试区内核定征收的跨境电商企业应准确核算收入总额，并采用应税所得率方式核定征收企业所得税。应税所得率统一按照 4% 确定。

三、税务机关应按照有关规定，及时完成综试区跨境电商企业核定征收企业所得税的鉴定工作。

四、综试区内实行核定征收的跨境电商企业符合小型微利企业优惠政策条件的，可享受小型微利企业所得税优惠政策；其取得的收入属于《中华人民共和国企业所得税法》第二十六条规定的免税收入的，可享受免税收入优惠政策。

五、本公告所称综试区，是指经国务院批准的跨境电子商务综合试验区；本公告所称跨境电商企业，是指自建跨境电子商务销售平台或利用第三方跨境电子商务平台开展电子商务出口的企业。

六、本公告自 2020 年 1 月 1 日起施行。

综试区内的跨境电商企业办理程序如下：

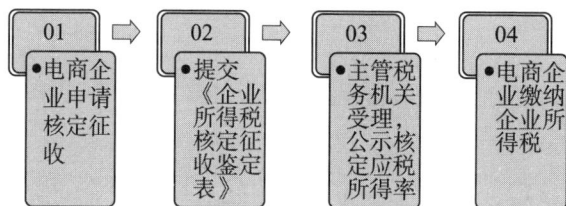

01	02	03	04
●电商企业申请核定征收	●提交《企业所得税核定征收鉴定表》	●主管税务机关受理，公示核定应税所得率	●电商企业缴纳企业所得税

《跨境电子商务综合试验区零售出口货物企业所得税核定征收政策指引》规定：

> ·············
>
> （二）核定征收的跨境电子商务零售出口企业应准确核算收入总额，并采用应税所得率方式核定征收企业所得税。应税所得率统一按照4%确定。
>
> （三）实行企业所得税核定征收的跨境电子商务零售出口企业应纳所得税额计算公式：
>
> 应纳税所得额＝应税收入额×4%
>
> 应税收入额＝收入总额－不征税收入－免税收入
>
> 应纳所得税额＝应纳税所得额×25%
>
> 实际应纳所得税额＝应纳税所得额×25%－享受小微企业税收优惠额

【例10-1】青岛综试区内电商甲企业，从业人员10名，资产总额490万元。2023年取跨境零售出口收入总额为900万元（无其他收入）。经税务机关鉴定甲企业符合相关条件，可按4%应税所得率适用核定征收企业所得税方法，同时甲企业符合小微企业所得税优惠政策。

2023年，甲企业应纳税所得额＝900×4%＝36（万元）

甲企业实际应纳所得税额＝36×25%×20%×50%＝0.9（万元）

四、增值税、消费税退（免）税政策

跨境电商出口货物涉及增值税、消费税，增值税征收依据为《中华人民共和国增值税暂行条例》《中华人民共和国增值税暂行条例实施细则》《营业税改征增值税试点办法》。

1. 适用增值税、消费税退（免）税政策文件

《财政部 国家税务总局关于跨境电子商务零售出口税收政策的通知》（财税〔2013〕96号）规定：

> 第一条 跨境电子商务零售出口（以下简称电子商务出口）企业出口货物（财政部、国家税务总局明确不予出口退（免）税或免税的货物除外，下同），同时符合下列条件的，适用增值税、消费税退（免）税政策：
>
> （1）电子商务出口企业属于增值税一般纳税人并已向主管税务机关办理出口退（免）税资格认定；

（2）出口货物取得海关出口货物报关单（出口退税专用），且与海关出口货物报关单电子信息一致；

（3）出口货物在退（免）税申报期截止之日内收汇；

（4）电子商务出口企业属于外贸企业的，购进出口货物取得相应的增值税专用发票、消费税专用缴款书（分割单）或海关进口增值税、消费税专用缴款书，且上述凭证有关内容与出口货物报关单（出口退税专用）有关内容相匹配。

第二条　电子商务出口企业出口货物，不符合增值税、消费税退（免）税规定条件，但同时符合下列条件的，适用增值税、消费税免税政策：

（1）电子商务出口企业已办理税务登记；

（2）出口货物取得海关签发的出口货物报关单；

（3）购进出口货物取得合法有效的进货凭证。

根据上述文件规定，一般纳税人与小规模纳税人退（免）税政策简单总结，见表 10-2。

表 10-2　退（免）税政策

电子商务出口企业出口货物	（退）免税	一般纳税人（满足条件）
	免税	小规模纳税人
		一般纳税人（不满足条件）

【例 10-2】A 公司是一家在上海新注册成立的外贸企业。

2021 年 3 月，通过第三方电商平台向境外消费者销售键盘，订单完税总价格为 100 万元。

2021 年 4 月，按照 9610 "清单核放，汇总申报"方式，通过上海海关办理通关申报。

2021 年 5 月，该批出口键盘完成配送，消费者均确认收货。

2021 年 6 月，完成出口收汇，出口键盘取得增值税专用发票，票面不含税价格 80 万元，增值税退税率 13%。

（1）首次出口前，取得相应资质：增值税一般纳税人认定；对外贸易经营权备案；海关备案登记；对接上海跨境公共服务平台。

（2）首次出口后，办理免税备案；《出口退（免）税备案表》；对外贸易经营者备案登记表；中华人民共和国海关报送单位注册登记书。

（3）确认出口收入，办理免税申报：

增值税纳税申报表、免税销售额 100 万元；出口环节增值税 0。

（4）收汇并取得专票，通过国际贸易单一窗口申报退税。进货环节增值税＝票面价 80×退税率 13%＝10.4 万元。

A 企业申请退税流程如下。

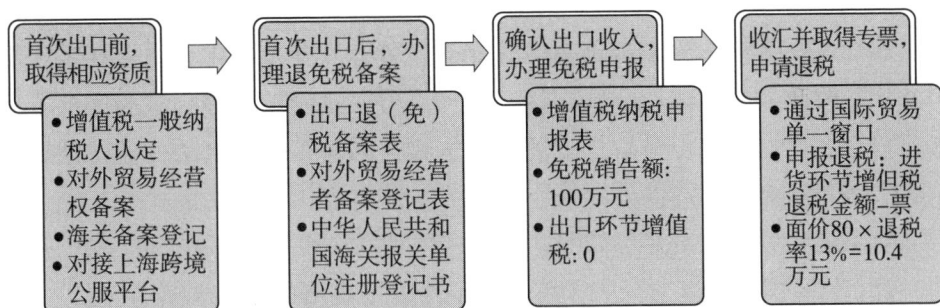

首次出口前，取得相应资质	首次出口后，办理退免税备案	确认出口收入，办理免税申报	收汇并取得专票，申请退税
● 增值税一般纳税人认定 ● 对外贸易经营权备案 ● 海关备案登记 ● 对接上海跨境公服平台	● 出口退（免）税备案表 ● 对外贸易经营者备案登记表 ● 中华人民共和国海关报关单位注册登记书	● 增值税纳税申报表 ● 免税销告额：100万元 ● 出口环节增值税：0	● 通过国际贸易单一窗口 ● 申报退税；进货环节增但税退税金额=票面价80×退税率13%=10.4万元

国家税务总局青岛市税务局公告 2018 年第 24 号文件规定如下：

第一条　为规范我市跨境电子商务综合试验区（以下简称综试区）内的跨境电子零售出口货物（以下简称电子商务出口）免税管理，根据《财政部 税务总局 商务部 海关总署关于跨境电子商务综合试验区零售出口货物税收政策的通知》（财税〔2018〕103 号）的规定，制定本办法。

第二条　对综试区电子商务出口企业出口未取得有效进货凭证的货物，同时符合下列条件的，试行增值税、消费税免税政策：

（一）电子商务出口企业在中国（青岛）跨境电子商务综合试验区线上综合服务平台登记出口日期、货物名称、计量单位、数量、单价、金额。

（二）出口货物从国务院同意设立的跨境电子商务综合试验区所在地海关办理跨境电子商务零售出口申报手续。

（三）出口货物不属于财政部和税务总局根据国务院决定明确取消出口退（免）税的货物。

第三条　电子商务出口企业出口符合本公告免税条件的货物，须在销售业务发生的次月向主管税务机关办理增值税纳税申报（按季办理增值税纳税申报的为次季度）。

第四条　电子商务出口企业未按规定办理增值税纳税申报的，主管税务机关按照《中华人民共和国税收征收管理法》及其实施细则相关规定进行处理。

第五条　主管税务机关征税部门应根据税务总局清分的出口商品申报清单电子信息，切实加强对辖区内企业电子商务出口的免税管理。

第六条　本公告自 2018 年 10 月 1 日起执行，具体日期以出口商品申报清单注明的出口日期为准。

《财政部 税务总局 商务部 海关总署关于跨境电子商务综合试验区零售出口货物税收政策的通知》（财税〔2018〕103 号）规定：对综合试验区电子商务出口企业出口未取得有效进货凭证的货物，同时符合一定条件的，试行增值税、消费税免税政策。

有关退税凭证政策文件如下。

《财政部 国家税务总局关于跨境电子商务零售出口税收政策的通知》（财税〔2013〕96 号）规定：

（1）电商出口企业取得增值税专用发票可退税；电商出口企业取得合法有效的进货凭证可免税；电商出口企业购进出口货物无法取得合法有效的进货凭证，则需要视同内销进行征税处理。

合法有效的进货凭证：《国家税务总局关于〈出口货物劳务增值税和消费税管理办法〉有关问题的公告》（国家税务总局公告 2013 年第 12 号）文件规定：属于购进货物直接出口的，还应提供相应的合法有效的进货凭证。合法有效的进货凭证包括：增值税专用发票、增值税普通发票及其他普通发票、海关进口增值税专用缴款书、农产品收购发票、政府非税收票据。

…………

《关于跨境电商综合试验区零售出口企业所得税核定征收有关问题的公告》（国家税务总局公告 2019 年 36 号）

符合条件的电子商务出口企业按照核定征收方式计算缴纳企业所得税。

综试区内核定征收的跨境电商企业应税收入总额，并采用应税所得率方式核定征收企业所得税。应税所得率统一按照 4% 确定。

【例 10-3】华源电子有限公司是注册在上海的一家电子商务零售出口企业。2022 年，全年收入总额 5 500 万元，支出总额 4 420 万元，无其他税收优惠情况。经税务机关认定，该公司采用核定征收企业所得税的形式。

即：

应纳税所得额＝5 500×4％＝220（万元）

应纳税所得税额＝220×25％＝55（万元）

2. 综试区内出口企业可以享受"无票免税"政策

"无票免税"是指出口企业只要注册在综试区内，登记相应的销售方名称、纳税人识别号、货物名称、数量、单价和总金额等进货信息，就可以享受免征增值税。

2018 年 9 月 28 日，财政部、税务总局、商务部、海关总署发布了《关于跨境电子商务综合试验区零售出口货物税收政策的通知》（财税〔2018〕103号），明确了跨境电商零售出口货物相关政策，其主要内容如下：

> 一、试行增值税、消费税免税政策
>
> 适用对象：综试区电子商务出口企业出口未取得有效进货凭证的货物
>
> 条件（需同时满足）：
>
> （1）在综试区注册，并在注册地跨境电子商务线上综合服务平台登记出口日期、货物名称、计量单位、数量、单价、金额；
>
> （2）出口货物通过综试区所在地海关办理电子商务出口申报手续；
>
> （3）出口货物不属于财政部和税务总局根据国务院决定明确取消出口退（免）税的货物；
>
> ············

注：综试区是指经国务院批准的跨境电子商务综合试验区；电子商务出口企业是指自建跨境电子商务销售平台或利用第三方跨境电子商务平台开展电子商务出口的单位和个体工商户。

五、跨境电商出口账务处理

跨境电商模式分为两种：一种是保税区备货；一种是直邮。无论是哪一种方式，产品都是不含税商品，因此不再计提增值税。

跨境电商平台取得收入的账务处理见表10-3。

表 10-3　跨境电商账务处理

业务情形	账务处理
跨境电商平台取得收入	借：银行存款 　　贷：主营业务收入——跨境电商（二级科目可以自行命名）
收到代缴税款	借：银行存款 　　贷：其他应付款——代缴跨境行邮税（二级科目可以自行命名）
缴纳税款	借：其他应付款——代缴跨境行邮税（二级科目可以自行命名） 　　贷：银行存款

跨境电商零售账务处理见表 10-4。

表 10-4　跨境电商零售账务处理

业务情形	账务处理
出口报关销售时	借：应收外汇账款 　　贷：主营业务收入——出口销售收入
结转出口商品成本	借：主营业务成本 　　贷：库存商品——库存出口商品
进项税额转出时	借：主营业务成本 　　贷：应交税费——应交增值税（进项税额转出）
申报出口退税时	借：应收出口退税（增值税） 　　贷：应交税费——应交增值税（出口退税）
收到增值税退税款时	借：银行存款 　　贷：应收出口退税（增值税）

跨境电商企业代收代缴的跨境电商综合税会计处理，见表 10-5。

表 10-5　跨境电商企业代收代缴的跨境电商综合税会计处理

业务情形	账务处理
代收跨境电商综合税	借：银行存款 　　贷：其他应付款——代收代缴综合税

业务情形	账务处理
向征税机关上缴税款	借：其他应付款——代收代缴综合税 　　贷：银行存款

跨境电商通过 Paypal 收款的账务处理见表 10-6。

表 10-6　跨境电商通过 Paypal 收款的账务处理

业务情形	账务处理
收到款时	借：其他货币资金——Paypal 存款 　　贷：预收账款（主营业务收入等）
提现后	借：银行存款 　　贷：其他货币资金——Paypal 存款

第二节　跨境电子商务零售进口征税

跨境电商零售进口，是指中国境内消费者通过跨境电商第三方平台经营者自境外购买商品，并通过"网购保税进口"（海关监管代码 1210）或"直购进口"（海关监管代码 9610）运递进境的消费行为。

2018 年，商务部等六部委发布《关于完善跨境电子商务零售进口监管有关工作的通知》（商财发〔2018〕486 号，以下简称"486 号通知"），主要参与主体包括跨境电商零售进口经营者（以下简称：跨境电商企业）、跨境电商第三方平台经营者（以下简称：跨境电商平台）、境内服务商、消费者。

对于商财发〔2018〕486 号文件适用范围以外的城市（地区），可通过"网购保税进口 A"（海关临客方式代码 1239），按规定开展跨境保税电商零售进口业务。

一、跨境电子商务零售进口征税政策

跨境电子商务零售进口征税政策包括以下内容：

（1）《关于扩大跨境电商零售进口试点，严格落实监管要求的通知》（商财发〔2021〕39 号）。

一、将跨境电商零售进口试点扩大至所有自贸试验区、跨境电商综试区、综合保税区、进口贸易促进创新示范区、保税物流中心（B 型）所在城市（及区域）。今后相关城市（区域）经所在地海关确认符合监管要求后，即可按照《商务部 发展改革委 财政部 海关总署 税务总局 市场监管总局关于完善跨境电子商务零售进口监管有关工作的通知》（商财发〔2018〕486号）要求，开展网购保税进口（海关监管方式代码 1210）业务。

（2）《财政部 海关总署 税务总局关于完善跨境电子商务零售进口税收政策的通知》（财关税〔2018〕49 号）规定。

一、将跨境电子商务零售进口商品的单次交易限值由人民币 2 000 元提高至 5 000 元，年度交易限值由人民币 20 000 元提高至 26 000 元。

二、完税价格超过 5 000 元单次交易限值但低于 26 000 元年度交易限值，且订单下仅一件商品时，可以自跨境电商零售渠道进口，按照货物税率全额征收关税和进口环节增值税、消费税，交易额计入年度交易总额，但年度交易总额超过年度交易限值的，应按一般贸易管理。

三、已经购买的电商进口商品属于消费者个人使用的最终商品，不得进入国内市场再次销售；原则上不允许网购保税进口商品在海关特殊监管区域外开展"网购保税＋线下自提"模式。

四、其他事项请继续按照《财政部海关总署 税务总局关于跨境电子商务零售进口税收政策的通知》（财关税〔2016〕18 号）有关规定执行。

五、为适应跨境电商发展，财政部会同有关部门对《跨境电子商务零售进口商品清单》进行了调整，将另行公布。

（3）《财政部 海关总署 国家税务总局关于跨境电子商务零售进口税收政策的通知》（财关税〔2016〕18 号，以下简称财关税〔2016〕18 号）规定如下。

一、跨境电子商务零售进口商品按照货物征收关税和进口环节增值税、消费税，购买跨境电子商务零售进口商品的个人作为纳税义务人，实际交易价格（包括货物零售价格、运费和保险费）作为完税价格，电子商务企业、电子商务交易平台企业或物流企业可作为代收代缴义务人。

二、跨境电子商务零售进口税收政策适用于从其他国家或地区进口的、《跨境电子商务零售进口商品清单》范围内的以下商品：

（一）所有通过与海关联网的电子商务交易平台交易，能够实现交易、支付、物流电子信息"三单"比对的跨境电子商务零售进口商品；

（二）未通过与海关联网的电子商务交易平台交易，但快递、邮政企业能够统一提供交易、支付、物流等电子信息，并承诺承担相应法律责任进境的跨境电子商务零售进口商品。

不属于跨境电子商务零售进口的个人物品以及无法提供交易、支付、物流等电子信息的跨境电子商务零售进口商品，按现行规定执行。

三、跨境电子商务零售进口商品的单次交易限值为人民币 2 000 元，个人年度交易限值为人民币 20 000 元。在限值以内进口的跨境电子商务零售进口商品，关税税率暂设为 0%；进口环节增值税、消费税取消免征税额，暂按法定应纳税额的 70% 征收。超过单次限值、累加后超过个人年度限值的单次交易，以及完税价格超过 2000 元限值的单个不可分割商品，均按照一般贸易方式全额征税。

《关于完善跨境电子商务零售进口税收政策的通知》（财关税〔2018〕49 号，以下简称财关税〔2018〕49 号）对上述第三条进行修改：

一、将跨境电子商务零售进口商品的单次交易限值由人民币 2 000 元提高至 5 000 元，年度交易限值由人民币 20 000 元提高至 26 000 元。

二、完税价格超过 5 000 元单次交易限值但低于 26 000 元年度交易限值，且订单下仅一件商品时，可以自跨境电商零售渠道进口，按照货物税率全额征收关税和进口环节增值税、消费税，交易额计入年度交易总额，但年度交易总额超过年度交易限值的，应按一般贸易管理。

二、跨境电子商务零售进口税费的计算

根据"财关税〔2016〕18 号""财关税〔2018〕49 号"等文件规定，跨境电子商务零售进口税费的计算方法如下。

（1）对于免交消费税的一般商品计算如下。

关税＝0

消费税＝0

增值税＝（完税价格＋关税）÷（1－消费税率）×增值税率×70％

实际交易价格（包括货物零售价格、运费和保险费）作为完税价格，分别计算并缴纳关税、消费税、增值税进口环节税款，也可由电子商务企业、电子商务交易平台企业或物流企业代收代缴。

（2）对于需要缴纳消费税的商品计算如下。

消费税＝（完税价格＋关税）÷（1－消费税率）×消费税率×70％

增值税＝（完税价格＋关税）÷（1－消费税率）×增值税率×70％

总的纳税额＝关税（限额内，税率为0％）＋进口环节消费税×70％＋进口环节增值税×70％或＝完税价格×应征关税（0％）＋〔（消费税率＋增值税率）÷（1－消费税率）〕×70％

【例10-4】小李在跨境电商平台购买化妆品，单次订购数件，合计订单价格4 200元，本年累计购买金额为25 000元。按财关税〔2018〕49号规定，在限值以内进口的跨境电子商务零售进口商品，关税税率暂设为0％；进口环节增值税、消费税取消免征税额，暂按法定应纳税额的70％征收）。

应缴纳消费税额＝（完税价格＋关税）÷（1－消费税税率）×消费税税率×70％＝（4 200＋0）÷（1－30％）×30％×70％＝1 260（元）

应缴纳增值税税额＝（完税价格＋实征关税税额＋实征消费税税额）×增值税税率×70％

＝（4 200＋1 260）×13％×70％

＝496.86（元）

进口税收应纳税额合计＝关税＋进口环节增值税＋进口环节消费税

＝0＋进口环节消费税＋进口环节增值税

＝0＋1 260＋496.86＝1 756.86（元）

注意：外汇与人民币都是换算成人民币的金额进行账务处理。

第十一章
外贸企业财务报表的编制

为了尽快与国际财务报告准则一致，财政部于 2019 年 4 月 30 日发布了《关于修订印发 2019 年度一般企业财务报表格式的通知》（财会〔2019〕16 号），公布两种财务报表格式：一种是适用于尚未执行新金融准则和新收入准则的企业；另一种是适用于已执行新金融准则或新收入准则的企业。

第一节　财务报表概述

财务报表是整个会计核算过程的最终结果，是企业提供财务信息的重要工具和进行财务分析的基础。

一、财务报表构成

编制财务报表，是会计核算的最终必需环节。企业必须按照会计准则和相关会计制度的规定，定期编制财务报表。企业财务报表基本体系，如图 11-1 所示。

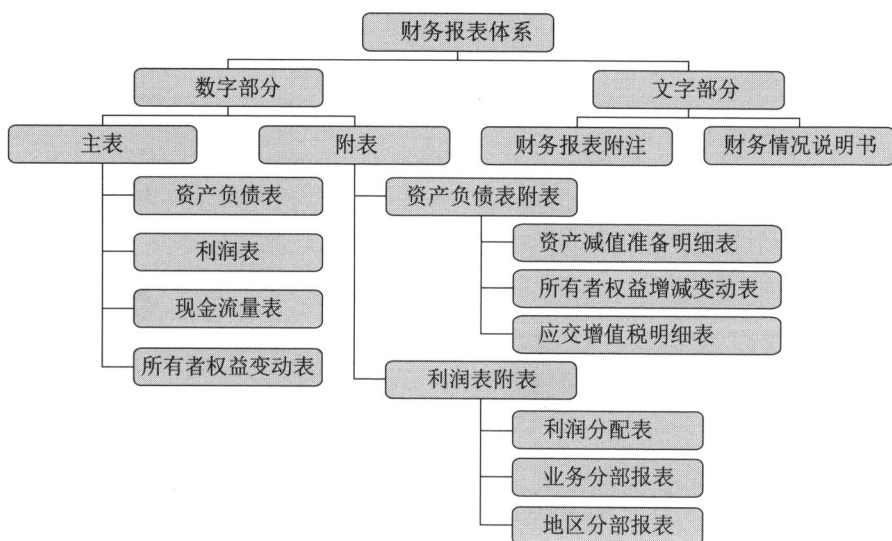

图 11-1　企业财务报表体系

1. 数字部分——财务报表

财务报表是财务会计报告体系的核心，一套完整的财务会计报告由下列内容组成。

（1）主表。

现行制度规定，企业财务报表的主表有资产负债表、利润表、现金流量表和所有者权益变动表。

（2）附表。

附表是指对主表的某一项或几项内容提供更为详细的报表。常见的附表有利润分配表、应收增值税明细表、分部报表。

2. 文字部分——文字报告

财务报表中的财务报表内容具有一定的固定性和规定性，因此使其所提供的会计信息量受到限制。为了满足会计信息使用者决策的要求，企业除了编制主表及其相关附表外，还要编制文字报告内容，即财务报表的附注和财务情况说明书，以便充分披露企业的会计信息。

（1）财务报表附注。

财务报表附注是企业财务会计报告的重要组成部分，其作用是对财务报表数字不能包含或不能披露的内容做进一步的解释和说明。财务报表附注通常随年度财务报表一起编制，至少应当包括以下内容，如图 11-2 所示。

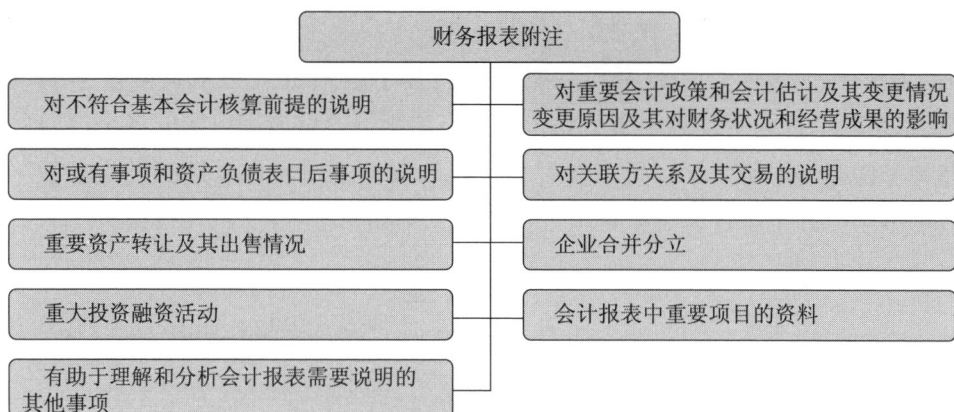

图 11-2　财务报表附注主要内容

企业的经营管理者在阅读和分析财务报表之前，应仔细阅读财务报表附注，这有助于加深对报表数字的形式及数字背后的因素的理解，有助于理解各企业的会计政策及其区别，加强各企业财务报表资料的可比性，有助于客观地评价不同企业的资金状况和经营成果，对其业绩做出科学的评价。

（2）财务情况说明书。

财务情况说明书是对财务报表总体内容所做的文字说明，也是对本企业财务状况、经营成果和现金流量的分析评价。

财务情况说明书一般应包括的内容主要包括以下几个方面，如图 11-3 所示。

图 11-3　财务情况说明书的主要内容

阅读财务报表和财务报表附注后，应仔细阅读财务情况说明书，可以更好地理解企业的经营情况，有助于客观地评价企业经营管理者的业绩。

二、资产负债表的编制方法

为便于各项指标的期末数与期初数比较，资产负债表设有"年初余额"

和"期末余额"两个金额栏,相当于比较两个年度的资产负债表。

1. 年初余额

资产负债表中"年初余额"栏内各项数字应根据上年末资产负债表的"期末余额"栏内所列数字来填列。如果上年度资产负债表规定的各个项目的名称和内容与本年度不一致,应对上年年末资产负债表各项目的名称和数字按照本年度的规定进行调整,填入报表中"年初余额"栏内。

2. 期末余额

资产负债表中"期末数"栏主要有以下几种方式填写,如图 11-4 所示。

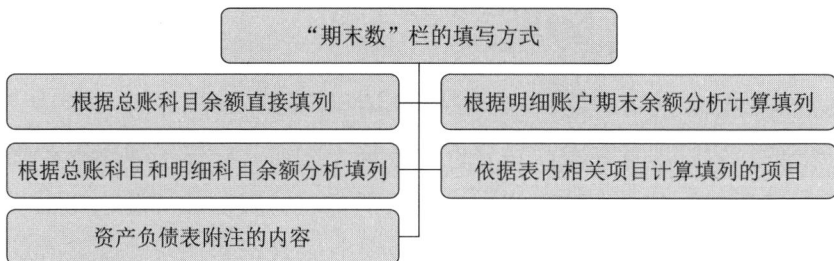

图 11-4 资产负债表"期末数"栏的填写方式

(1)根据总账科目余额直接填列。

资产负债表中的大部分项目,都可根据总账科目的期末余额直接填列。如"应收票据""短期借款""交易性金融资产""递延所得税资产""短期借款""交易性金融负债""应付票据""应付职工薪酬""应交税费""递延所得税负债""预计负债""实收资本""资本公积""盈余公积"等项目。这些项目中,"应交税费"等负债项目,如果其相应账户出现借方余额,应以"—"号填列。

(2)根据明细账户期末余额分析计算填列。

"应收账款"行项目,应根据"应收账款"科目的期末余额,减去"坏账准备"科目中相关坏账准备期末余额后的金额填列。

"应收票据"行项目,应根据"应收票据"科目的期末余额,减去坏账准备期末余额分析填列。

(3)根据总账科目和明细科目余额分析填列。

有些项目,既不能按总账科目余额直接或计算填列,也不能按明细科目余额直接或计算填列,而需要分析总账科目和明细科目余额后再计算填列。

如"长期借款"项目，就是根据"长期借款"的期末余额减去"长期借款——一年内到期的长期借款"明细科目的余额后填列。资产负债表中的某些项目，需要根据若干个总账科目的期末余额计算填列。如"货币资金"项目，就是根据"库存现金""银行存款""其他货币资金"三个科目的余额相加得到的。

"其他应收款"行项目，应根据"应收利息""应收股利""其他应收款"科目的期末余额合计数，减去"坏账准备"科目中相关坏账准备期末余额后的金额填列。

"其他应付款"行项目，应根据"应付利息""应付股利""其他应付款"科目的期末余额合计数填列。

"固定资产"行项目，应根据"固定资产"科目的期末余额，减去"累计折旧"和"固定资产减值准备"科目的期末余额后的金额，加上"固定资产清理"科目的期末余额填列。

"在建工程"行项目，应根据"在建工程""工程物资"科目的期末余额，减去"在建工程减值准备""工程物资减值准备"科目的期末余额后的金额填列。

"长期应付款"行项目，应根据"长期应付款"科目的期末余额，减去相关的"未确认融资费用"科目的期末余额后的金额，以及"专项应付款"科目的期末余额填列。

（4）依据表内相关项目计算填列的项目。

流动负债、非流动负债、负债、所有者权益（或股东权益）、负债和所有者权益（或股东权益）等项目合计数。资产合计与负债和所有者权益（或股东权益）总计。检查报表项目间的钩稽关系。资产合计与负债和所有者权益（或股东权益）总计是否相等。

（5）资产负债表附注的内容。

资产负债表附注的内容，根据实际需要和有关备查账簿等的记录分析填列。如或有负债披露方面，按照备查账簿中记录的商业承兑汇票贴现情况，填列"已贴现的商业承兑汇票"项目。

资产负债表编制完毕，在报表下部，制表人、审核人、财务主管签章，并在表头编制单位处加盖单位公章。

大地进出口公司 20××年1月资产负债表编制实例

【例 11-1】大地进出口公司 20××年 1 月 31 日期末各账户余额，见表 11-1。

表 11-1　科目余额表　　　　　　　　　　　　　　　　　　　　单位：元

总账科目	明细科目	期末余额	年初余额
库存现金		3 000	1 600
银行存款		12 458 000	11 650 000
其他货币资金	信用证	3 500 000	2 850 000
应收票据		800 000	0
应收利息		21 320	26 780
应收账款	应收外汇账款	2 800 000	7 850 000
	应收国内公司货款	3 245 800	
	应收出口退税款	2 354 200	
其他应收款		50 220	53 480
坏账准备（应收账款）		8 900	10 900
合同资产		450 800	348 000
原材料		34 690	32 800
低值易耗品		8 680	9 678
库存商品		234 500	289 100
存货跌价准备		86 750	91 250
固定资产		2 450 000	2 150 000
累计折旧		64 850	69 800
固定资产减值准备		39 800	32 600
短期借款		105 000	105 000
应付票据		645 800	653 800
应付账款		2 785 000	2 785 000
合同负债		89 400	79 800
应交税费		67 825	65 400
其他应付款		125 780	115 650

总账科目	明细科目	期末余额	年初余额
长期借款		12 400 790	11 820 770
长期应付款		5 668 005	2 195 518
实收资本		5 894 000	5 894 000
资本公积		102 450	98 500
盈余公积		185 680	205 640
利润分配		119 860	124 530

以【例11-1】为蓝本，编制企业资产负债表，明细如下。

（1）年初货币资金＝年初库存现金账户余额＋年初银行存款账户余额＋年初其他货币资金余额＝1 600＋11 650 000＋2 850 000＝14 501 600（元）

期末货币资金＝期末库存现金账户余额＋期末银行存款账户余额＋期末其他货币资金余额＝3 000＋12 458 000＋3 500 000＝15 961 000（元）

（2）年初应收票据＝年初应收票据账户余额＝0（元）

期末应收票据＝期末应收票据账户余额＝800 000（元）

（3）年初应收账款＝年初应收账款余额－年初应收账款坏账准备账户余额＝7 850 000－10 900＝7 839 100（元）

期末应收账款＝期末应收账款账户余额－期末应收账款坏账准备账户余额＝2 800 000＋3 245 800＋2 354 200－8 900＝8 391 100（元）

（4）年初合同资产＝348 000（元）

期末合同资产＝期末合同资产账户余额＝450 800（元）

（5）年初其他应收款＝年初其他应收款账户余额－年初其他应收款坏账准备账户余额＝53 480－0＝53 480（元）

期末其他应收款＝期末其他应收款账户余额－期末其他应收款坏账准备账户余额＝50 220－0＝50 220（元）

（6）年初存货＝年初原材料账户余额＋年初低值易耗品账户金额＋年初库存商品账户余额－年初存货跌价准备账户余额＝32 800＋9 678＋289 100－91 250＝240 328（元）

期末存货＝期末原材料账户余额＋期末低值易耗品账户余额＋期末库存商品账户余额－期末存货跌价准备账户余额＝34 690＋8 680＋234 500－

86 750＝191 120（元）

（7）年初固定资产净值＝本表内年初固定资产原价－本表内年初累计折旧－固定资产减值准备＝2 150 000－69 800－32 600＝2 047 600（元）

期末固定资产净值＝本表内期末固定资产原价－本表内期末累计折旧－固定资产减值准备＝2 450 000－64 850－39 800＝2 345 350（元）

（8）年初短期借款＝年初短期借款账户余额＝105 000（元）

年末短期借款＝年末短期借款账户余额＝105 000（元）

（9）年初应付票据＝年初应付票据账户余额＝645 800（元）

年末应付票据＝年末应付票据账户余额＝653 800（元）

（10）年初应付账款＝年初应付账款账户余额＝2 785 000（元）

期末应付账款＝期末应付账款账户余额＝2 785 000（元）

（11）年初合同负债＝年初合同负债账户余额＝79 800（元）

期末合同负债＝期末合同负债账户余额＝89 400（元）

（12）年初应交税费＝年初应交税费账户余额＝65 400（元）

年末应交税费＝年末应交税费账户余额＝67 825（元）

（13）年初其他应付款＝年初其他应付款账户余额＝115 650（元）

期末其他应付款＝期末其他应付款账户余额＝125 780（元）

（14）年初长期应付款＝年初长期应付款账户余额＝2 195 518（元）

期末长期应付款＝期末长期应付款账户余额＝5 668 005（元）

（15）年初长期借款＝年初长期借款账户余额＝11 820 770（元）

期末长期借款＝期末长期借款账户余额＝12 400 790（元）

（16）年初实收资本＝年初实收资本账户余额＝5 894 000（元）

期末实收资本＝期末实收资本账户余额＝5 894 000（元）

（17）年初资本公积＝年初资本公积账户余额＝98 500（元）

年末资本公积＝年末资本公积账户余额＝102 450（元）

（18）年初盈余公积＝年初盈余公积账户余额＝205 640（元）

期末盈余公积＝期末盈余公积账户余额＝185 680（元）

（19）年初利润分配＝年初利润分配账户余额＝124 530（元）

期末利润分配＝期末利润分配账户余额＝119 860（元）

通过以上计算，编制资产负债表，见表11-2。

表 11-2　资产负债表

20××年1月31日

编制单位：大地进出口公司　　　　　　　　　　　　　　　　　　　　单位：元

资产	期末余额	年初余额	负债和所有者权益（或股东权益）	期末余额	年初余额
流动资产：			流动负债：		
货币资金	15 961 000	14 501 600	短期借款	105 000	105 000
交易性金融资产			交易性金融负债		
应收票据	800 000	0	应付票据	653 800	645 800
应收账款	8 391 100	7 839 100	应付账款	2 785 000	2 785 000
预付账款	0	0	预收账款	0	0
合同资产	450 800	348 000	合同负债	89 400	79 800
其他应收款	50 220	53 480	应付职工薪酬		
存货	191 120	240 328	应交税费	67 825	65 400
一年内到期的非流动资产			其他应付款	125 780	115 650
其他流动资产			一年内到期的非流动负债		
流动资产合计	25 844 240	22 982 508	其他流动负债		
非流动资产：			流动负债合计	3 818 805	3 804 650
固定资产	2 345 350	2 047 600	非流动负债：		
在建工程			长期借款	12 400 790	11 820 770
无形资产			长期应付款	5 668 005	2 195 518
开发支出			非流动负债合计	18 068 795	14 016 288
商誉			负债合计	21 887 600	17 820 938
长期待摊费用			所有者权益（或股东权益）：		
递延所得税资产			实收资本（或股本）	5 894 000	5 894 000
其他非流动资产			资本公积	102 450	98 500

资产	期末余额	年初余额	负债和所有者权益 （或股东权益）	期末余额	年初余额
非流动资产合计	2 345 350	2 047 600	减：库存股		
			盈余公积	185 680	205 640
			未分配利润	119 860	124 530
			所有者权益 （或股东权益）合计	6 301 990	7 209 170
资产总计	28 189 590	25 030 108	负债和所有者权益 （或股东权益）总计	28 189 590	25 030 108

第二节　利润表的编制

利润表又称损益表或收益表，是反映企业在某一会计期间的经营成果的财务报表。

一、利润表的结构

利润表的基本结构，总的说来就是净利润计算公式的表格化。利润表是根据"收入－费用＝利润"的会计等式来设计的，其内容可以分为收入和费用两大类。

利润表一般由表头、表身和补充资料三部分构成。

利润表的表头，主要填制编制单位、报表日期、货币计量单位等，由于利润表说明的是某一时期的经营成果，因而利润表的表头必须注明"某年某月份"，或"某会计年度"。

表身是利润表的主体部分，主要反映收入、费用和利润各项目的具体内容及其相互关系。为了使报表使用者通过比较不同期间利润的实现情况，判断企业经营成果的未来发展趋势，企业需要提供比较利润表。比较利润表就各项目再分为"本期金额"和"上期金额"两栏分别填列。

利润表的具体格式，如图 11-5 所示。

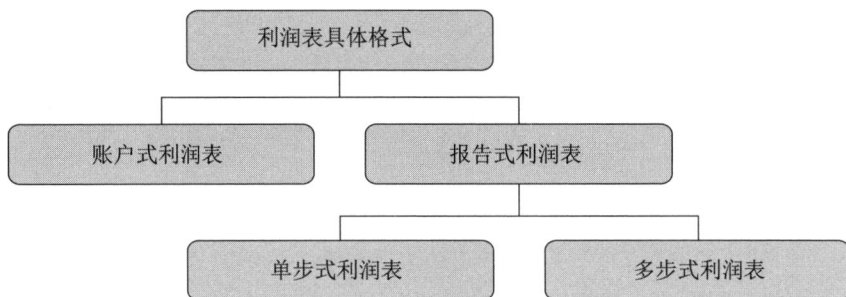

图 11-5　利润表具体格式

1. 账户式利润表

账户式利润表总体结构就像账户一样，左方列示费用支出，右方列示收入。若有右方差额，则体现为利润；若有左方差额，则体现为亏损。其格式见表 11-3。

表 11-3　账户式利润表

费用支出	收入
…	…
…	…
合计：	合计：
差额（亏损）：	差额（收益）：

2. 报告式利润表

报告式利润表由于确定利润的思路不同又可分为单步式利润表和多步式利润表两种。

（1）单步式利润表。

在我国，单步式利润表主要用于那些业务比较简单的服务咨询行业和某些实行企业化管理的事业单位。其基本格式见表 11-4。

表 11-4　单步式利润表

编制单位：　　　　　　　　　　　　年　月　　　　　　　　　　　　单位：元

项　目	行次	本月数	本年累计数
一、营业收入			
其中：主营业务收入			

项　　目	行次	本月数	本年累计数
其他业务收入			
减：主营业务成本			
税金及附加			
销售费用			
管理费用			
研发费用			
财务费用			
……			
二、营业利润			
加：营业外收入			
减：营业外支出			
三、利润总额			
减：所得税			
四、净利润			

（2）多步式利润表。

所谓多步式利润表，是将利润表的内容按照企业利润的构成要素，分三步计算企业的利润（或亏损），如图 11-6 所示。

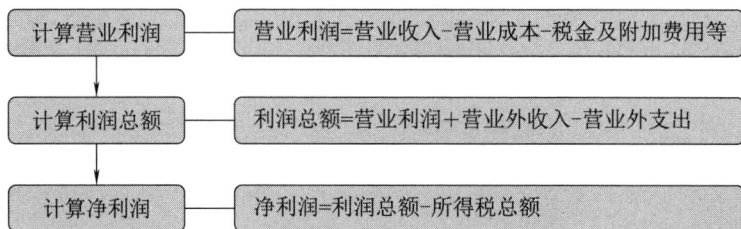

图 11-6　多步式利润表计算步骤图

二、利润表各项目填列方法

利润表中的各个项目，都是根据有关收入和费用科目记录的本期实际发生数和累计发生数分别填列的。

"主营业务收入""主营业务成本"应根据各有关账户发生额分析填列。"税金及附加"是指除增值税以外的税金及附加。

"营业成本"项目，应根据"主营业务成本"科目和"其他业务成本"的发生额分析填列。"税金及附加"项目，应根据"税金及附加"科目的发生额分析填列。"净利润"项目，反映企业报告期内实现的净利润，是根据利润总数减所得税而得。如为净亏损，以"—"号填列。

"销售费用""管理费用""财务费用""研发费用""投资收益"项目均应根据有关账户填列。

"营业外收入"项目，反映企业所取得的与其生产经营无直接关系的各种收入。本项目应根据"营业外收入"科目的发生额分析填列。"营业外支出"项目，反映企业所支付的与其生产经营无直接关系的各种支出。本项目应根据"营业外支出"科目的发生额分析填列。"利润总额"项目，反映企业在报告期内实现的利润总数。如为亏损额则用"—"号填列。"所得税费用"项目，反映企业在报告期内，按规定从本期损益中减去的所得税费用。本项目根据"所得税费用"科目的发生额分析填列。

"净利润"是"本年利润"扣除所得税后的利润，如有亏损，以"—"号填列。利润表分"本月数"和"本年累计数"填列，在编制年度报表时，将"本月数"栏改为"上年度"栏。如果上年度利润表的项目名称和内容与本年度利润表不一致，应将上年度数字按本年度的口径进行调整。

比较利润表中的栏目分为"本期金额"栏和"上期金额"栏。本表中的"上期金额"栏应根据上年该期利润表"本期金额"栏内所列数字填列。如果上年该期利润表规定的各个项目的名称和内容同本期不相一致，应对上年该期利润表各项目的名称和数字按本期的规定进行调整，填入"上期金额"栏。

【例 11-2】大地进出口公司 20××年 1 月 31 日有关科目的会计资料，见表 11-5。

表 11-5　科目余额表　　　　　　　　　　　　　　　　　　　　　　　　单位：元

项　　目		本期数	上期数
主营业务收入	自营出口销售收入	14 520 000	18 654 200
	自营进口销售收入	4 568 000	6 458 000

项　　目		本期数	上期数
其他业务收入		128 700	167 400
投资收益		218 500	206 400
营业外收入		45 970	42 620
主营业务成本	自营出口销售成本	4 946 500	6 789 500
	自营进口销售成本	3 789 000	6 342 000
税金及附加		82 380	84 630
其他业务成本		128 930	114 560
销售费用		46 900	54 900
管理费用		123 678	108 900
财务费用		84 000	79 050
汇兑损益（借方）		3 600	4 100
营业外支出		15 680	14 650
所得税		2 565 125.5	2 984 082.5

根据上述资料填制利润表，见表 11-6。

表 11-6　利润表

会企 02 表

编制单位：大地进出口公司　　　　　　　20××年 1 月　　　　　　　　　　单位：元

项　　目	本期金额	上期金额
一、营业收入	19 216 700	25 279 600
减：营业成本	8 864 430	13 246 060
税金及附加	82 380	84 630
销售费用	46 900	54 900
管理费用	123 678	108 900
研发费用		
财务费用	87 600	83 150
其中：利息费用		
利息收入		

项　　目	本期金额	上期金额
加：其他收益		
投资收益（损失以"－"号填列）	218 500	206 400
其中：对联营企业和合营企业的投资收益		
公允价值变动收益（损失以"－"号填列）		
信用减值损失（损失以"－"填列）		
资产减值损失		
资产处置损益		
二、营业利润（亏损以"－"号填列）	10 230 212	11 908 360
加：营业外收入	45 970	42 620
减：营业外支出	15 680	14 650
三、利润总额（亏损总额以"－"号填列）	10 260 502	11 936 330
减：所得税费用	2 565 125.5	2 984 082.5
四、净利润（净亏损以"－"号填列）	7 695 376.5	8 952 247.5
（一）持续经营净利润（净亏损以"－"号填列）		
（二）终止经营净利润（净亏损以"－"号填列）		
五、其他综合收益的税后净额		
（一）不能重分类进损益的其他综合收益		
1. 重新计量设定受益计划变动额		
2. 权益法下不能进损益的其他综合收益		
3. 其他权益工具投资公允价值变动		
4. 企业自身信用风险公允价值变动		
（二）将重分类进损益的其他综合收益		
1. 权益法下可转损益的其他综合收益		

项　　目	本期金额	上期金额
2. 其他债权投资公允价值变动		
3. 金融资产重分类计入其他综合收益的金额		
4. 其他债权投资信用减值准备		
5. 现金流量套期准备		
6. 外币财务报表折算差额		
……		
六、综合收益总额		
七、每股收益		
（一）基本每股收益		
（二）稀释每股收益		

（1）本期营业收入＝主营业务收入发生额（14 520 000＋4 568 000）＋其他业务收入发生额(128 700)＝19 216 700（元）

上期营业收入＝18 654 200＋6 458 000＋167 400＝25 279 600（元）

（2）本期营业成本＝主营业务成本发生额（4 946 500＋3 789 000）＋其他业务成本发生额（128 930）＝8 864 430（元）

上期营业成本＝6 789 500＋6 342 000＋114 560＝13 246 060（元）

（3）本期税金及附加＝税金及附加发生额＝82 380（元）

上期税金及附加＝84 630（元）

（4）本期销售费用＝销售费用发生额＝46 900（元）

上期销售费用＝54 900（元）

（5）本期管理费用＝管理费用发生额＝123 678（元）

上期管理费用＝108 900（元）

（6）本期财务费用＝财务费用发生额＋汇兑损益（借方）发生额＝84 000＋3 600＝87 600（元）

上期财务费用＝79 050＋4 100＝83 150（元）

（7）本期投资收益＝投资收益发生额＝218 500（元）

上期投资收益＝206 400（元）

（8）本期营业利润＝营业收入（19 216 700）－营业成本（8 864 430）－税金及附加（82 380）－销售费用（46 900）－管理费用（123 678）－财务费（87 600）＋投资收益（218 500）＝10 230 212（元）

上期营业利润＝25 279 600－13 246 060－84 630－54 900－108 900－83 150＋206 400＝11 908 360（元）

（9）本期营业外收入＝营业外收入发生额＝45 970（元）

上期营业外收入＝42 620（元）

（10）本期营业外支出＝营业外支出发生额＝15 680（元）

上期营业外支出＝14 650（元）

（11）本期利润总额＝营业利润（10 230 212）＋营业外收入（45 970）－营业外支出（15 680）＝10 260 502（元）

上期利润总额＝11 908 360＋42 620－14 650＝11 936 330（元）

（12）本期所得税费用＝所得税费用发生额＝2 565 125.5（元）

上期所得税费用＝2 984 082.5（元）

（13）本期净利润＝利润总额（10 260 502）－所得税费用（2 565 125.5）＝7 695 376.5（元）

上期净利润＝11 936 330－2 984 082.50＝8 952 247.5（元）

第三节　现金流量表的编制

现金流量表披露了企业在一定期间内现金（包括现金等价物）的流入、流出，以及期初和期末现金结余的状况。现金流量表同资产负债表、利润表一起，构成公司的三大主要会计报表。

一、现金流量表各项目填列方法

在我国，企业经营活动产生的现金流量应当采用直接法填列。

1. "销售商品、提供劳务收到的现金"项目

本项目反映企业销售商品、提供劳务实际收到的现金（含销售收入和向购买者收取的增值税税额），企业销售材料和代购代销业务收到的现金，也在本项目反映。包括本期销售的商品、提供劳务收到的现金及前期销售和前期提供劳务本期收到的现金和本期预收的账款，不包括本期退回本期销售的商

品和前期销售本期退回的商品支付的现金。

本项目可根据"库存现金""银行存款""应收账款""主营业务收入""其他业务收入"等账户的记录分析填列。

在填列本项目时，有两种方法：

（1）以本期实际发生的经济业务为依据逐项分析计算填列。

销售商品、提供劳务收到的现金＝主营业务收入＋其他业务收入＋应交税费（应交增值税——销项税额）＋应收账款减少额（－应收账款增加额）＋应收票据减少额（－应收票据增加额）＋本期预收账款增加额（－预收账款减少额）

注：上述公式中，如果本期有实际核销的坏账损失，应调减（因核销坏账损失减少了应收账款，但没有收回现金）。如果有收回前期已核销的坏账金额，应调增（因收回已核销的坏账，并没有增加或减少应收账款，但却收回了现金）。

【例 11-3】某外贸企业本期发生下列有关业务：

①国内销售产品价款为 10 000 元，销项税额为 1 700 元，货款已收到；

②国外销售产品价款为 200 000 元，货款未收到；

③当期收到前期的应收账款 5 000 元（含税）；

④当期收到的预收账款 7 000 元（含税）；

⑤当期收到到期不带息的应收票据，到期值为 9 000 元（含税）；

⑥将未到期的应收票据向银行贴现，面值为 6 000 元，贴现利息 200 元，贴现收入为 5 800 元；

销售商品、提供劳务收到的现金＝①11 700＋③5 000＋④7 000＋⑤9 000＋⑥5 800＝38 500（元）

（2）以本期资产负债表和利润表为依据分析计算填列。

销售商品、提供劳务收到的现金＝利润表中主营业务收入＋（应收票据期初余额－应收票据期末余额）＋（应收账款期初余额－应收账款期末余额）＋（预收账款期末余额－预收账款期初余额）－应收票据贴现利息支出－当期销售退回而支付的现金＋当前收回前期核销坏账损失（注：若国内销售含增值税金额）。

【例 11-4】某外贸企业利润表中主营业务收入为 5 340 000 元，资产负债表中应收票据期初余额 45 000 元，应收票据期末余额 48 000 元；应收账款期初余额 36 000 元，应收账款期末余额 32 000 元。

销售商品、提供劳务收到的现金＝5 340 000＋（45 000－48 000）＋（36 000－32 000）＝5 341 000（元）

2. "收到的税费返还"项目

本项目反映企业收到返还的各种税费。如收到返还的减免增值税退税、出口退税、减免消费税退税、减免所得税退税及收到的教育费附加返还等，按实际收到的金额填列。本项目可根据"库存现金""银行存款""应交税费""税金及附加"等账户的记录分析填列。

收到的税费返还＝返还的税费（增值税＋消费税＋关税＋所得税＋教育费附加）

3. "收到其他与经营活动有关的现金"项目

本项目反映企业除了上述各项目外，收到的其他与经营活动有关的现金流入，包括罚款收入、经营租赁固定资产收到的现金（含租金及押金）、投资性房地产收到的租金收入、流动资产损失中由个人赔偿的现金收入、除税费返还外的其他政府补助收入及银行存款的利息收入等。

需要说明的是，其他与经营活动有关的现金数额较大时，应单列项目反映。

本项目可根据"库存现金""银行存款""营业外收入""其他业务收入"等账户的记录填列。

收到其他与经营活动有关的现金＝除上述经营活动以外的其他经营活动有关的现金

4. "购买商品、接受劳务支付的现金"项目

本项目反映企业本年购买商品、接受劳务实际支付的现金（包括增值税进项税额）、本年支付以前年度购买商品、接受劳务的未付款项及本年预付款项，减去本年发生的购货退回收到的现金，企业购买材料和代购代销业务支付的现金，也在本项目反映。

本项目可根据"应付账款""应付票据""预付账款""库存现金""银行存款""主营业务成本""其他业务成本""存货"等账户的记录分析填列。

在填列本项目时，有两种方法：

（1）以本期实际发生的经济业务为依据逐项分析计算填列。

购买商品或接受劳务支付的现金＝当期购买商品接受劳务支付的现金＋当期支付前期的应付账款＋当期支付前期的应付票据＋当期支付的预付账款－当前购货退回而收到的现金

注：上述公式为含增值税金额。

【例11-5】某外贸企业本年发生下列有关业务：

①购买材料价款为20 000元，进项税额为2 600元，货款已支付；

②购买材料价款为30 000元，进项税额为3 900元，货款未支付；

③当期支付前期的应付账款52 000元（含税）；

④当期预付购料账款35 000元（含税）；

⑤当期支付到期不带息的应付票据，到期值为68 500元（含税）。

购买商品、接受劳务支付的现金＝①22 600＋③52 000＋④35 000＋⑤68 500＝178 100（元）

（2）以本期资产负债表和利润表为依据分析计算填列。

购买商品或接受劳务支付的现金＝利润表中主营业务成本＋（存货期末余额－存货期初余额）＋（应付票据期初余额－应付票据期末余额）＋（应付账款期初余额－应付账款期末余额）＋（预付账款期末余额－预付账款期初余额）－当期购货退回而收到的现金－摊销待摊费用时借记"制造费用"科目的金额－计提折旧费时借记"制造费用"科目的金额－分配工资及福利费时借记"生产成本"及"制造费用"科目的金额等

注：上述公式为含增值税金额。

【例11-6】B企业利润表中主营业务成本为2 650 000元。资产负债表中存货期初余额976 000元，期末余额784 000元；应付票据期初余额75 000元，应付票据期末余额89 000元；应付账款期初余额67 000元，应付账款期末余额54 000元。

补充资料：摊销待摊费用为生产车间固定资产修理费5 000元，计提车间折旧费7 000元，分配生产车间工资费用16 000元。为简便起见，本题目不考虑增值税。

购买商品、接受劳务支付的现金＝2 650 000＋（784 000－976 000）＋（75 000－89 000）＋（67 000－54 000）－5 000－7 000－16 000＝2 429 000（元）

5. "支付给职工以及为职工支付的现金"项目

本项目反映企业实际支付给职工以及为职工支付的现金，包括企业为获得职工提供的服务，本期实际给予各种形式的报酬以及其他相关支出，如本期实际支付给职工的工资、奖金、各种津贴、补贴、养老、失业等社会保险基金、补充养老保险、商业保险金、住房公积金、住房困难补助及福利费用等。但不含为离退休人员支付的各种费用和固定资产购建人员的工资。

本项目可根据"应付职工薪酬""库存现金""银行存款"等账户的记录分析填列。

支付给职工及为职工支付的现金＝本期产品成本及费用中职工薪酬＋除在建工程人员的应付职工薪酬（期初余额－期末余额）

6. "支付的各项税费"项目

本项目反映企业按规定支付的各种税费，包括企业本期发生并支付的税费，以及本期支付以前各期发生的税费和本期预交的税费，包括支付的所得税、增值税、消费税、印花税、房产税、土地增值税、车船税、资源税及教育费附加等，不包括计入固定资产价值的耕地占用税和代扣代缴的个人所得税，也不包括本期返还的增值税、所得税。

本项目可根据"库存现金""银行存款""应交税费"等账户的记录分析填列。

支付的各项税费（不包括耕地占用税及返还的增值税、所得税）＝所得税费用＋支付的税金及附加＋增值税（已交税金）＋不包括增值税的应交税费（期初余额－期末余额）

7. "支付其他与经营活动有关的现金"项目

本项目反映企业除上述各项目外，支付的其他与经营活动有关的现金，包括罚款支出、差旅费、业务招待费、保险费支出、支付的离退休人员的各项费用等其他与经营活动有关的现金流出，金额较大的应当单独列示。

本项目可根据"库存现金""银行存款""管理费用""销售费用""营业外支出"等账户的记录分析填列。

支付其他与经营活动有关的现金＝"管理费用"中除职工薪酬、支付的税金和未支付现金的费用外的费用（即支付的其他费用）＋"制造费用"中除职工薪酬和未支付现金的费用外的费用（即支付的其他费用）＋"财务费用"中支付的结算手续费＋"其他应收款"中支付职工预支的差旅费＋"其他应付款"中支付的经营租赁的租金＋"营业外支出"中的罚款支出等

二、投资活动产生的现金流量的填列方法

现金流量表中的投资活动比通常所指的短期投资和长期投资范围要广，投资活动包括非现金等价物的短期投资和长期投资的购买与处置、固定资产的购建与处置、无形资产的购置与处置等。通过单独反映投资活动产生的现金流量，可以了解为获得未来收益和现金流量而导致资源转出的程度，以及以前资源转出带来的现金流入的信息。投资活动现金流入和现金流出的各项目的内容和填列方法如下。

1. "收回投资收到的现金"项目

本项目反映企业出售、转让或到期收回除现金等价物以外的交易性金融资产、债权投资、其他债权投资、长期股权投资等而收到的现金。不包括债权性投资收回的利息、收回的非现金资产，以及处置子公司及其他营业单位收到的现金净额。债权性投资收回的本金，在本项目反映，债权性投资收回的利息，不在本项目中反映，而在"取得投资收益收回的现金"项目中反映。处置子公司及其他营业单位收到的现金净额单设项目反映。

本项目可根据"交易性金融资产""债权投资""其他债权投资""长期股权投资""库存现金""银行存款"等账户的记录分析填列。

收回投资所收到的现金（不包括长期债权投资收回的利息）＝短期投资收回的本金及收益（出售、到期收回）＋长期股权投资收回的本金及收益（出售、到期收回）＋长期债券投资收到的本金

【例 11-7】某外贸企业本年处置短期股票投资，账面成本 38 000 元，实际售价为 42 000 元；本年长期债券投资到期，面值 100 000 元，利率为 11％，3 年期，到期一次还本付息。

收回投资收到的现金＝42 000＋100 000＝142 000（元）

取得债券利息收入所收到的现金＝100 000×11％×3＝33 000（元）

2. "取得投资收益收到的现金"项目

本项目反映企业因股权性投资而分得的现金股利，因债权性投资而取得的现金利息收入。包括在现金等价物范围的债券性投资，其利息收入在本项

目反映。股票股利由于不产生现金流量，不在本项目反映。

本项目可根据"应收股利""应收利息""投资收益""库存现金""银行存款"等账户的记录分析填列。

取得投资收益收到的现金＝长期股权投资及长期债券投资收到的现金股利及利息。

3. "处置固定资产、无形资产和其他长期资产所收回的现金净额"项目

本项目反映企业出售固定资产、无形资产和其他长期资产（如投资性房地产）所取得的现金，减去为处置这些资产而支付的有关税费后的净额。处置固定资产、无形资产和其他长期资产所收到的现金，与处置活动支付的现金，两者在时间上比较接近，以净额反映更能准确反映处置活动对现金流量的影响。由于自然灾害等原因所造成的固定资产等长期资产报废、毁损而收到的保险赔偿收入，在本项目中反映。如处置固定资产、无形资产及其他长期资产所收回的现金净额为负数，应作为投资活动产生的现金流量，在"支付其他与投资活动有关的现金"项目中反映。

本项目可根据"固定资产清理""库存现金""银行存款""投资性房地产""无形资产""营业外收支"等账户的记录分析填列。

【例 11-8】某外贸企业出售固定资产一台，原值 190 000 元，已计提折旧 50 000 元，售价为 160 000 元，支付清理费用为 540 元，均通过银行存款结算。

则：处置固定资产、无形资产及其他长期资产而收到的现金净额＝160 000－540＝159 460（元）

4. "处置子公司及其他营业单位收到的现金净额"项目

本项目反映企业处置子公司及其他营业单位所取得的现金减去子公司或其他营业单位持有的现金和现金等价物以及相关处置费用后的净额。

本项目可根据"长期股权投资""应交税费""库存现金""银行存款"等账户的记录分析填列。

企业处置子公司及其他营业单位是整体交易，子公司及其他营业单位可能持有现金和现金等价物，这样，整体处置子公司或其他营业单位的现金流量，就应以处置价款中收到现金的部分，减去子公司或其他营业单位持有的现金和现金等价物以及相关处置费用后的净额反映。

处置子公司及其他营业单位收到的现金净额如为负数，应将该金额填列

至"支付其他与投资活动有关的现金"项目中。

5. "收到其他与投资活动有关的现金"项目

本项目反映企业除了上述各项以外，收到的其他与投资活动有关的现金流入。其他现金流入价值较大时，应单列项目反映。如收到的属于买价中所包含的现金股利或已到付息期的利息等。

本项目可根据"应收股利""应收利息""库存现金""银行存款"等账户的记录分析填列。

6. "购建固定资产、无形资产和其他长期资产所支付的现金"项目

本项目反映企业购买、建造固定资产、取得无形资产和其他长期资产（如投资性房地产）支付的现金，包括购买机器设备所支付的现金、建造工程支付的现金、支付在建工程人员的工资等现金支出。

不包括为购建固定资产、无形资产和其他长期资产而发生的借款利息资本化部分，以及融资租入固定资产所得支付的租赁费。为购建固定资产、无形资产和其他长期资产而发生的借款利息资本化部分，在"分配股利、利润或偿付利息支付的现金"项目反映。

本项目可根据"固定资产""在建工程""工程物资""无形资产""库存现金""银行存款"等账户的记录分析填列。

购建固定资产、无形资产和其他长期资产所支付的现金＝按实际办理该项事项支付的现金（不包括固定资产借款利息资本化及融资租赁费）

【例11-9】某外贸企业本期发生下列有关业务：

①购买固定资产价款为50 000元，进项税额为6 500元，款项已付；

②购买工程物资价款为10 000元，进项税额为1 300元，款项已付；

③支付工程人员工资6 000元；

④预付工程价款80 000元；

⑤交付使用前长期借款利息78 900元，本年已支付；

⑥支付申请专利权的注册费、律师费等68 000元。

购建固定资产、无形资产和其他长期资产支付的现金＝①56 500＋②11 300＋③6 000＋④80 000＋⑥68 000＝221 800（元）

注：交付使用前长期借款利息78 900元虽本年已支付，但不在本项目中反映，而在筹资活动产生的现金流量的"偿付利息所支付现金"中反映。

7. "投资支付的现金"项目

本项目反映企业进行权益性投资（不含取得子公司及其他营业单位）和债权性投资所支付的现金，包括除取得现金等价物以外的交易性金融资产、持有至到期投资、可供出售金融资产及为取得上述投资而支付的佣金、手续费等交易费用。

不包括购买股票和债券时，买价中所包含的已宣告发放但尚未领取的现金股利或已到付息期尚未领取的债券利息等，这些支出应在投资活动中"支付的其他与投资活动有关的现金"项目中反映。

本项目可根据"交易性金融资产""长期股权投资""持有至到期投资""可供出售金融资产""库存现金""银行存款"等账户记录分析填列。

投资支付的现金＝本期短期股票投资＋本期短期债券投资＋本期长期股权投资＋本期长期债券投资＋为取得以上投资支付的手续费＋为取得以上投资支付的佣金

8. "取得子公司及其他营业单位支付的现金净额"项目

本项目反映企业购买子公司及其他营业单位购买出价中以现金支付的部分，减去子公司及其他营业单位持有的现金和现金等价物后的净额。

9. "支付的其他与投资活动有关的现金"项目

本项目反映企业除了上述各项以外，支付的与投资活动有关的现金流出。包括企业购买股票和债券时，实际支付价款中包含的已宣告但尚未领取的现金股利或已到付息期但尚未领取的债券利息等。其他流出如价值较大的，应单列项目反映。

本项目可根据"库存现金""银行存款""应收股利""应收利息"等账户的记录分析填列。

三、筹资活动产生的现金流量的填列方法

筹资活动产生的现金流入和现金流出包括的各项目的内容和填列方法如下：

1. "吸收投资收到的现金"项目

本项目反映企业收到投资者投入的现金，包括以发行股票、债券等方式

筹集资金实际收到的款项净额（即发行收入减去支付的佣金等发行费用后的净额）。以发行股票等方式筹集资金而由企业直接支付的审计费、咨询费以及发行债券支付的印刷费等发行费用，不能在本项目中扣除，在"支付其他与筹资活动有关的现金"项目中反映。

本项目可以根据"实收资本（或股本）""资本公积""库存现金""银行存款""其他应付款"等账户的记录分析填列。

吸收投资收到的现金＝发行股票债券收到的现金－支付的佣金等发行费用（不含审计费、咨询费、印刷费）

2. "取得借款收到的现金"项目

本项目反映企业举借各种短期借款、长期借款收到的现金以及发行债券实际收到的款项净额（发行收入减去直接支付的佣金等发行费用后的净额）。

本项目可根据"短期借款""长期借款""交易性金融负债""应付债券""库存现金""银行存款"等账户的记录分析填列。

3. "收到其他与筹资活动有关的现金"项目

本项目反映企业除上述各项以外，收到的其他与筹资活动有关的现金流入，如接受现金捐赠等。

本项目可根据"库存现金""银行存款""营业外收入"等账户的记录分析填列。

4. "偿还债务支付的现金"项目

本项目反映企业以现金偿还债务的本金，包括偿还金融企业的借款本金、偿还债券本金等，企业偿还的借款利息、债券利息，在"分配股利、利润或偿付利息支付的现金"项目中反映，不包括在本项目内。

本项目可根据"短期借款""长期借款""库存现金""银行存款"等账户的记录分析填列。

【例 11-10】某外贸企业本期发生有关经济业务：

①偿还短期借款，本金 90 000 元，利息 300 元；

②偿还长期借款，本金 500 000 元，利息 6 600 元；

③支付到期一次还本付息的应付债券，面值 100 000 元，3 年期，利率 11%。

偿还债务所支付的现金＝①90 000＋②500 000＋③100 000＝690 000（元）

偿付利息所支付的现金＝①300＋②6 600＋33 000＝39 900（元）

5. "分配股利、利润或偿付利息支付的现金"项目

本项目反映企业实际支付的现金股利、支付给其他投资单位的利润或用现金支付的借款利息、债券利息。

本项目可根据"应付股利""财务费用""长期借款""应付债券""库存现金""银行存款""在建工程""制造费用""研发支出""应付利息""利润分配"等账户的记录分析填列。

6. "支付其他与筹资活动有关的现金"项目

本项目反映的除了上述各项以外，企业支付的其他与筹资活动有关的现金流出。例如发行股票所支付的审计费、咨询费等费用。

本项目可根据"库存现金""银行存款"及其他有关账户的记录分析填列。

四、其他项目编制方法

1. "汇率变动对现金及现金等价物的影响"的编制方法

汇率变动对现金的影响指企业外币现金流量及境外子公司的现金流量折算成记账本位币时，所采用的是现金流量发生日的汇率或即期汇率的近似汇率，而现金流量表"现金及现金等价物净增加额"是按期末的即期汇率进行计算的，二者的差额即为汇率变动对现金的影响。

2. "现金及现金等价物净增加额"的编制方法

"现金及现金等价物净增加额"是将现金流量表中"经营活动产生的现金流量净额""投资活动产生的现金流量净额""筹资活动产生的现金流量净额""汇率变动对现金及现金等价物的影响"四个项目相加得出的。

"期初现金及现金等价物余额"与企业期初的货币资金与现金等价物的合计余额相等。

3. "期末现金及现金等价物余额"的编制方法

本项目是将计算出来的"现金及现金等价物净增加额"加上期初现金及

现金等价物金额求得。它应该与企业期末的货币资金与现金等价物的合计余额相等。

4. 现金流量表附表的编制方法

现金流量表的附表编制就是对现金流量表的补充资料进行编制。其补充资料由三大项组成，即将净利润调节为经营活动现金流量，不涉及现金收支的投资和融资活动，现金及现金等价物净增加情况。

附表的各项目金额是相应会计账户的当期发生额或期末与期初余额的差额。它是现金流量表中不可或缺的一部分，其项目可以直接取相应会计账户的发生额或余额，具体内容见表 11-7。

表 11-7　现金流量表附表填列方法

项　目	填列方法
净利润	取利润分配表"净利润"项目
计提的资产减值准备	取"资产减值损失"账户所属"计提的坏账准备"及"计提的存货跌价准备""计提的固定资产减值准备""计提的在建工程减值准备""计提的无形资产减值准备""计提的短期投资跌价准备""计提的长期投资减值准备"等明细账户的借方发生额
固定资产折旧	取"制造费用""管理费用""销售费用"等账户所属的"折旧费"明细账户借方发生额
无形资产摊销	取"管理费用"等账户所属"无形资产摊销"明细账户借方发生额
长期待摊费用摊销	取"制造费用""销售费用""管理费用"等账户所属"长期待摊费用摊销"明细账户借方发生额
处置固定资产、无形资产和其他长期资产的损失	取"营业外收入""营业外支出""资产处置损益"等账户所属"处置固定资产净收益""处置固定资产净损失""出售无形资产收益""出售无形资产损失"等明细账户的借方发生额与贷方发生额的差额
固定资产报废损失	取"营业外支出"账户所属"固定资产盘亏"明细账户借方发生额与"营业外收入"账户所属"固定资产盘盈"贷方发生额的差额
财务费用	取"财务费用"账户所属"利息支出"明细账户借方发生额，不包括"利息收入"等其他明细账户发生额
投资损失	取"投资收益"账户借方发生额
递延税款贷项	取"递延税款"账户期末、期初余额的差额

项　　目	填列方法
存货的减少	取得与经营活动有关的"原材料""库存商品""生产成本"等所有存货账户的期初、期末余额的差额
经营性应收项目的减少	取得与经营活动有关的"应收账款""其他应收款""预付账款"等账户的期初、期末余额的差额
经营性应付项目的增加	取得与经营活动有关的"应付账款""预收账款""应付职工薪酬""应交税费""其他应付款"等账户的期末、期初余额的差额
债务转为资本、一年内到期的可转换公司债券、融资租入固定资产	直接根据"实收资本""应付债券——可转换公司债券""长期应付款——应付融资租赁款"等账户分析填列
现金及现金等价物情况	根据现金及现金等价物的数据填列

现金流量表附表是对主表内容的必要补充，通过阅读企业现金流量表附表（补充资料）可了解到主表上不能包含的新内容：一是企业净利润与经营活动产生现金净流量之间的关系；二是不涉及现金收支的投资和融资活动；三是现金及现金等价物净增加情况。

【例11-11】东兴外贸公司资料如下。

1.20××年1月利润表有关项目的明细资料

①管理费用的组成：职工薪酬17 100元，无形资产摊销60 000元，折旧费20 000元，支付其他费用60 000元。

②财务费用的组成：计提借款利息11 500元，支付应收票据（银行承兑汇票）贴现利息30 000元。

③资产减值损失的组成：计提坏账准备900元，计提固定资产减值准备30 000元。上年期末坏账准备余额为900元。

④投资收益的组成：收到股息收入30 000元，与本金一起收回的交易性股票投资收益500元，自公允价值变动损益结转投资收益1 000元。

⑤营业外收入的组成：处置固定资产净收益50 000元（其所处置固定资产原价为400 000元，累计折旧为150 000元，收到处置收入300 000元）。假定不考虑与固定资产处置有关的税费。

⑥营业外支出的组成：报废固定资产净损失19 700元（其所报废固定资

产原价为 200 000 元，累计折旧为 180 000 元，支付清理费用 500 元，收到残值收入 800 元）。

⑦所得税费用的组成：当期所得税费用 92 800 元，税金及附加 2 000 元，递延所得税收益 2 500 元。

⑧净利润为 220 000 元。

⑨利润表中的销售费用 20 000 元至期末已经支付。主营业务收入 1 250 000 元；主营业务成本 750 000 元。

2. 资产负债表有关项目的明细资料。

⑩本期收回交易性股票投资本金 15 000 元、公允价值变动 1 000 元，同时实现投资收益 500 元。

⑪存货中生产成本、制造费用的组成：职工薪酬 324 900 元，折旧费 80 000 元。

⑫应交税费的组成：本期增值税进项税额 42 466 元，增值税销项税额 212 500 元，已交增值税 100 000 元，应交增值税期末数 226 731 元，应交增值税期末数中应由在建工程负担的部分为 100 000 元，应交增值税年初数 36 600 元，由在建工程负担的部分为 0；应交所得税期末余额为 20 097 元，由在建工程负担的部分为 0，应交所得税年初余额为 0。

⑬应付职工薪酬的年初数 110 000 元，无应付在建工程人员的部分，本期支付在建工程人员职工薪酬 200 000 元。应付职工薪酬的期末数 180 000 元，应付在建工程人员的部分为 28 000 元。

⑭应付利息均为短期借款利息，其中本期计提利息 11 500 元，支付利息 12 500 元。

⑮本期用现金购买固定资产 101 000 元，购买工程物资 300 000 元。

⑯本期用现金偿还短期借款 250 000 元，偿还一年内到期的长期借款 1 000 000 元，借入长期借款 560 000 元。

⑰应收账款期末余额为 687 300 元，应收账款年初余额为 299 100 元。

⑱应收票据期末余额为 66 000 元，应收票据年初余额为 246 000 元。

⑲存货期末余额为 2 484 700 元，存货年初余额为 2 580 000 元。

⑳应付账款期末余额为 953 800 元，应付账款年初余额为 953 800 元。

㉑应付票据期末余额为 100 000 元，应付票据年初余额为 200 000 元。

㉒预付账款期末余额为 10 000 元，预付账款年初余额为 100 000 元。

㉓货币资金年初余额 1 406 300 元，货币资金期末余额 515 131 元。

根据以上资料，采用分析填列的方法，编制该企业 20××年度的现金流量表。

1. 该公司 20××年 1 月现金流量表各项目金额，分析确定如下。

（1）销售商品、提供劳务收到的现金＝主营业务收入＋应交税费（应交增值税——销项税额）＋（应收账款年初余额－应收账款期末余额）＋（应收票据年初余额－应收票据期末余额）－当期计提的坏账准备－票据贴现的利息。

＝⑨1 250 000＋⑫212 500＋⑰（299 100－598 200）＋⑱（246 000－66 000）－③900－②30 000＝1 312 500（元）

（2）购买商品、接受劳务支付的现金＝主营业务成本＋应交税费（应交增值税——进项税额）＋（存货期末余额－存货年初余额）＋（应付账款年初余额－应付账款期末余额）＋（应付票据年初余额－应付票据期末余额）＋（预付账款期末余额－预付账款年初余额）－当期列入生产成本、制造费用的职工薪酬－当期列入生产成本、制造费用的折旧费和固定资产修理费

＝⑨750 000＋⑫42 466＋⑲（2 484 700－2 580 000）＋⑳（953 800－953 800）＋㉑（200 000－100 000）＋㉒（10 000－100 000）－⑪324 900－⑪80 000＝392 266（元）

（3）支付给职工以及为职工支付的现金＝生产成本、制造费用、管理费用中职工薪酬＋（应付职工薪酬年初余额－应付职工薪酬期末余额）－［应付职工薪酬（在建工程）年初余额－应付职工薪酬（在建工程）期末余额］

＝⑪324 900＋①17 100＋⑬（110 000－180 000）－⑬（0－28 000）＝300 000（元）

（4）支付的各项税费＝当期所得税费用＋税金及附加＋应交税费（应交增值税——已交税金）－（应交所得税期末余额－应交所得税年初余额）

＝⑦92 800＋⑦2 000＋⑫100 000－⑫（20 097－0）＝174 703（元）

（5）支付其他与经营活动有关的现金＝其他管理费用＋销售费用

＝①60 000＋⑨20 000＝80 000（元）

（6）收回投资收到的现金＝交易性金融资产贷方发生额＋与交易性金融资产一起收回的投资收益

＝⑩16 000（15 000＋1 000）＋⑩500＝16 500（元）

（7）取得投资收益收到的现金＝收到的股息收入

＝④30 000（元）

（8）处置固定资产收回的现金净额

＝⑤300 000＋⑥（800－500）＝300 300（元）

（9）购建固定资产支付的现金＝用现金购买的固定资产、工程物资＋支付给在建工程人员的薪酬

＝⑮101 000＋⑮300 000＋⑬200 000＝601 000（元）

（10）取得借款所收到的现金＝⑯560 000（元）

（11）偿还债务支付的现金＝⑯250 000＋⑯1 000 000＝1 250 000（元）

（12）偿还利息支付的现金＝⑭12 500（元）

2. 将净利润调节为经营活动现金流量各项目计算分析如下

（1）资产减值准备＝③900＋③30 000＝30 900（元）

（2）固定资产折旧＝①20 000＋⑪80 000＝100 000（元）

（3）无形资产摊销＝①60 000（元）

（4）处置固定资产、无形资产和其他长期资产的损失（减：收益）＝5－50 000（元）

（5）固定资产报废损失＝⑥19 700（元）

（6）财务费用＝②11 500（元）

（7）投资损失（减：收益）＝④－31 500（元）

（8）递延所得税资产减少＝0－⑦2 500＝－2 500（元）

（9）存货的减少＝⑲2 580 000－⑲2 484 700＝95 300（元）

（10）经营性应收项目的减少＝应收账款（期初数－期末数）＋应收票据（期初数－期末数）＋预付账款（期初数－期末数）＋其他应收款（期初数－期末数）－坏账准备期末数＝⑰（299 100－687 300）＋⑱（246 000－66 000）＋㉒（100 000－10 000）－③（900＋900）＝－120 000（元）

（11）经营性应付项目的增加＝应付账款（期末数－期初数）＋应付票据（期末数－期初数）＋应付职工薪酬（期末数－期初数）＋应交税费（期末数－期初数）＋其他应交款（期末数－期初数）＝⑳（953 800－953 800）＋㉑（100 000－200 000）＋［⑬（180 000－⑬28 000）－⑬110 000］＋［⑫（226 731－100 000）－⑫36 600］＋0＝32 131（元）

根据上述资料，编制现金流量表及现金流量表补充资料，见表11-8、表11-9。

表 11-8　现金流量表　　　　　　　　　　　　　　　　　　会企 03 表

编制单位：东兴外贸公司　　　　　　　　20××年 1 月　　　　　　　　单位：元

项　　目	本期金额	上期金额
一、经营活动产生的现金流量：		略
销售商品、提供劳务收到的现金	1 312 500	
收到的税费返还		
收到其他与经营活动有关的现金		
经营活动现金流入小计	1 312 500	
购买商品、接受劳务支付的现金	392 266	
支付给职工以及为职工支付的现金	300 000	
支付的各项税费	174 703	
支付其他与经营活动有关的现金	80 000	
经营活动现金流出小计	946 969	
经营活动产生的现金流量净额	365 531	
二、投资活动产生的现金流量：		
收回投资所收到的现金	16 500	
取得投资收益收到的现金	30 000	
处置固定资产、无形资产和其他长期资产收回的现金净额	300 300	
处置子公司及其他营业单位收到的现金净额		
收到其他与投资活动有关的现金		
投资活动现金流入小计	346 800	
购建固定资产、无形资产和其他长期资产支付的现金	601 000	
投资支付的现金		
取得子公司及其他营业单位支付的现金净额		
支付其他与投资活动有关的现金		
投资活动现金流出小计	601 000	
投资活动产生的现金流量净额	−254 200	
三、筹资活动产生的现金流量：		
吸收投资所收到的现金		
取得借款收到的现金	560 000	
收到其他与筹资活动有关的现金		

项　　目	本期金额	上期金额
筹资活动现金流入小计	560 000	
偿还债务支付的现金	1 250 000	
分配股利、利润或偿付利息支付的现金	12 500	
支付其他与筹资活动有关的现金		
筹资活动现金流出小计	1 262 500	
筹资活动产生的现金流量净额	−702 500	
四、汇率变动对现金及现金等价物的影响	−300 000	
五、现金及现金等价物净增加额	−891 169	
加：期初现金及现金等价物余额	1 406 300	
六、期末现金及现金等价物余额	515 131	

表 11-9　现金流量表补充资料

编制单位：东兴外贸公司　　　　　　20××年1月　　　　　　单位：元

项　　目	本期金额	上期金额
1. 将净利润调节为经营活动现金流量：		略
净利润	220 000	
加：资产减值准备	30 900	
固定资产折旧、油气资产折耗、生产性生物资产折旧	100 000	
无形资产摊销	60 000	
长期待摊费用摊销		
处置固定资产、无形资产和其他长期资产的损失（收益以"−"号填列）	−50 000	
固定资产报废损失（收益以"−"号填列）	19 700	
公允价值变动损失（收益以"−"号填列）		
财务费用（收益以"−"号填列）	11 500	
投资损失（收益以"−"号填列）	−31 500	
递延所得税资产减少（增加以"−"号填列）	−2 500	
递延所得税负债增加（减少以"−"号填列）		
存货的减少（增加以"−"号填列）	95 300	
经营性应收项目的减少（增加以"−"号填列）	−120 000	
经营性应付项目的增加（减少以"−"号填列）	32 131	

项　目	本期金额	上期金额
其他		
经营活动产生的现金流量净额	365 531	
2. 不涉及现金收支的重大投资和筹资活动：		
债务转为资本		
一年内到期的可转换公司债券		
融资租入固定资产		
3. 现金及现金等价物净变动情况：		
现金的期末余额	515 131	
减：现金的年初余额	1 406 300	
加：现金等价物的期末余额		
减：现金等价物的年初余额		
现金及现金等价物净增加额	−891 169	

参考文献

［1］范爱军. 国际贸易学［M］. 4版. 北京：科学出版社，2021.

［2］苏宗祥，徐捷. 国际结算［M］. 7版. 北京：中国金融出版社，2020.

［3］吴百福，徐小薇，聂清. 进出口贸易实务教程［M］. 8版. 上海：格致出版社，上海人民出版社，2020.

［4］栾庆忠. 增值税发票税务风险解析与应对（实战案例版）［M］. 北京：中国人民大学出版社，2019.

［5］财政部会计司编写组. 企业会计准则第14号：收入 应用指南2018［M］. 北京：中国财政经济出版社，2018.

［6］计敏，王庆，王立新. 全行业增值税操作实务与案例分析：488个疑难问题精解［M］. 北京：中国市场出版社，2017.

［7］曾勤，张程程. 会计科目设置与应用大全书［M］. 北京：人民邮电出版社，2018.

［8］中华人民共和国财政部. 企业会计准则应用指南（2023年版）［M］. 上海：立信会计出版社，2022.

［9］邱银春. 新手学会计［M］. 北京：清华大学出版社，2018.

［10］马泽方. 企业所得税实务与风险防控［M］. 4版. 北京：中国市场出版社，2022.